EDITION MANAGEMENT

Michael Salamon

Jahresabschluss und Bilanzanalyse

Grundwissen für Betriebsrat,
Wirtschaftsausschuss und Aufsichtsrat

Verlag Wissenschaft & Praxis

Bibliografische Information der Deutschen Nationalbibliothek

Die Deutsche Nationalbibliothek verzeichnet diese Publikation in der Deutschen Nationalbibliografie; detaillierte bibliografische Daten sind im Internet über http://dnb.ddb.de abrufbar.

ISBN 978-3-89673-640-6

© Verlag Wissenschaft & Praxis
Dr. Brauner GmbH 2013
D-75447 Sternenfels, Nußbaumweg 6
Tel. +49 7045 930093 Fax +49 7045 930094
verlagwp@t-online.de www.verlagwp.de
Druck und Bindung: Esser Druck GmbH, Bretten

Alle Rechte vorbehalten

Das Werk einschließlich aller seiner Teile ist urheberrechtlich geschützt. Jede Verwertung außerhalb der engen Grenzen des Urheberrechtsgesetzes ist ohne Zustimmung des Verlages unzulässig und strafbar. Das gilt insbesondere für Vervielfältigungen, Übersetzungen, Mikroverfilmungen und die Einspeicherung und Verarbeitung in elektronischen Systemen.

Inhaltsübersicht

A. Handelsbilanz oder Steuerbilanz

B. Jahresabschluss und Bilanzanalyse

C. Inhalt, Form und Aufbau der Gewinn- und Verlustrechnung

D. Fragen/Übungsaufgaben

E. Antworten/Lösungen

F. Fallbeispiel Muster GmbH

G. Die wichtigsten Vorschriften des EStG mit Erläuterungen

H. Die wichtigsten Vorschriften des HGB mit Erläuterungen

I. Gesetzestexte BetrVG/Wirtschaftsausschuss mit Erläuterungen

J. Arbeitsmuster/Wirtschaftsausschuss

K. Der Aufsichtsrat einer GmbH

L. Der Aufsichtsrat bei Aktiengesellschaften

Inhaltsverzeichnis

Inhaltsübersicht 5

Abkürzungsverzeichnis 9

A. Handelsbilanz oder Steuerbilanz 11
   I. Zur „Einstimmung" – Womit verdient ein Unternehmen Geld? 12
   II. „Bilanzen" von Arbeitnehmern im Eherecht und Erbrecht 12
      1. Übungsfall zur Aufstellung von Bilanzen aus dem Eherecht 12
      2. Übungsfall zur Aufstellung von Bilanzen aus dem Erbrecht 14
   III. Der erste Blick ins HGB (siehe RN 42) 16

B. Jahresabschluss und Bilanzanalyse 17
   I. Der Jahresabschluss 17
      1. Selbstinformation des Unternehmers 17
      2. Rechenschaftslegung 18
      3. Verteilungsfunktion/Ausschüttungsbemessungsfunktion 18
      4. Gläubigerschutz 20
      5. Besteuerungsgrundlage 21
   II. Form und Inhalt der Bilanz 24
      1. Nicht durch Eigenkapital gedeckter Fehlbetrag 27
      2. Überblick der wichtigsten gesetzlichen Regelungen
         zu Form und Inhalt einer Bilanz 29
   III. Bilanzgliederung 29
      1. Aktiva 29
      2. Passiva 31
      3. Die Größenklassen der Kapitalgesellschaften 32
      4. Unterschiede kleine, mittelgroße und große Kapitalgesellschaft 33
      5. Nicht-Kapitalgesellschaften 33
      6. Bilanzgliederung große und mittelgroße Kapitalgesellschaften 34
      7. Bilanzgliederung kleiner Kapitalgesellschaften 36

C. Inhalt, Form und Aufbau der Gewinn- und Verlustrechnung 37
   I. Gesamtkostenverfahren für große Kapitalgesellschaften 38
   II. Umsatzkostenverfahren für große Kapitalgesellschaften 39
      1. Zum Verständnis des Gesamtkostenverfahrens 41
      2. Exkurs: Aufwand/Ertrag und Kosten/Leistungen 43
   III. Die Analyse des Jahresabschlusses 45
   IV. Struktur-Bilanz 46
   V. Kennzahlen zur Analyse der Bilanz 47
      1. Analyse des Vermögensaufbaus 47
      2. Analyse des Kapitalaufbaus (vgl. Fall Muster GmbH RN 38) 49

3. Analyse der Anlagendeckung (vgl. Fall Muster GmbH, RN 39) 50
4. Analyse der Liquidität (vgl. Fall Muster GmbH, RN 40) 51
VI. Kennzahlen zur Analyse der Erfolgsrechnung 53
VII. Rentabilitäten 55
   1. Eigenkapitalrentabilität 55
   2. Gesamtkapitalrentabilität 56
   3. Umsatzrentabilität 57
VIII. EBT/EBIT/EBITDA 58
   1. EBT (earnings before taxes) 60
   2. EBIT (earnings before interest and taxes) 60
   3. EBITDA (earnings before interest, taxes, depreciation and amortization) .. 61
IX. Cashflow 64
   1. Erträge und Aufwendungen 64
   2. Berechnung Cashflow 65
   3. Der Nutzen der Cashflow Rechnung 66
   4. Cashflow im Konzern – Kapitalflussrechnung 68
   5. Indirekte Cashflow-Ermittlung (für externe Analysten) 68
   6. Direkte Cashflow-Ermittlung (für die interne Analyse) 69
   7. Cashdrain 70
   8. Leiharbeiter 71
   9. Konzern 72

D. Fragen/Übungsaufgaben 77

E. Antworten/Lösungen 81

F. Fallbeispiel Muster GmbH 89
   I. Analyse Vermögensaufbau Muster GmbH 89
   II. Analyse Kapitalaufbau Muster GmbH (siehe RN 28) 92
   III. Analyse Anlagendeckung (vgl. RN 29) 94
   IV. Analyse der Liquidität (RN 30) 95

G. Die wichtigsten Vorschriften des EStG mit Erläuterungen 99

H. Die wichtigsten Vorschriften des HGB mit Erläuterungen 105

I. Gesetzestexte BetrVG/Wirtschaftsausschuss mit Erläuterungen .. 143

J. Arbeitsmuster Wirtschaftsausschuss 157

K. Der Aufsichtsrat einer GmbH 169

L. Der Aufsichtsrat bei Aktiengesellschaften 171
   I. Zahl der Aufsichtsratsmitglieder 171
   II. Zusammensetzung des Aufsichtsrats 171

III. Bekanntmachung über die Zusammensetzung des Aufsichtsrats 171
IV. Gerichtliche Entscheidung über die Zusammensetzung des Aufsichtsrats ... 172
V. Verfahren bei Gericht 173
VI. Persönliche Voraussetzungen für Aufsichtsratsmitglieder 174
VII. Bestellung der Aufsichtsratsmitglieder 175
VIII. Amtszeit der Aufsichtsratsmitglieder 175
IX. Abberufung der Aufsichtsratsmitglieder 176
X. Bestellung durch das Gericht 176
XI. Unvereinbarkeit der Zugehörigkeit zum Vorstand und zum Aufsichtsrat 178
XII. Bekanntmachung der Änderungen im Aufsichtsrat 178
XIII. Innere Ordnung des Aufsichtsrats 179
XIV. Beschlussfassung des Aufsichtsrats 179
XV. Teilnahme an Sitzungen des Aufsichtsrats und seiner Ausschüsse 180
XVI. Einberufung des Aufsichtsrats 180
XVII. Aufgaben und Rechte des Aufsichtsrats 180
XVIII. Vertretung der Gesellschaft gegenüber Vorstandsmitgliedern 181
XIX. Vergütung der Aufsichtsratsmitglieder 181
XX. Verträge mit Aufsichtsratsmitgliedern 181
XXI. Kreditgewährung an Aufsichtsratsmitglieder 182
XXII. Sorgfaltspflicht und Verantwortlichkeit der Aufsichtsratsmitglieder 183
XXIII. Vorlage Jahresabschluss an den Aufsichtsrat 183
XXIV. Prüfung Jahresabschluss durch den Aufsichtsrat 183

Stichwortverzeichnis **185**

Abkürzungsverzeichnis

a.E.	am Ende
AfA	Absetzung für Abnutzung
AG	Aktiengesellschaft
AktG	Aktiengesetz
AO	Abgabenordnung
AV	Anlagevermögen
BetrVG	Betriebsverfassungsgesetz
BGB	Bürgerliches Gesetzbuch
EBT	earnings before taxes
EBIT	earnings before interests and taxes
EBITDA	earnings before interests, taxes, depreciation and amortization
EK	Eigenkapital
EStG	Einkommensteuergesetz
EStDV	Einkommensteuer Durchführungsverordnung
ff.	fortfolgende
FiBu	Finanzbuchhaltung
FK	Fremdkapital
FKZ	Fremdkapitalzinsen
GewSt	Gewerbesteuer
GmbH	Gesellschaft mit beschränkter Haftung
GmbHG	Gesetz betreffend die Gesellschaften mit beschränkter Haftung
GoB	Grundsätze ordnungsgemäßer Buchführung
GrdSt	Grundsteuer
GuV	Gewinn- und Verlustrechnung
HGB	Handelsgesetzbuch
i.e.S.	im engeren Sinne
InsO	Insolvenzordnung
JÜ	Jahresüberschuss
kfr. FK	kurzfristiges Fremdkapital
kfK	kurzfristiges Kapital
KfzSt	Kraftfahrzeugsteuer
KG	Kommanditgesellschaft

KSt	Körperschaftsteuer
KWG	Kreditwesengesetz
lfr. FK	langfristiges Fremdkapital
kfK	kurzfristiges Kapital
oHG	Offene Handelsgesellschaft
RA	Rechtsanwalt
RN	Randnummer
T€	Tausend Euro
U	Umsatz
UL	Unternehmerlohn
UV	Umlaufvermögen
VersSt	Versicherungssteuer
vgl.	vergleiche
z.B.	zum Beispiel

A. Handelsbilanz oder Steuerbilanz

RN 1

Vorab sollte der Leser wissen, dass es **im Grundsatz zwei Arten von Bilanzen** gibt:
- die Handelsbilanz und
- die Steuerbilanz.

Im Regelfall sind dem externen Bilanzanalytiker (z.b. Betriebsräte, Aufsichtsräte oder Gläubiger) allein die Handelsbilanzen des Unternehmens zugänglich. Nur für diese besteht die Offenlegungspflicht nach dem HGB (RN 43u). Steuerbilanzen sind für das Finanzamt bestimmt und werden anderen, externen Analysten regelmäßig nicht bekannt. Deshalb sind in diesem Buch Details zur Handelsbilanz dargestellt (RN 7 ff., RN 18).

Wo es gilt, besondere Abweichungen der Handelsbilanz von der Steuerbilanz zu kennen oder wo es zum Verständnis erforderlich ist, werden die Unterschiede hervorgehoben (RN 12).

Handels- und Steuerbilanz sind vor allem deshalb nicht identisch, weil verschiedene steuerrechtliche Vorschriften für beträchtliche Unterschiede sorgen (vgl. RN 12). Das gilt beispielsweise bei der Abschreibung (AfA) oder bei Rückstellungen für drohende Verluste, die in der Handelsbilanz Pflicht, in der Steuerbilanz hingegen untersagt sind.

Was in der Steuerbilanz zu erfassen und wie sie aufzubauen ist, richtet sich zwar auch nach handelsrechtlichen Regelungen. Wie die im Einzelnen erfassten Bilanzpositionen jedoch zu bewerten sind, richtet sich nach steuerrechtlichen Vorschriften.

- Zur Handelsbilanz RN 12
- Zur Steuerbilanz RN 12

Merke

Unternehmer sind nach dem Handelsrecht zur Aufstellung einer Handelsbilanz und nach dem Steuerrecht zur Aufstellung einer Steuerbilanz verpflichtet. Die Handelsbilanz ergibt sich jeweils als Zusammenfassung der Zahlen der ganzjährigen Buchführung und der Inventur zum Stichtag. Die Steuerbilanz wird zusätzlich zur Handelsbilanz erstellt. Das Steuerrecht schreibt häufig vor, dass einzelne Bilanzposten z.B. gar nicht in die Bilanz aufgenommen werden dürfen oder zu anderen Werten als in der Handelsbilanz.

Handelsbilanz oder Steuerbilanz

RN 2 **I. Zur „Einstimmung" – Womit verdient ein Unternehmen Geld?**

Nach der Gewinn- und Verlustrechnung (Gesamtkostenverfahren RN 21) können **drei Verdienstquellen** unterschieden werden:

– Betriebsergebnis (1 – 8) = Kerngeschäft
– Finanzergebnis (9 – 13) = Erträge aus Beteiligungen
– Außerordentliches Ergebnis (15 – 16) = Erträge außerhalb der gewöhnlichen Geschäftstätigkeit, z.B. Verkauf eines Grundstücks über dem Buchwert, einmaliger Zuschuss des Staates.

Über welche **Verdienstquellen** verfügt ein durchschnittlicher **Arbeitnehmer**?

– Arbeitslohn „Kerngeschäft" entspricht dem „Betriebsergebnis"
– Sparbuch entspricht dem „Finanzergebnis"
– Verkauf[1] gebrauchtes Auto entspricht dem „außerordentlichen mit Gewinn Ergebnis"
Verkauf von Immobilien mit Gewinn innerhalb von 10 Jahren

RN 3 **II. „Bilanzen" von Arbeitnehmern im Eherecht und Erbrecht**

Genau wie eine GmbH oder AG kann auch ein Arbeitnehmer sein Vermögen in einer übersichtlichen Form und sogar als Bilanz darstellen. Im Familienrecht und Erbrecht kommt es häufiger vor, dass Vermögensübersichten zu erstellen sind.

RN 4 **1. Übungsfall zur Aufstellung von Bilanzen aus dem Eherecht**

Eine geschiedene Frau geht zum Rechtsanwalt (RA) und bittet darum, den Ex-Ehemann auf Zahlung eines Zugewinnausgleichs zu verklagen. Sie macht folgende Angaben:

Tag der Eheschließung: 20.09.1994   ⎤ Zeitraum für den
Tag der Zustellung des Scheidungsantrags: 01.07.2006 ⎦ Zugewinnausgleich

Nach ihrer Kenntnis hatte der Ex-Ehemann am Tag der Eheschließung ein Sparbuch über 5.500,00 €. Von den Schwiegereltern hatte er bereits vor der Hochzeit 2.556,46 € und von seinen eigenen Eltern 127.822,97 € geschenkt bekommen.

Als ihm der Antrag auf Ehescheidung zugestellt wurde, besaß er: Bargeld i.H.v. 16.971,98 €, ein Depotkonto über 1.872,00 €, eine Lebensversicherung mit einem Kapitalwert von 178.127,09 €. Einer GmbH hatte er 4.522,37 € geliehen und seine Schulden bei der Bank betrugen 253.065,65 €.

---

[1] Private Veräußerungsgeschäfte § 23 Abs. 3, Satz 5 EStG: Freigrenze 600 €

12

Handelsbilanz oder Steuerbilanz

§ 1373 BGB lautet: *Zugewinn ist der Betrag, um den das Endvermögen eines Ehegatten das Anfangsvermögen übersteigt.*

Wie viel Vermögen besaß der Ex-Ehemann am Tag der Eheschließung? Wie viel am Tag der Zustellung des Ehescheidungsantrags? Ermitteln Sie das Vermögen in übersichtlicher Form. Stellen Sie es bitte auch in Kontoform dar.

Anfangsvermögen Antragsgegner/Tag der Heirat 20.09.1994

Sparbuch	5.500,00 €	
Schenkung von Schwiegereltern	2.556,46 €	Staffelform, § 275 vgl. RN 43l
Schenkung von Eltern	127.822,97 €	
Summe	**135.879,43 €**	

Bilanz (Kontoform, § 266 HGB, vgl. RN 43d)

Aktiva		Passiva	
Sparbuch	5.500,00 €	EK	135.879,43 €
Schenkung von Schwiegereltern	2.556,46 €		
Schenkung von Eltern	127.822,97 €		
Summe	**135.879,43 €**		**135.879,43 €**

Die Aktivseite beantwortet die Frage **Was ist vorhanden?**

Die Passivseite beantwortet die Frage **Wie wurde finanziert?**

Endvermögen Antragsgegner/Tag der Zustellung des Scheidungsantrags 01.07.2006

Bargeld	16.971,98 €	
Depotkonto	1.872,00 €	Staffelform
Lebensversicherungen	178.127,09 €	
Forderungen gg. GmbH	+ 4.522,37 €	
Guthaben:	**201.493,44 €**	
Schulden:	**253.065,65 €**	
Endvermögen:	**− 51.572,21 €**	

13

Handelsbilanz oder Steuerbilanz

Endvermögen Antragsgegner/Tag der Zustellung des Scheidungsantrags 01.07.2006

Bilanz (Kontoform)

Aktiva		Passiva	
Bargeld	16.971,98 €	Verbindlichkeiten Bank	253.065,65 €
Depotkonto	1.872,00 €		
Lebensversicherungen	178.127,09 €		
Forderungen gg. GmbH	+ 4.522,37 €		
Nicht durch Eigenkapital gedeckter Fehlbetrag[2]	51.572,21 €		
Bilanzsumme	**253.065,65 €**	**Bilanzsumme**	**253.065,65 €**

Konsequenz: Antragsgegner hat keinen Zugewinn zu verzeichnen.

     Endvermögen   − 51.572,21 €

     Anfangsvermögen   + 135.879,43 €

RN 5

2. Übungsfall zur Aufstellung von Bilanzen aus dem Erbrecht

Ein Mandant hat seine verstorbene Ehefrau kraft gemeinschaftlichen Testaments allein beerbt. Der einzige Sohn fordert daraufhin seinen Pflichtteil. Weil der Vater nicht freiwillig zahlt, wird er verklagt. Der Sohn fordert zunächst ein notarielles Bestandsverzeichnis über alle Sachen, die der Mutter am Todestag gehörten.

Der Mandant erzählt dem Rechtsanwalt (RA) Folgendes: Die Mutter besaß an ihrem Todestag nachgenannte Sachen:

Möbel/Hausrat	350,00 €
Geschirr/Besteck	440,00 €
Kleidung	1,00 €
Uhr	1,00 €
Auto	7.000,00 €
Gemüsegarten	3.481,05 € (Bewertung nach Bundeskleingartengesetz)

Wie viel Vermögen hatte die Verstorbene an ihrem Todestag? Ermitteln Sie das Vermögen in übersichtlicher Form. Danach stellen Sie es bitte in der Form einer Bilanz dar.

---

[2] Siehe RN 14

Handelsbilanz oder Steuerbilanz

Vermögen der Erblasserin am Todestag:

Möbel/Hausrat	350,00 €	
Geschirr/Besteck	440,00 €	**Staffelform**
Kleidung	1,00 €	
Uhr	1,00 €	
Auto	7.000,00 €	
Gemüsegarten	3.481,05 €	
Summe	**11.273,05 €**	

Bilanz (Kontoform)

Aktiva		Passiva	
Möbel/Hausrat	350,00 €	EK:	11.273,05 €
Geschirr/Besteck	440,00 €		
Kleidung	1,00 €		
Uhr	1,00 €		
Auto	7.000,00 €		
Gemüsegarten	3.481,05 €		
Bilanzsumme	**11.273,05 €**	**Bilanzsumme**	**11.273,05 €**

Bilanzen sind eine Gegenüberstellung von Vermögen und Schulden in Kontoform. Sie begegnen uns im täglichen Leben oftmals. Allerdings nehmen wir nur selten wahr, dass es sich bei der (gedanklichen) Gegenüberstellung von Vermögen und Schulden aus kaufmännischer Sicht um eine Bilanz handelt.

RN 6 | **III. Der erste Blick ins HGB (siehe RN 42)**

Die nachgenannten Paragrafen sollte der Leser unter RN 42a ff. nachlesen. Bei der Lektüre wird er feststellen, dass nahezu alle Begriffe, die die Bilanz und Gewinn- und Verlustrechnung betreffen, im HGB definiert sind. Die hier verwendete Sprache ist die Sprache des Gesetzes.

Inventar/Definition und Inhalt	§ 240 HGB
Wo steht, dass der Kaufmann/das Unternehmen Bilanzen und GuV aufzustellen hat?	§ 242 HGB
Definition Bilanz/Vermögen und Schulden	§ 242 I HGB
Definition GuV/Aufwand und Ertrag	§ 242 II HGB
Kontoform Bilanz	§ 266 HGB
Staffelform GuV	§ 275 HGB
Anhang/Definition und Inhalt	§ 284 HGB
Lagebericht/Definition und Inhalt	§ 289 HGB

B. Jahresabschluss und Bilanzanalyse

Bilanzen und Gewinn- und Verlustrechnungen sind Instrumente, die zum einen dem Vorstand und/oder der Geschäftsleitung als **Rechenschaftsbericht** dienen und zum anderen als **Informationsquelle** für interessierte Personenkreise, z.b. Betriebsrat, Aufsichtsrat und Wirtschaftsausschuss.

I. Der Jahresabschluss

Gem. § 242 Absatz 3 HGB bilden die Bilanz und die Gewinn- und Verlustrechnung den Jahresabschluss.

Jahresabschluss = Bilanz und Gewinn- und Verlustrechnung

Der Jahresabschluss richtet sich z.b. an:

- Anteilseigner
- Aufsichtsrat
- Gläubiger
- Staat/Finanzamt
- Arbeitnehmer
- Betriebsrat

- Wirtschaftsausschuss
- Gewerkschaften
- Lieferanten/Kunden
- (interessierte) Öffentlichkeit
- Vorstand
- Geschäftsführung

Der Jahresabschluss erfüllt gleichzeitig mehrere Aufgaben:

1. Selbstinformation des Unternehmers

Der Jahresabschluss dient der **Selbstinformation des Unternehmers** (Vorstand, Geschäftsführung). Er enthält Informationen über

- die Zusammensetzung und auch über die Veränderung des Vermögens und der Schulden während des abgelaufenen Geschäftsjahres
- über die Höhe der Privatentnahmen
- welches Jahresergebnis in der abgelaufenen Periode erwirtschaftet wurde und aus welchen Komponenten (Aufwendungen und Erträgen) sich der Unternehmenserfolg zusammensetzt
- die Liquidität des Unternehmens

Zu bedenken ist stets, dass es sich um **vergangenheitsorientierte Informationen** handelt. Ein gutes Ergebnis im abgelaufenen Geschäftsjahr bedeutet nicht, dass sich das im laufenden Geschäftsjahr wiederholt.

Jahresabschluss und Bilanzanalyse

RN 9 2. Rechenschaftslegung

Insbesondere bei Kapitalgesellschaften (AG, GmbH), bei denen das Management (Vorstand, Geschäftsführung) die Leitungsfunktion ausübt und Kapital von zahlreichen Eigenkapitalgebern zur Verfügung gestellt bekommt, hat der Jahresabschluss eine **Rechenschaftsfunktion** zu erfüllen. Das Management als Kapitalverwalter ist den Eigentümern als Kapitalgebern die Informationen schuldig, in welcher Weise das Kapital verwendet wurde.

Beispiel:

Aktionäre/Gesellschafter haben im Regelfall weder Zeit noch Lust, das Management und dessen Arbeitseinsatz persönlich zu überwachen. Für die Anteilseigner/Kapitalgeber ist es wichtig, dass das Management das ihm zur Verfügung gestellte Kapital in rentable (d.h. unternehmenswertsteigernde) Projekte investiert. Nicht aber z.B. in teure Firmenwagen, „protzige" Büroeinrichtungen und ausgedehnte Geschäftsreisen! Die Qualität der vom Management verfolgten Unternehmenspolitik kann sich z.B. im Gewinn des abgelaufenen Geschäftsjahrs widerspiegeln.

RN 10 3. Verteilungsfunktion/Ausschüttungsbemessungsfunktion

Der Jahresabschluss hat eine **Ausschüttungsbemessungsfunktion** zu erfüllen, denn nur in der Bilanz ausgewiesene Gewinne dürfen an die Anteilseigner ausgeschüttet werden (§§ 57 Abs. 3, 58 Abs. 4, 233 AktG, § 29 GmbHG). Der ermittelte Gewinn legt die Höhe der Zahlungsansprüche der Kapitalgeber/Gesellschafter fest (Dividendenausschüttung, Entnahmen). Während bei Kapitalgesellschaften eine gewisse Mindestausschüttung (§ 58 AktG, § 29 GmbHG) gewährleistet sein muss, um den Schutz u.a. der Minderheitsgesellschafter zu bewirken, ist bei Unternehmen mit Haftungsbeschränkung gleichzeitig eine Höchstausschüttung festzulegen, um die Gläubiger nicht durch zu hohe Ausschüttungen an die Eigner und damit einer Verringerung der Haftungsmasse zu schädigen.

§ 29 GmbHG (Ergebnisverwendung) lautet wie folgt:

(1) Die Gesellschafter haben Anspruch auf den Jahresüberschuss zuzüglich eines Gewinnvortrags und abzüglich eines Verlustvortrags, soweit der sich ergebende Betrag nicht nach Gesetz[3] oder Gesellschaftsvertrag, durch Beschluss nach Absatz 2 oder als zusätzlicher Aufwand auf Grund des Beschlusses über die Verwendung des Ergebnisses von der Verteilung unter die Gesellschafter ausgeschlossen ist. Wird die Bilanz unter Berücksichtigung der teilweisen Ergebnisverwendung aufgestellt oder werden Rücklagen aufgelöst, so haben die Gesellschafter abweichend von Satz 1 Anspruch auf den Bilanzgewinn.

(2) Im Beschluss über die Verwendung des Ergebnisses können die Gesellschafter, wenn der Gesellschaftsvertrag nichts anderes bestimmt, Beträge in Gewinnrücklagen einstellen oder als Gewinn vortragen.

---

[3] Vgl. dazu §§ 249 Abs. 1, 272 Abs. 2 und 4, 274 Abs. 2, Satz 3 HGB unter RN 42m, 43i, 43j.

(3) Die Verteilung erfolgt nach Verhältnis der Geschäftsanteile. Im Gesellschaftsvertrag kann ein anderer Maßstab der Verteilung festgesetzt werden.

(4) Unbeschadet der Absätze 1 und 2 und abweichender Gewinnverteilungsabreden nach Absatz 3 Satz 2 können die Geschäftsführer mit Zustimmung des Aufsichtsrats oder der Gesellschafter den Eigenkapitalanteil von Wertaufholungen bei Vermögensgegenständen des Anlage- und Umlaufvermögens und von bei der steuerrechtlichen Gewinnermittlung gebildeten Passivposten, die nicht im Sonderposten mit Rücklageanteil ausgewiesen werden dürfen, in andere Gewinnrücklagen einstellen. Der Betrag dieser Rücklagen ist entweder in der Bilanz gesondert auszuweisen oder im Anhang anzugeben.

§ 58 AktG Verwendung des Jahresüberschusses:

(1) Die Satzung kann nur für den Fall, dass die Hauptversammlung den Jahresabschluss feststellt, bestimmen, dass Beträge aus dem Jahresüberschuss in andere Gewinnrücklagen einzustellen sind. Auf Grund einer solchen Satzungsbestimmung kann höchstens die Hälfte des Jahresüberschusses in andere Gewinnrücklagen eingestellt werden. Dabei sind Beträge, die in die gesetzliche Rücklage einzustellen sind, und ein Verlustvortrag vorab vom Jahresüberschuss abzuziehen.

(2) Stellen Vorstand und Aufsichtsrat den Jahresabschluss fest, so können sie einen Teil des Jahresüberschusses, höchstens jedoch die Hälfte, in andere Gewinnrücklagen einstellen. Die Satzung kann Vorstand und Aufsichtsrat zur Einstellung eines größeren oder kleineren Teils des Jahresüberschusses ermächtigen. Auf Grund einer solchen Satzungsbestimmung dürfen Vorstand und Aufsichtsrat keine Beträge in andere Gewinnrücklagen einstellen, wenn die anderen Gewinnrücklagen die Hälfte des Grundkapitals übersteigen oder soweit sie nach der Einstellung die Hälfte übersteigen würden. Absatz 1 Satz 3 gilt sinngemäß.

(2a) Unbeschadet der Absätze 1 und 2 können Vorstand und Aufsichtsrat den Eigenkapitalanteil von Wertaufholungen bei Vermögensgegenständen des Anlage- und Umlaufvermögens und von bei der steuerrechtlichen Gewinnermittlung gebildeten Passivposten, die nicht im Sonderposten mit Rücklageanteil ausgewiesen werden dürfen, in andere Gewinnrücklagen einstellen. Der Betrag dieser Rücklagen ist entweder in der Bilanz gesondert auszuweisen oder im Anhang anzugeben.

(3) Die Hauptversammlung kann im Beschluss über die Verwendung des Bilanzgewinns weitere Beträge in Gewinnrücklagen einstellen oder als Gewinn vortragen. Sie kann ferner, wenn die Satzung sie hierzu ermächtigt, auch eine andere Verwendung als nach Satz 1 oder als die Verteilung unter die Aktionäre beschließen.

(4) Die Aktionäre haben Anspruch auf den Bilanzgewinn, soweit er nicht nach Gesetz oder Satzung, durch Hauptversammlungsbeschluss nach Absatz 3 oder als zusätzlicher Aufwand auf Grund des Gewinnverwendungsbeschlusses von der Verteilung unter die Aktionäre ausgeschlossen ist.

(5) Sofern die Satzung dies vorsieht, kann die Hauptversammlung auch eine Sachausschüttung beschließen.

§ 233 AktG Gewinnausschüttung, Gläubigerschutz:

(1) Gewinn darf nicht ausgeschüttet werden, bevor die gesetzliche Rücklage und die Kapitalrücklage zusammen zehn vom Hundert des Grundkapitals erreicht haben. Als Grundkapital gilt dabei der Nennbetrag, der sich durch die Herabsetzung ergibt, mindestens aber der in § 7 bestimmte Mindestnennbetrag.

(2) Die Zahlung eines Gewinnanteils von mehr als vier vom Hundert ist erst für ein Geschäftsjahr zulässig, das später als zwei Jahre nach der Beschlussfassung über die Kapitalherabsetzung beginnt. Dies gilt nicht, wenn die Gläubiger, deren Forderungen vor der Bekanntmachung der Eintragung des Beschlusses begründet worden waren, befriedigt oder sichergestellt sind, soweit sie sich binnen sechs Monaten nach der Bekanntmachung des Jahresabschlusses, auf Grund dessen die Gewinnverteilung beschlossen ist, zu diesem Zweck gemeldet haben. Einer Sicherstellung der Gläubiger bedarf es nicht, die im Fall des Insolvenzverfahrens ein Recht auf vorzugsweise Befriedigung aus einer Deckungsmasse haben, die nach gesetzlicher Vorschrift zu ihrem Schutz errichtet und staatlich überwacht ist. Die Gläubiger sind in der Bekanntmachung nach § 325 Abs. 2 des Handelsgesetzbuchs auf die Befriedigung oder Sicherstellung hinzuweisen.

(3) Die Beträge, die aus der Auflösung von Kapital- und Gewinnrücklagen und aus der Kapitalherabsetzung gewonnen sind, dürfen auch nach diesen Vorschriften nicht als Gewinn ausgeschüttet werden.

Um das Management dazu zu motivieren, einen möglichst hohen Erfolg zu erwirtschaften, wird die Managementvergütung häufig an den im Geschäftsjahr realisierten Gewinn gekoppelt. In diesem Fall wird der im Rahmen der externen Rechnungslegung ermittelte Gewinn als Bemessungsgrundlage für die Managementvergütung verwendet. Vgl. dazu das Beispiel unter RN 12.

RN 11

4. Gläubigerschutz

Der Jahresabschluss dient dem **Gläubigerschutz**, wenn er von Kreditgebern als Informationsinstrument verwendet wird. Bereits vor der Vergabe eines Kredites versuchen potenzielle Gläubiger, die Kreditwürdigkeit ihres neuen Schuldners mit Hilfe des (von einem Abschlussprüfer geprüften) Jahresabschlusses zu beurteilen. So schreibt etwa § 18 KWG[4] den Kreditinstituten vor, dass Kunden ihren Jahresab-

---

[4] § 18 KWG/Kreditunterlagen
(1) Ein Kreditinstitut darf einen Kredit, der insgesamt 750 000 Euro oder 10 vom Hundert des haftenden Eigenkapitals des Instituts überschreitet, nur gewähren, wenn es sich von dem Kreditnehmer die wirtschaftlichen Verhältnisse, insbesondere durch Vorlage der Jahresabschlüsse, offen legen lässt. Das Kreditinstitut kann hiervon absehen, wenn das Verlangen nach Offenlegung im Hinblick auf die gestellten Sicherheiten oder auf die Mitverpflichteten offensichtlich unbegründet wäre. (...)
(2) Die Institute prüfen vor Abschluss eines Verbraucherdarlehensvertrags oder eines Vertrags über eine entgeltliche Finanzierungshilfe die Kreditwürdigkeit des Verbrauchers. Grundlage können Auskünfte des Verbrauchers und erforderlichenfalls Auskünfte von Stellen sein, die geschäftsmäßig personenbezogene Daten, die zur Bewertung der Kreditwürdigkeit von Verbrauchern genutzt werden dürfen, zum Zweck der Übermittlung erheben, speichern oder verändern. Bei Änderung des Nettodarlehensbetrags sind die Auskünfte auf den neuesten Stand zu bringen. Bei einer erheblichen Erhöhung des Nettodarlehensbetrags ist die Kreditwürdigkeit neu zu bewerten. Die Bestimmungen zum Schutz personenbezogener Daten bleiben unberührt.

schluss vorlegen müssen, wenn sie Kredite von mehr als 750.000,00 € erhalten möchten. Auch aktuelle Gläubiger, die bereits einen Kredit an das Unternehmen vergeben haben, benötigen Informationen über die Vermögens- und Finanzlage ihres Schuldners, um ihr finanzielles Engagement überwachen zu können.

Die Buchführung kann aber auch indirekt dem Gläubigerschutz dienen: Wie bereits ausgeführt wurde, dient die Buchführung der Selbstinformation des Unternehmers und kann ihn somit davor bewahren, seine eigene wirtschaftliche Lage zu überschätzen oder durch zu hohe Privatentnahmen das Vermögen und damit die Haftungsmasse zum Schaden der Gläubiger zu verringern.

5. Besteuerungsgrundlage

RN 12

Aus der Buchführung ergeben sich wesentliche **Besteuerungsgrundlagen**, wie etwa der Umsatz, der Gewinn und das Vermögen. Mit Hilfe der **Steuerbilanz**[5], die in engem Zusammenhang mit der **Handelsbilanz**[6] steht, wird die Höhe der Steuerzahlung an den Fiskus bestimmt. Die Steuerbilanz dient der Steuerbemessung. Das Finanzamt hat das Recht, anhand der Buchführung zu prüfen, ob die Steuern korrekt ermittelt und in entsprechender Höhe abgeführt worden sind – die Buchführung dient diesem Kontrollmittel.

Die Handelsbilanz ist für den Unternehmer, die kreditgebenden Banken und die Öffentlichkeit bestimmt. In der Handelsbilanz ist die „wahre" Vermögenslage des Unternehmens dargestellt. Dagegen ist die Steuerbilanz zur Vorlage beim Finanzamt bestimmt. In der Steuerbilanz wird die Vermögenslage (tendenziell) so aufgezeigt, dass möglichst wenig Steuern zu zahlen sind.

Beispiel:

Handelsbilanz

Aktiva		Passiva	
Firmenwert (selbstgeschaffen)	10.000 €	Eigenkapital	160.000 €
Grundstücke	200.000 €	Rückstellungen für drohende Verluste	180.000 €
Gebäude	100.000 €		
Maschinen	10.000 €		
Bankguthaben	20.000 €		
Bilanzsumme	**340.000 €**	**Bilanzsumme**	**340.000 €**

---

[5] Zur Definition des Begriffs Steuerbilanz lies unter RN 41b.
[6] Zur Handelsbilanz: RN 42f, 42k, 43d.

Steuerbilanz

Aktiva		Passiva	
Grundstücke	200.000 €	Eigenkapital	330.000 €
Gebäude	100.000 €		
Maschinen	10.000 €		
Bankguthaben	20.000 €		
Bilanzsumme	**330.000 €**	**Bilanzsumme**	**330.000 €**

Wenn Sie die beiden oben abgedruckten Bilanzen miteinander vergleichen, fällt auf, dass in der Handelsbilanz auf der Aktivseite der selbstgeschaffene Firmenwert (Kundenbeziehungen, Knowhow) ausgewiesen ist und auf der Passivseite Rückstellungen für drohende Verluste. Dadurch gelangen Sie zu einem Eigenkapital i.H.v. 160.000 €. Der ordentliche Kaufmann ist handelsrechtlich dem **Vorsichtsprinzip** verpflichtet. Das bedeutet, dass er (zum Gläubigerschutz) Chancen und Risiken in der Handelsbilanz abzubilden hat.

Vertiefender Hinweis:

In der Handelsbilanz wurden die Aufwendungen für den selbstgeschaffenen Firmenwert nicht als Aufwand erfasst, sondern unter der Bilanzposition Firmenwert aktiviert. Dadurch fiel der handelsrechtliche Jahresüberschuss um 10.000 € höher aus. Die Drohverlust-Rückstellungen haben den Jahresüberschuss um 180.000 € gemindert. Sie wurden handelsrechtlich in der GuV als Aufwand erfasst. Vereinfacht ausgedrückt hat die Aktivierung des Firmenwertes und die Bildung der Drohverlustrückstellung zur Folge, dass der (handelsrechtliche) Gewinn nur 160.000 € beträgt.

In der Steuerbilanz werden die 10.000 € als sofort abzuziehender Aufwand erfasst und mindern den steuerlichen Jahresüberschuss. Das Eigenkapital verringert sich dadurch auf 150.000 €. Die Drohverlust-Rückstellungen sind steuerlich verboten. Dadurch erhöht sich der Jahresüberschuss um 180.000 € auf 330.000 €. Der steuerliche Gewinn fällt um 170.000 € höher aus.

Wenn also derselbe Kaufmann seine Steuerbilanz fertigt, muss er verschiedene Korrekturen vornehmen. Er darf den selbstgeschaffenen Firmenwert für die Besteuerung nicht aktivieren, d.h., nicht auf der Aktivseite der Bilanz in Ansatz bringen. Rückstellungen für drohende Verluste darf der Kaufmann gegenüber dem Finanzamt ebenfalls nicht in der Bilanz (auf der Passivseite) ausweisen. Ein Firmenwert darf in der Steuerbilanz nur aufgeführt werden, wenn er entgeltlich erworben wurde. Drohverlustrückstellungen werden in der Steuerbilanz überhaupt nicht ausgewiesen.

Merke:

Das Handelsrecht verhindert, dass der Kaufmann von seinem Unternehmen ein zu günstiges Bild malt; einen zu hohen Gewinn ausweist. Das Steuerrecht bewirkt das Gegenteil: Der Kaufmann darf keinen zu niedrigen Gewinn ausweisen, um dadurch Steuern zu sparen.

Die Rechnungslegung hat den Informationsbedürfnissen einer Vielzahl verschiedenster Adressatengruppen gerecht zu werden, dazu RN 7 ff. Die vielfältigen Funktionen, die der Jahresabschluss zu erfüllen hat, stehen untereinander teilweise sogar in einem „Konkurrenzverhältnis".

Angestellte Manager, die eine gewinnabhängige Tantieme erhalten, werden versuchen, einen möglichst großen Gewinn auszuweisen. Geschäftsführer, die gleichzeitig Gesellschafter sind, werden hingegen eher einen möglichst geringen Gewinn ausweisen, um Steuern zu sparen. Die Finanzverwaltung wiederum ist an einer gleichartigen Bewertung aller Unternehmen interessiert.

Beispiel:

Vorläufige Bilanz

Aktiva		Passiva	
Anlagevermögen	400.000 €	Gezeichnetes Kapital	500.000 €
Umlaufvermögen	300.000 €	Gewinn	**10.000 €**
		Verbindlichkeiten	190.000 €
Bilanzsumme	700.000 €	Bilanzsumme	700.000 €

In obiger (vorläufiger) Bilanz ist eine selbsterstellte Maschine noch nicht berücksichtigt worden. Es besteht ein Wahlrecht bei ihrer Bewertung: Die Maschine kann mit mindestens 10.000 € oder mit maximal 100.000 € auf der Aktivseite der Bilanz angesetzt werden. Die Tantieme beträgt 10 % des Gewinns. Auf den Gewinn sind 15 % KSt zu zahlen.

Der Manager entschließt sich zum Ausweis von 100.000 €.

Bilanz

Aktiva		Passiva	
Anlagevermögen	**500.000 €**	Gezeichnetes Kapital	500.000 €
Umlaufvermögen	300.000 €	Gewinn	**110.000 €**
		Verbindlichkeiten	190.000 €
Bilanzsumme	800.000 €	Bilanzsumme	800.000 €

Der Manager würde in diesem Fall eine Tantieme von 11.000,00 € erhalten, während er bei einer Bewertung der Anlage zu 10.000,00 € lediglich eine Gewinnbeteiligung in Höhe von 2.000,00 € erhielte.

Ein Gesellschafter-Geschäftsführer, der Steuern sparen möchte, würde wahrscheinlich den niedrigsten Wertansatz wählen. 15 % KSt von 20.000 € Gewinn = 3.000 €. Dagegen müssten bei einem Gewinn von 110.000 € genau 16.500 € KSt an das FA abgeführt werden.

Je nach Bewertung der Maschine fallen bis zu 13.500 € mehr an KSt an. Und die Tantieme für den Manager kann um bis zu 9.000 € höher ausfallen.

Manager haben neben ihren persönlichen Vorteilen insbesondere die Außenwahrnehmung des von ihnen geführten Unternehmens zu berücksichtigen. Angenommen sie arbeiten für ein Speditionsunternehmen, das im Wesentlichen für einen einzigen Auftraggeber Waren transportiert, dann sollten sie Folgendes bedenken: Wenn sie einen „zu hohen" Gewinn ausweisen, könnte der Hauptkunde in Zukunft womöglich nur noch einen geringeren Preis für die Transportleistungen zu zahlen bereit sein. Andererseits sollte der Gewinn des Spediteurs auch nicht zu gering ausfallen, weil der Hauptkunde ansonsten den Eindruck gewinnen könnte, er müsse sich einen neuen Transporteur suchen, weil sein bisheriger Spediteur womöglich in wirtschaftliche Schwierigkeiten gerät.

Auf den ersten Blick scheint eine Lösung des Problems darin zu bestehen, dass das Speditionsunternehmen für jeden Adressaten einen gesonderten Jahresabschluss (Bilanz und GuV) aufstellt – allerdings wäre diese Lösung sehr aufwendig und teuer und daher nicht praktikabel. Bei der Erstellung des Jahresabschlusses muss deshalb unter den verschiedenen Funktionen des Jahresabschlusses abgewogen werden. Sowohl nach Handelsrecht als auch nach Steuerrecht stehen dem Unternehmer für die Fertigung des Jahresabschlusses eine Vielzahl von Wahlrechten und Ermessensspielräumen zur Verfügung, die die Möglichkeit der – mehr oder weniger guten – gleichzeitigen Erfüllung unterschiedlichster Aufgaben des Jahresabschlusses bieten.

II. Form und Inhalt der Bilanz

Zur Aufstellung einer Bilanz ist ein **Inventar** notwendig. Das Inventar stellt eine Zusammenstellung aller Vermögensgegenstände und Schulden, einschließlich ihrer genauen Bezeichnung, ihrer Mengen und ihres Wertes dar.[7] Alle Vermögensgegenstände und Schulden werden dabei (hintereinander) **einzeln ausgewiesen.**

Beispiel:

Sind in der Bilanz eines Kaufmanns z.B. sämtliche Grundstücke unter der Position „Grundstücke und Bauten" zusammengefasst, werden sie im Inventar einzeln genannt und genau beschrieben.

Bilanz

Aktiva		Passiva	
A. Anlagevermögen		Eigenkapital	750.000 €
II. Sachanlagen			
1. Grundstücke und Bauten	750.000 €		

---

[7] § 240 Absatz 1 HGB, RN 42c.

Inventar

A. Anlagevermögen

  II. Sachanlagen

    1. Grundstücke

– Mariastraße 8	20.000 €
– Bochumerstraße 9	30.000 €
2. Bauten auf Grundstücke	
– Wohn- und Geschäftshaus Mariastraße 8	400.000 €
– Verwaltungsgebäude Bochumerstraße 9	300.000 €
	750.000 €

In der **Bilanz** werden gleichartige Positionen des Inventars zu Gruppen zusammengefasst. Anders als im Inventar werden keine genauen Spezifizierungen (z.b. Grundstück Mariastr. 8 und Verwaltungsgebäude Bochumerstr. 9) und Mengenangaben aufgeführt. Vielmehr werden die Werte jeweils gruppenweise angegeben, z.b. Grundstücke und Bauten.

Die Bilanz ist eine **geordnete Gegenüberstellung von Vermögen und Kapital**[8], in den Ländern der EU üblicherweise **in Kontoform**[9]. Während Vermögen und Schulden im Inventar hintereinander (**Staffelform**) aufgeführt werden, stellt man diese Positionen in der Bilanz einander gegenüber (Bilanz). Beide Rechnungen erfassen jedoch dieselben Größen und beziehen sich auf denselben, bereits vergangenen Zeitraum.

Eine Bilanz hat zwei Seiten: Die linke Seite der Bilanz heißt Aktiva, die rechte Seite wird als Passiva bezeichnet. Auf der Aktivseite wird das Vermögen in seinen unterschiedlichen Formen ausgewiesen. Die Passivseite hingegen informiert darüber, wer das Kapital, d.h. die Mittel zur Finanzierung des Vermögens zur Verfügung gestellt hat.

Bilanz

Aktiva	Passiva
Was ist vorhanden?	Wie wurde das Vermögen finanziert?
Vermögen	Mit **Kapital**

Das Kapital, das der Kaufmann aus eigenen Mitteln aufgebracht hat, wird als Eigenkapital (EK) bezeichnet. Haben Dritte, z.B. Banken, Geld bereitgestellt, bezeichnet man das als Fremdkapital (FK). Auf der rechten Seite der Bilanz werden somit das Eigenkapital und die Verbindlichkeiten (die Schulden bzw. das Fremdkapital) erfasst. Dabei steht das Eigenkapital vor den Verbindlichkeiten.

---

[8] § 242 Absatz 1 HGB, RN 42f.
[9] § 266 Absatz 1 HGB, RN 43d.

	Bilanz		
	Aktiva	Passiva	
VERMÖGENSSEITE	Vermögen	Eigenkapital	KAPITALSEITE
		Fremdkapital	
		(Verbindlichkeiten)	

Während die Aktivseite auch als Vermögensseite bezeichnet wird, spricht man bei der Passivseite auch von der Kapitalseite.

Beispiel:

Die Gesellschafter Ferdinand und Max haben Anfang des Jahres 2012 die F&M GmbH gegründet. Aus eigenen Mitteln haben sie aufgebracht:
- Bargeld in Höhe von 60.000,00 €
- Firmengrundstück im Wert von 30.000,00 €
- Fabrikgebäude im Wert von 320.000,00 €
- Kredit in Höhe von 190.000,00 €. Von dem Geld wurden Maschinen gekauft.

Die Gründungsbilanz der F&M GmbH sieht nun wie folgt aus:

Bilanz der F&M GmbH zum 03.01.2012

Aktiva		Passiva	
Grundstücke	30.000 €	Eigenkapital	410.000 €
Gebäude	320.000 €	Verbindlichkeiten	190.000 €
Maschinen	190.000 €	(für Anschaffung Maschinen)	
Kasse	60.000 €		
Bilanzsumme	**600.000 €**	**Bilanzsumme**	**600.000 €**

Das Eigenkapital in Höhe von 410.000,00 € entspricht den von Ferdinand und Max selbst aufgebrachten Vermögensgegenständen (60.000,00 € Bargeld, 30.000,00 € Firmengrundstück und 320.000,00 € Fabrikgebäude).

Die Summen aus den Positionen der Aktivseite sowie die Summe aus den Positionen der Passivseite werden **Bilanzsumme** genannt. In jeder Bilanz müssen die beiden Bilanzsummen immer identisch sein. Daher muss stets folgende Bilanzgleichung erfüllt sein:

Vermögen des Kaufmanns = Eigenkapital + Verbindlichkeiten

Aktiva   =   Passiva

Das Eigenkapital ergibt sich aus dem Saldo zwischen Vermögen und Schulden.

Jahresabschluss und Bilanzanalyse

Beispiel:

In obigem Beispiel der F&M GmbH kann man das Eigenkapital als Differenz zwischen Vermögen (30.000 € + 320.000 € + 190.000 € + 60.000 € = 600.000 €) und Schulden (190.000 €) ermitteln, also 600.000 € – 190.000 € = 410.000 €.

1. Nicht durch Eigenkapital gedeckter Fehlbetrag

RN 14

Das Eigenkapital steht normalerweise auf der Passivseite (nämlich immer dann, wenn sich als Saldo zwischen Vermögen und Schulden ein positiver Wert ergibt). Entsteht hingegen ein negativer Saldo zwischen Vermögen und Schulden, sind also die Schulden größer als das Vermögen, erhält man ein „negatives Eigenkapital", das auf der Aktivseite vermerkt wird. In diesem Fall wird von Überschuldung gesprochen, die bei Kapitalgesellschaften einen Insolvenzgrund[10] darstellen kann.

Beispiel:

Bilanz der Insolvenz-GmbH zum 31.12.2012

Aktiva		Passiva	
Grundstücke	20.000 €	Verbindlichkeiten gegenüber Kreditinstituten	120.000 €
Gebäude	100.000 €		
Maschinen	10.000 €	Verbindlichkeiten aus Lieferungen und Leistungen	40.000 €
Bankguthaben	2.000 €		
Eigenkapital (nicht durch EK gedeckter Fehlbetrag)	**48.000 €**	Verbindlichkeiten aus Steuern	20.000 €
Bilanzsumme	**180.000 €**	**Bilanzsumme**	**180.000 €**

Ein Beispiel zur Bilanzposition „nicht durch EK gedeckter Fehlbetrag" haben Sie bereits zu Beginn des Buches unter RN 4 a.E. gelesen. Weil die Schulden der Insolvenz-GmbH (180.000 €) größer sind als ihr Vermögen (132.000 €), ergibt sich ein „negatives Eigenkapital" in Höhe von 48.000,00 €, das auf der Aktivseite vermerkt wird. Bei der Insolvenz-GmbH liegt somit (formal) der Insolvenzgrund der Über-

---

[10] § 18 InsO/Drohende Zahlungsunfähigkeit
(1) Beantragt der Schuldner die Eröffnung des Insolvenzverfahrens, so ist auch die drohende Zahlungsunfähigkeit Eröffnungsgrund.
(2) Der Schuldner droht zahlungsunfähig zu werden, wenn er voraussichtlich nicht in der Lage sein wird, die bestehenden Zahlungspflichten im Zeitpunkt der Fälligkeit zu erfüllen.
(3) Wird bei einer juristischen Person oder einer Gesellschaft ohne Rechtspersönlichkeit der Antrag nicht von allen Mitgliedern des Vertretungsorgans, allen persönlich haftenden Gesellschaftern oder allen Abwicklern gestellt, so ist Absatz 1 nur anzuwenden, wenn der oder die Antragsteller zur Vertretung der juristischen Person oder der Gesellschaft berechtigt sind.
§ 19 InsO/Überschuldung
(1) Bei einer juristischen Person ist auch die Überschuldung Eröffnungsgrund.
(2) Überschuldung liegt vor, wenn das Vermögen des Schuldners die bestehenden Verbindlichkeiten nicht mehr deckt, es sei denn, die Fortführung des Unternehmens ist nach den Umständen überwiegend wahrscheinlich. (...)

schuldung vor,[11] wenn nicht die Fortführung des Unternehmens nach den Umständen überwiegend wahrscheinlich ist.

Zum Verständnis der Bilanzposition „negatives Eigenkapital":
Wenn ein Bürger z.B. Eigentümer einer bereits bezahlten Immobilie im Werte von 300.000 € ist, könnte er sein Vermögen wie folgt in einer Bilanz abbilden:

Bürger-Bilanz

Aktiva		Passiva	
Eigenheim	300.000 €	Eigenkapital	300.000 €
Bilanzsumme	**300.000 €**	**Bilanzsumme**	**300.000 €**

Hätte vorerwähnter Bürger das bezahlte Eigenheim einerseits und andererseits 340.000 € Schulden bei einem Kreditinstitut, sähe seine Bilanz wie folgt aus:

Bürger-Bilanz

Aktiva		Passiva	
Eigenheim	300.000 €	Schulden	340.000 €
Nicht durch Eigenkapital gedeckter Fehlbetrag	40.000 €		
Bilanzsumme	**340.000 €**	**Bilanzsumme**	**340.000 €**

Weil die Schulden des Bürgers (340.000 €) größer sind als sein Vermögen (300.000 €), ergibt sich ein „negatives Eigenkapital" in Höhe von 40.000,00 €, das auf der Aktivseite vermerkt wird. Der Bilanzposten lautet „nicht durch Eigenkapital gedeckter Fehlbetrag".

Nach der Definition der Insolvenzordnung (§ 19 InsO, dazu Fußnote 10) liegt formal der Insolvenzgrund der Überschuldung vor. Andererseits wäre zu beachten, dass der Bürger beispielsweise monatlich 5.000 € netto verdient. Mit diesem Einkommen dürfte es ihm möglich sein, sowohl die Zinsen als auch die Raten an das Kreditinstitut zu zahlen. Somit besteht kein Anlass, eine (Verbraucher-) Insolvenz anzumelden, denn „nach den Umständen ist es überwiegend wahrscheinlich, dass der Bürger seinen Verpflichtungen aus dem Kreditvertrag nachkommen wird".

---

[11] Siehe Fußnote 10.

2. Überblick der wichtigsten gesetzlichen Regelungen zu Form und Inhalt einer Bilanz

RN 15

Bei der Aufstellung der Bilanz sind die GoB zu beachten.	§ 243 Abs. 1 HGB
Die Bilanz muss klar und übersichtlich sein.	§ 243 Abs. 2 HGB
Die Bilanz muss innerhalb einer angemessenen Frist nach dem Bilanzstichtag aufgestellt werden.	§ 243 Abs. 3 HGB
Die Bilanz muss in deutscher Sprache aufgestellt werden. Alle Werte sind in Euro anzugeben.	§ 244 HGB
Die Bilanz ist vom Kaufmann unter Angabe des Datums zu unterzeichnen.	§ 245 HGB
In der Bilanz sind das Vermögen, das Eigenkapital und die Verbindlichkeiten gesondert auszuweisen und hinreichend aufzugliedern. Mindestgliederung!	§ 247 Abs. 1 HGB

HGB-Vorschriften unter RN 42 ff.

III. Bilanzgliederung

1. Aktiva

RN 16

Beide Bilanzseiten (Vermögens- und Kapitalseite) können weiter untergliedert werden. Bei den Aktiva ist folgende Gliederung üblich:

Aktiva	Anlagevermögen	Immaterielle Vermögensgegenstände
		Sachanlagen
		Finanzanlagen
	Umlaufvermögen	Vorräte
		Forderungen
		Wertpapiere
		Kassenbestand

Zum **Anlagevermögen** gehören alle Vermögensarten, die dazu bestimmt sind, **dauernd dem Geschäftsbetrieb zu dienen** (§ 247 Absatz 2 HGB; RN 42k). Dazu können z.B. zählen:

RN 16a

– immaterielle Vermögensgegenstände (z.B. Patente, Lizenzen, Geschäfts- und Firmenwert)

– Sachanlagen (z.B. bebaute und unbebaute Grundstücke, Maschinen, Geschäftsausstattung)

– Finanzanlagen (z.B. Anteile und Beteiligungen an anderen Unternehmen, vom Unternehmen langfristig gewährte Kredite)

Beispiel: Muster GmbH

AKTIVA

A. Anlagevermögen

I. Immaterielle Vermögensgegenstände
1. Konzessionen, gewerbliche Schutzrechte und ähnliche Rechte und Werte sowie Lizenzen an solchen Rechten und Werten   42.297,00 €
2. Geschäfts- oder Firmenwert   10.640.654,67 €

II. Sachanlagen
1. Grundstücke, grundstücksgleiche Rechte und Bauten einschließlich der Bauten auf fremden Grundstücken   32.171,57 €
2. Technische Anlagen und Maschinen   55.370,56 €
3. Andere Anlagen, Betriebs- und Geschäftsausstattung   652.153,63 €

III. Finanzanlagen
1. Anteile an verbundenen Unternehmen   1,00 €

Bilanzsumme   11.422.648,43 €

RN 16b Das **Umlaufvermögen** hingegen besteht aus solchen Vermögensgütern, die dem Geschäftsbetrieb nicht langfristig dienen sollen (z.B. Rohstoffe, Waren, Forderungen, Kassenbestand), weil sie weiterveräußert bzw. umgeschlagen oder im Produktionsprozess verarbeitet werden sollen.

Beispiel: Muster GmbH

AKTIVA

A. Anlagevermögen (wie vor)   11.422.648,43 €

B. Umlaufvermögen

I. Vorräte
1. Roh-, Hilfs- und Betriebsstoffe   887.565,68 €
2. Unfertige Erzeugnisse   415.163,95 €
3. Fertige Erzeugnisse   131.875,56 €

II. Forderungen und sonstige Vermögensgegenstände
1. Forderungen aus Lieferungen und Leistungen   5.078.567,74 €
2. Forderungen gegen verbundene Unternehmen   103.169,08 €
3. Sonstige Vermögensgegenstände   1.480.709,79 €

III. Kassenbestand, Guthaben bei Kreditinstituten   20.196,14 €

C. Rechnungsabgrenzungsposten   3.890,51 €

Bilanzsumme   **19.543.786,88 €**

Die Aktivseite ist somit vorrangig **funktional gegliedert**, weil eine Abgrenzung der Positionen nach ihrem Verwendungszweck erfolgt. Danach werden die Positionen der Aktivseite nach ihrer **Liquidität** (d.h. „Geldnähe") sortiert: Ganz oben stehen direkt nach den immateriellen Vermögensgegenständen die am wenigsten leicht liquidierbaren Positionen, d.h. Grundstücke und Gebäude. Im Anschluss daran werden die Positionen nach zunehmender Geldnähe sortiert, bis man ganz unten zum Kassenbestand gelangt.

2. Passiva

RN 16c

Wie bereits oben erläutert wurde, können die Passiva grob wie folgt unterteilt werden:

| Passiva | **Eigenkapital** |
| | **Fremdkapital** |

Eine „tiefere" Gliederung der Passiva sieht wie folgt aus:

Passiva	**Eigenkapital**	Gezeichnetes Kapital
		Kapitalrücklage
		Gewinnrücklagen
		Gewinnvortrag/Verlustvortrag
		Jahresüberschuss/Jahresfehlbetrag
	Fremdkapital	Rückstellungen
		Verbindlichkeiten

Beispiel: Muster GmbH

PASSIVA

A. Eigenkapital
I. Gezeichnetes Kapital   500.000,00 €
II. Kapitalrücklage   12.837.500,00 €
III. Jahresergebnis   0,00 €

B. Rückstellungen
1. Steuerrückstellungen   399.226,63 €
2. Sonstige Rückstellungen   2.162.263,26 €

C. Verbindlichkeiten
1. Verbindlichkeiten gegenüber Kreditinstituten   0,00 €
2. Verbindlichkeiten aus Lieferungen und Leistungen   2.400.310,63 €
3. Verbindlichkeiten gegenüber Gesellschaftern   162.095,48 €
4. Verbindlichkeiten gegenüber verbundenen Unternehmen   688.511,56 €
5. Sonstige Verbindlichkeiten   393.879,32 €

Bilanzsumme   **19.543.786,88 €**

Die Passivseite ist **vorrangig nach den Gläubigern** des zur Verfügung gestellten Kapitals gegliedert. Das zweite Kriterium zur Gliederung der Passivseite ist die **Fristigkeit**. Da das Eigenkapital als besonders langfristig angesehen wird, steht es ganz oben auf der Passivseite. Im Anschluss daran folgen die langfristigen Fremdkapitalarten (z.B. in Anspruch genommene Hypotheken, Pensionsrückstellungen), die mittelfristigen Fremdkapitalpositionen (z.b. aufgenommene Kredite mit mittelfristiger Laufzeit) sowie die kurzfristigen Fremdkapitalanteile (z.b. von Lieferanten gewährte Kredite).

Zur Fristigkeit: RN 26.

Die Feingliederung der Bilanz hängt von der Rechtsform einer Unternehmung ab. Man unterscheidet hierbei zwei Gruppen:

– Kapitalgesellschaften (GmbH, AG) und

– Nichtkapitalgesellschaften (KG, oHG, GbR, Einzelunternehmer).

RN 17 **3. Die Größenklassen der Kapitalgesellschaften**[12]

Die Frage, in welche Größenklasse eine Kapitalgesellschaft (AG, GmbH) fällt, lässt sich aufgrund der folgenden Tabelle beantworten:

	Bilanzsumme	Umsatzerlöse	Arbeitnehmer
Kleine Kapitalgesellschaften	bis 4.840.000 €	bis 9.680.000 €	bis 50
Mittelgroße Kapitalgesellschaften	bis 19.250.000 €	bis 38.500.000 €	bis 250
Große Kapitalgesellschaften	über 19.250.000 €	über 38.500.000 €	über 250

Die Einordnung in eine der drei Größenklassen erfolgt jeweils nur dann, wenn an den Abschlussstichtagen von zwei aufeinanderfolgenden Geschäftsjahren mindestens zwei der drei genannten Merkmale über- oder unterschritten sind (§ 267 Abs. 4 Satz 1 HGB, RN 43e). Unabhängig von ihrer Größe gelten solche Kapitalgesellschaften stets als Große Kapitalgesellschaften, deren Aktien an einer Börse eines EU Mitgliedstaates zum amtlichen Handel oder zum geregelten Markt zugelassen sind oder deren Zulassung beantragt ist (§ 267 Abs. 3 Satz 2 HGB).

Beispiel:

Eine GmbH weist zum 31.12.2010 eine Bilanzsumme von 2,8 Mio. € und zum 31.12.2011 eine Bilanzsumme von 4,0 Mio. € auf. Im Geschäftsjahr 2010 betrugen die Umsatzerlöse 7,68 Mio. € und im Geschäftsjahr 2011 8,0 Mio. €. Im Jahr 2010 betrug die durchschnittliche Anzahl der Arbeitnehmer 28, im Jahr 2011 39. Die GmbH ist somit eine kleine Kapitalgesellschaft: Die Bilanzsumme liegt sowohl zum 31.12.2010 als auch zum 31.12.2011 unter 4,8 Mio. € und die Umsatzerlöse liegen sowohl im Geschäftsjahr 2010 als auch im Geschäftsjahr 2011 unter 9,68 Mio. €. Eine Beurteilung von zwei Merkmalen genügt für die Einordnung als kleine Kapitalgesellschaft.

---

[12] § 267 HGB, RN 43e.

Jahresabschluss und Bilanzanalyse

Beispiel:
Von einer GmbH sind nachgenannte Zahlen bekannt. Um welche Größenklasse handelt es sich?

	T€ Bilanzsumme	T€ Umsatzerlöse	T€ Arbeitnehmer
2008	19.544	50.101	250
2009	18.892	46.170	248
2010	19.019	40.920	199

Nach den Umsatzerlösen wäre die Muster GmbH stets als große Kapitalgesellschaft zu qualifizieren. Nach der Anzahl der Mitarbeiter wäre sie eine mittelgroße Kapitalgesellschaft. Die Bilanzsummen zeigen, dass die Muster GmbH 2008 die Voraussetzungen einer großen Kapitalgesellschaft erfüllte. In 2009 und 2010 lagen die Voraussetzungen einer mittelgroßen Kapitalgesellschaft vor (Umsatzerlöse und Anzahl der Arbeitnehmer). Ab 2011 gilt sie deshalb als mittelgroße Kapitalgesellschaft im Sinne des HGB.

4. Unterschiede kleine, mittelgroße und große Kapitalgesellschaft

RN 17a

Kleine Kapitalgesellschaften haben für die Aufstellung des Jahresabschlusses 6 Monate lang Zeit. Sie müssen keinen Lagebericht und kein Anlagegitter[13] aufstellen. Im Bundesanzeiger müssen sie nur Bilanz und Anhang veröffentlichen; nicht aber GuV und Lagebericht.

Mittelgroße und kleine Kapitalgesellschaften dürfen die GuV vereinfachen. Bilanz und Anhang dürfen verkürzt werden, vgl. § 327 HGB (RN 43w).

Kleine Kapitalgesellschaft: Bilanz, GuV und Anhang erforderlich
Mittelgroße Kapitalgesellschaft: Bilanz, GuV, Anhang und Lagebericht erforderlich
Große Kapitalgesellschaft: Bilanz, GuV, Anhang, Lagebericht, Eigenkapitalspiegel und Kapitalflussrechnung erforderlich

Die Veröffentlichung des Jahresabschlusses im elektronischen Bundeanzeiger dient der Transparenz. Lieferanten, Kunden und Geschäftspartner können sich über diese Informationsquelle ein Bild von der finanziellen Situation des Unternehmens machen.

5. Nicht-Kapitalgesellschaften

RN 17b

Zu den Nicht-Kapitalgesellschaften zählen Einzelkaufleute, Personengesellschaften (oHG, KG) sowie Personen, die nach § 141 AO buchführungspflichtig sind. Das Gesetz schreibt Nicht-Kapitalgesellschaften keine bestimmte Bilanzgliederung vor. Allerdings wird gefordert, dass auch Nicht-Kapitalgesellschaften die Bilanz unter Be-

---

[13] Vgl. § 268 Abs. 2 HGB, RN 43f.

achtung der GoB (§ 243 HGB) und den oben dargestellten Regelungen hinsichtlich der Form und des Inhalts aufstellen müssen. Generell gilt, dass in der Bilanz das Anlage- und das Umlaufvermögen, das Eigenkapital und die Verbindlichkeiten gesondert auszuweisen und hinreichend zu gliedern sind (§ 247 Abs. 1 HGB). Vgl. RN 19.

RN 18

6. Bilanzgliederung große und mittelgroße Kapitalgesellschaften

Oberbegriffe: Großbuchstaben
Unterbegriffe: Römische Zahlen
Einzelne Posten: Arabische Zahlen

AKTIVSEITE

A. **Anlagevermögen:**
  I. **Immaterielle Vermögensgegenstände:**
   1. Selbst geschaffene gewerbliche Schutzrechte und ähnliche Rechte und Werte;
   2. entgeltlich erworbene Konzessionen, gewerbliche Schutzrechte und ähnliche Rechte und Werte sowie Lizenzen an solchen Rechten und Werten;
   3. Geschäfts- oder Firmenwert;
   4. geleistete Anzahlungen;
  II. **Sachanlagen:**
   1. Grundstücke, grundstücksgleiche Rechte und Bauten einschließlich der Bauten auf fremden Grundstücken;
   2. technische Anlagen und Maschinen;
   3. andere Anlagen, Betriebs- und Geschäftsausstattung;
   4. geleistete Anzahlungen und Anlagen im Bau;
  III. **Finanzanlagen:**
   1. Anteile an verbundenen Unternehmen;
   2. Ausleihungen an verbundene Unternehmen;
   3. Beteiligungen;
   4. Ausleihungen an Unternehmen, mit denen ein Beteiligungsverhältnis besteht;
   5. Wertpapiere des Anlagevermögens;
   6. sonstige Ausleihungen.

B. **Umlaufvermögen:**
  I. **Vorräte:**
   1. Roh-, Hilfs- und Betriebsstoffe;
   2. unfertige Erzeugnisse, unfertige Leistungen;
   3. fertige Erzeugnisse und Waren;
   4. geleistete Anzahlungen;

II. **Forderungen und sonstige Vermögensgegenstände:**
1. Forderungen aus Lieferungen und Leistungen;
2. Forderungen gegen verbundene Unternehmen;
3. Forderungen gegen Unternehmen, mit denen ein Beteiligungsverhältnis besteht;
4. sonstige Vermögensgegenstände;

III. **Wertpapiere:**
1. Anteile an verbundenen Unternehmen;
2. sonstige Wertpapiere;

IV. **Kassenbestand, Bundesbankguthaben, Guthaben bei Kreditinstituten und Schecks.**

C. **Rechnungsabgrenzungsposten (z.B. Mietzahlungen)**

D. **Aktive latente Steuern**

E. **Aktiver Unterschiedsbetrag aus der Vermögensverrechnung**

PASSIVSEITE

A. **Eigenkapital**

I. **Gezeichnetes Kapital;**

II. **Kapitalrücklage;**

III. **Gewinnrücklagen:**
1. gesetzliche Rücklage;
2. Rücklage für Anteile an einem herrschenden oder mehrheitlich beteiligten Unternehmen;
3. satzungsmäßige Rücklagen;
4. andere Gewinnrücklagen;

IV. **Gewinnvortrag/Verlustvortrag;**

V. **Jahresüberschuss/Jahresfehlbetrag.**

B. **Rückstellungen**
1. Rückstellungen für Pensionen und ähnliche Verpflichtungen;
2. Steuerrückstellungen;
3. sonstige Rückstellungen.

C. **Verbindlichkeiten**
1. Anleihen, davon konvertibel;
2. Verbindlichkeiten gegenüber Kreditinstituten;
3. erhaltene Anzahlungen auf Bestellungen;
4. Verbindlichkeiten aus Lieferungen und Leistungen;

5. Verbindlichkeiten aus der Annahme gezogener Wechsel und der Ausstellung eigener Wechsel;
6. Verbindlichkeiten gegenüber verbundenen Unternehmen;
7. Verbindlichkeiten gegenüber Unternehmen, mit denen ein Beteiligungsverhältnis besteht;
8. sonstige Verbindlichkeiten,
davon aus Steuern,
davon im Rahmen der sozialen Sicherheit.

D. Rechnungsabgrenzungsposten (z.B. Mieteinnahmen)

E. Passive latente Steuern

Sowohl große als auch mittelgroße Kapitalgesellschaften müssen das oben aufgeführte Gliederungsschema grundsätzlich einhalten. Hierzu ist es erforderlich, dass die genannten Posten der Aktiv- und der Passivseite gesondert und in der vorgeschriebenen Reihenfolge ausgewiesen werden (§ 266 Abs. 1 Satz 2 HGB, RN 43d). Erleichterungen zu Gunsten mittelgroßer Kapitalgesellschaften ergeben sich aus § 327 HGB, siehe RN 43w.

Kleine Kapitalgesellschaften hingegen können eine Bilanz in verkürzter Form aufstellen. Das bedeutet, dass nur die Positionen, die im obigen Schema mit Buchstaben oder mit römischen Zahlen gekennzeichnet sind, gesondert und in der vorgeschriebenen Reihenfolge aufgenommen werden müssen (§ 266 Abs. 1 Satz 3 HGB).

RN 19

7. Bilanzgliederung kleiner Kapitalgesellschaften

Oberbegriffe: Großbuchstaben
Unterbegriffe: Römische Zahlen

§ 266 Absatz 1, Satz 3 HGB

Aktivseite	Passivseite
A. Anlagevermögen I. Immaterielle Vermögensgegenstände II. Sachanlagen III. Finanzanlagen	**A. Eigenkapital** I. Gezeichnetes Kapital II. Kapitalrücklage III. Gewinnrücklagen IV. Gewinnvortrag/Verlustvortrag V. Jahresüberschuss/Jahresfehlbetrag
B. Umlaufvermögen I. Vorräte II. Forderungen III. Wertpapiere IV. Schecks, Kassenbestand, Bundesbank- und Postgiroguthaben, Guthaben bei Kreditinstituten	**B. Rückstellungen** **C. Verbindlichkeiten** **D. Rechnungsabgrenzungsposten**
D. Rechnungsabgrenzungsposten	

C. Inhalt, Form und Aufbau der Gewinn- und Verlustrechnung   RN 20

Unter einer Gewinn- und Verlustrechnung wird die Gegenüberstellung der Aufwendungen und Erträge eines Geschäftsjahres verstanden.[14] Sie dient der Ermittlung des Periodenerfolgs, wobei die **Darstellung der Erfolgsquellen im Vordergrund** steht (Erfolgsrechnung).

Kaufleute müssen für den Schluss eines jeden Geschäftsjahres eine Gewinn- und Verlustrechnung aufstellen gem. § 242 Abs. 2 HGB. Die bereits beschriebenen grundsätzlichen Vorschriften zur Aufstellung der Bilanz[15]

— Grundsätze ordnungsgemäßer Buchführung (GoB)

— Klarheit und Übersichtlichkeit

gelten entsprechend für die Gewinn- und Verlustrechnung. Insbesondere gilt auch für die Gewinn- und Verlustrechnung das **Vollständigkeitsgebot**, d.h. es müssen alle Aufwendungen und Erträge erfasst werden (§ 243 Abs. 1 HGB). Ferner ist von Kapitalgesellschaften auch hier das **Verrechnungsverbot** (§ 243 Abs. 2 HGB) zu beachten, nach dem alle Aufwendungen und Erträge unsaldiert (**Bruttoprinzip**) auszuweisen sind. So sind z.B. Mieteinnahmen (Erträge) und Mietausgaben (Aufwendungen) gesondert auszuweisen. Nur so kann ein Außenstehender erkennen, dass überhaupt Mieteinnahmen erzielt wurden. Dürften die Mieteinnahmen und Mietausgaben mit anderen Einnahmen oder Ausgaben verrechnet und nur der Saldo in die GuV übernommen werden, blieben sie unerkannt.

Kleine und mittelgroße Kapitalgesellschaften (§ 267 Abs. 1, 2 HGB) dürfen die Posten der GuV gem. § 275 Abs. 2 Nr. 1 bis 5 oder Abs. 3 Nr. 1 bis 3 und 6 HGB zu einem Posten unter der Bezeichnung „Rohergebnis" zusammenfassen. Siehe dazu unter RZ 21 und 22. Kleine Kapitalgesellschaften müssen außerdem die in § 277 Abs. 4 Satz 2 und 3 HGB verlangten Erläuterungen zu den Posten „außerordentliche Erträge" und „außerordentliche Aufwendungen" nicht machen.

Große Kapitalgesellschaften sowie Einzelkaufleute und Personengesellschaften, die unter das Publizitätsgesetz fallen (§ 5 Abs. 1 Satz 2 PublG), sind bei der Aufstellung der Gewinn- und Verlustrechnung an die gesetzlich vorgeschriebene Gliederung gebunden. In diesem Fall ist die **Gewinn- und Verlustrechnung in Staffelform** aufzustellen. Es besteht die **Wahl zwischen dem Gesamtkostenverfahren (§ 275 Abs. 2 HGB) und dem Umsatzkostenverfahren (§ 275 Abs. 3 HGB)**.

---

[14] § 242 Absatz 2 HGB, RN 42f.
[15] §§ 242 ff. HGB, RN 42.

RN 21 **I. Gesamtkostenverfahren für große Kapitalgesellschaften**[16]

1. Umsatzerlöse
2. Erhöhung oder Verminderung des Bestandes an fertigen und unfertigen Erzeugnissen
3. andere aktivierte Eigenleistungen
4. sonstige betriebliche Erträge
5. Materialaufwand
   a) Aufwendungen für Roh-, Hilfs- u. Betriebsstoffe
   b) Aufwendungen für bezogene Leistungen

= **Rohergebnis**

6. Personalaufwand
   a) Löhne und Gehälter
   b) Soziale Abgaben und Aufwendungen für Altersversorgung und Unterstützung
7. Abschreibungen
   a) Auf immaterielle Vermögensgegenstände des Anlagevermögens und Sachanlagen sowie auf Aktivierte und Erweiterung des Geschäftsbetriebes
   b) Auf Vermögensgegenstände des Umlaufvermögens, soweit diese die in der Kapitalgesellschaft üblichen Abschreibungen überschreiten
8. sonstige betriebliche Aufwendungen

= **Betriebsergebnis (1 – 8)**

9. Erträge aus Beteiligungen, davon aus verbundenen Unternehmen
10. Erträge aus anderen Wertpapieren und Ausleihungen des Finanzanlagevermögens, davon aus verbundenen Unternehmen
11. sonstige Zinsen und ähnliche Erträge, davon aus verbundenen Unternehmen
12. Abschreibungen auf Finanzanlagen und Wertpapiere des Umlaufvermögens
13. Zinsen und ähnliche Aufwendungen, davon aus verbundenen Unternehmen

= **Finanzergebnis (9 – 13)**

14. Ergebnis der gewöhnlichen Geschäftstätigkeit (1 – 13)

15. außerordentliche Erträge
16. außerordentliche Aufwendungen

17. außerordentliches Ergebnis (15 – 16)

18. Steuern vom Einkommen und Ertrag
19. sonstige Steuern

20. Jahresüberschuss/Jahresfehlbetrag

---

[16] § 275 Absatz 2 HGB, RN 43I.

II. Umsatzkostenverfahren für große Kapitalgesellschaften[17]

RN 22

1. Umsatzerlöse
2. Herstellungskosten der zur Erzielung der Umsatzerlöse erbrachten Leistungen

3. Bruttogewinn vom Umsatz

4. Vertriebskosten
5. Allgemeine Verwaltungskosten
6. sonstige betriebliche Erträge
7. sonstige betriebliche Aufwendungen

= Betriebsergebnis (1 – 7)

8. Erträge aus Beteiligungen, davon aus verbundenen Unternehmen
9. Erträge aus anderen Wertpapieren und Ausleihung des Finanzanlagevermögens davon aus verbundenen Unternehmen
10. sonstige Zinsen und ähnliche Erträge, davon aus verbundenen Unternehmen
11. Abschreibungen auf Finanzanlagen und Wertpapiere des Umlaufvermögens
12. Zinsen und ähnliche Aufwendungen, davon aus verbundenen Unternehmen

= Finanzergebnis (8 – 12)

13. Ergebnis der gewöhnlichen Geschäftstätigkeit (1 – 12)

14. außerordentliche Erträge
15. außerordentliche Aufwendungen

16. außerordentliches Ergebnis (14 – 15) = Steuern

17. Steuern vom Einkommen und vom Ertrag
18. sonstige Steuern

19. Jahresüberschuss/Jahresfehlbetrag

Beim Gesamtkostenverfahren werden den Umsatzerlösen alle betrieblich erbrachten Leistungen gegenübergestellt. Beim Umsatzkostenverfahren werden den Umsatzerlösen nur die Aufwendungen gegenübergestellt, die für die erzielten Umsätze eingesetzt worden sind.

---

[17] § 275 Absatz 3 HGB, RN 431.

Gesamtkostenverfahren	Umsatzkostenverfahren
Umsatzerlöse	Umsatzerlöse
± Bestandsänderung bei fertigen oder unfertigen Erzeugnissen	− Herstellungskosten der zur Erzielung der Umsatzerlöse erbrachten Leistungen
+ andere aktivierte Leistungen	
+ sonstige betriebliche Erträge	Bruttoergebnis vom Umsatz
+ Materialaufwand	− Vertriebskosten
− Personalaufwand	− allgemeine Verwaltungskosten
− Abschreibungen	+ sonstige betriebliche Erträge
− sonstige betriebliche Aufwendungen	− sonstige betriebliche Aufwendungen
Betriebsergebnis („EBIT")	**Betriebsergebnis („EBIT")**

Beim Umsatzkostenverfahren werden **nur die bereits realisierten Umsatzerlöse** berücksichtigt und **den hierfür angefallenen Aufwendungen** gegenübergestellt. Die Aufwendungen werden hierbei nicht nach ihrer Art, sondern nach ihren Funktionsbereichen (Herstellung, Vertrieb und allgemeine Verwaltung) gegliedert. Die Gewinn- und Verlustrechnung nach dem Umsatzkostenverfahren kann auch als **Umsatzrechnung** bezeichnet werden.

Beispiel:

Unternehmer X produziert und verkauft Rasenmäher. Er hat im Geschäftsjahr 2011 insgesamt 600 Rasenmäher hergestellt. Davon konnten 550 verkauft werden. Die Herstellungskosten pro Rasenmäher betrugen 75,00 €, der Verkaufspreis je Rasenmäher betrug 200,00 €.

Berechnung Jahresüberschuss **nach Gesamtkostenverfahren**

Umsatzerlöse		110.000,00 €
50 Rasenmäher auf Lager (HK)	+	3.750,00 €
Gesamtaufwand (600)	−	45.000,00 €
Jahresüberschuss		68.750,00 €

Berechnung Jahresüberschuss **nach Umsatzkostenverfahren**

Umsatzerlöse		110.000,00 €
Aufwand verkaufte Rasenmäher	−	41.250,00 €
Jahresüberschuss		68.750,00 €

Während große Kapitalgesellschaften die in § 275 Abs. 2 bzw. Abs. 3 HGB genannten Posten gesondert und in der angegebenen Reihenfolge ausweisen müssen, bestehen für kleine und mittelgroße Kapitalgesellschaften wiederum Erleichterungen (§ 276 HGB): Sie dürfen beim Gesamtkostenverfahren die Posten „Umsatzerlöse" bis „Materialaufwand", beim Umsatzkostenverfahren die Posten „Umsatzerlöse" bis „Bruttogewinn vom Umsatz" und „Sonstige betriebliche Erträge" zu einem Posten mit der Bezeichnung „Rohergebnis" zusammenfassen.

Einzelkaufleute und Personengesellschaften müssen zwar den Grundsatz der Klarheit und Übersichtlichkeit (§ 243 Abs. 2 HGB) beachten, ihnen ist jedoch keine bestimmte Gliederung der Gewinn- und Verlustrechnung vorgeschrieben.

1. Zum Verständnis des Gesamtkostenverfahrens

RN 23

Wer sich erstmalig mit der Gewinnermittlung nach obigen Verfahren befasst, sieht kaum eine Möglichkeit, die zahlreichen Untergliederungen nachvollziehen zu können. Die vielen Begriffe und immerhin 20 arabische (Gliederungs-) Zahlen beim Gesamtkostenverfahren scheinen kaum verständlich. Deshalb wird nachfolgend ein Durchschnittsbürger bemüht, um deutlich zu machen, dass auch im alltäglichen Leben dem Grunde nach häufig Gewinn- und Verlustrechnungen erstellt werden.

Bürger	Unternehmer
Ermittlung des Jahreseinkommens	Ermittlung des Jahresüberschusses nach dem Gesamtkostenverfahren
1. Einkünfte aus nichtselbstständiger Arbeit, § 19 EStG	Kerngeschäft Nr. 1 – 8 Gesamtkostenverfahren Betriebsergebnis
2. Einkünfte aus Kapitalvermögen § 20 EStG	Finanzergebnis Nr. 9 – 13 Gesamtkostenverfahren Finanzergebnis
„Gewöhnliche Einkunftsquellen"	Ergebnis der gewöhnlichen Geschäftstätigkeit (Nr. 1 – 14)
3. Bürger konnte z.B. 2 Bilder und einen Leuchter an einen Liebhaber verkaufen. Privates Veräußerungsgeschäft § 23 EStG.	Außerordentliches Ergebnis. Nr. 15 – 17 Gesamtkostenverfahren
Außerordentliche Einkünfte	Außerordentliches Ergebnis
Gewöhnliche Einkunftsquellen zzgl. außerordentliche Einkünfte minus Steuern	Ergebnis der gewöhnlichen Geschäftstätigkeit zzgl. außerordentliches Ergebnis minus Steuern
= Jahreseinkommen des Bürgers	= Jahresüberschuss (ggf. Jahresfehlbetrag) des Unternehmers

Merke:

Nach dem Gesamtkostenverfahren (und dem Umsatzkostenverfahren) gibt es drei Ertragsquellen:

- Betriebsergebnis
- Finanzergebnis
- Außerordentliches Ergebnis

Häufig wird im Zusammenhang mit der Gewinn- und Verlustrechnung danach gefragt, ob es nicht einfacher wäre, den Gewinn zu ermitteln, indem alle Einnahmen und alle Ausgaben nebeneinander (in Kontoform) aufgeschrieben würden. Die Staffelform (alles untereinander erfassen) des Gesamtkostenverfahrens sei zu kompliziert.

Beispiel:

GuV in Kontoform		GuV in Staffelform
SOLL	HABEN	Umsatzerlöse
Aufwand	Ertrag	− betriebl. Aufwendungen
Gewinn	Verlust	Betriebsergebnis
		+ Erträge aus Finanzanlagen − Aufwand aus Finanzanlagen
		Ergebnis gewöhnlicher Geschäftstätigkeit ± außerordentliches Ergebnis − Steuern
		Jahresergebnis

Bei Betrachtung obiger GuV in Kontoform und der GuV in Staffelform fällt auf, dass eine GuV in Kontoform kaum eine Aussagekraft besitzt. Dagegen bietet die GuV in Staffelform durch die Zwischenergebnisse und den Ausweis des Jahresergebnisses einen guten Überblick. Details dazu unter RN 21 und 22.

Bei der Staffelform mit Zwischenergebnissen ist für den GuV-Leser auf dem ersten Blick zu sehen, welche Aufwandsarten und/oder Erlöse und Erträge besonderen Einfluss auf das Jahresergebnis haben. Werden Gewinn- und Verlustrechnungen verschiedener Geschäftsjahre nebeneinandergelegt, sind bedeutsame Abweichungen sofort zu erkennen.

Aus einer Bilanz lässt sich nicht herauslesen, welche Ursachen der erzielte Erfolg bzw. der Verlust hat. Die GuV dagegen dokumentiert,

- welche Aufwendungen und Erträge aus dem eigentlichen betrieblichen Leistungsprozess (= Betriebsergebnis) resultieren,
- welche finanzwirtschaftlichen Transaktionen zu Zinseinnahmen und -ausgaben (Finanzergebnis) geführt haben und
- welcher Anteil des Gewinns auf außerordentlichen Einkünften beruht (außerordentliches Ergebnis).

Vgl. Übungsfall 13 (RN 35) und die Lösung dazu unter RN 36.

2. Exkurs: Aufwand/Ertrag und Kosten/Leistungen

RN 24

Aufwand/Ertrag	Kosten/Leistungen
Externes Rechnungswesen	Internes Rechnungswesen
(Finanzbuchhaltung)	(Kostenrechnung)

Sehr bedeutsam ist die Unterscheidung von Aufwand und Ertrag einerseits und Kosten und Leistungen andererseits. **Aufwendungen und Erträge** werden in der Finanzbuchhaltung (FiBu) erfasst. Dabei handelt es sich um das **externe Rechnungswesen**. Extern, weil es für Außenstehende bestimmt ist. Beispielsweise für das Finanzamt, Gläubiger oder den Betriebsrat. Die FiBu (das externe Rechnungswesen) ist die Basis für die Bilanz und die GuV des Unternehmens.

Erläuterungen zu Aufwendungen und Erträge, RN 34a und 34b.

Der Zweck der FiBu lässt sich schlagwortartig wie folgt zusammenfassen:
- Grundlage für die Besteuerung des Unternehmens.
- Rechenschaftslegung ggü. den Anteilseignern.
- Gläubigerschutz: Wer dem Unternehmen Darlehen zur Verfügung stellen soll, will die Wirtschaftskraft kennen.

Die **FiBu** (das externe Rechnungswesen) ist gem. §§ 238 ff. HGB **zwingend** vorgeschrieben, RN 42.

Dagegen erfolgt die **Kostenrechnung**, das **interne Rechnungswesen freiwillig**. Sie dient dem Unternehmen dazu, einzelne Kostenarten, Kostenstellen und Kostenträger zu bestimmen. Ihr Zweck lässt sich wie folgt umreißen:
- Hilfe bei der Preisbestimmung z.B. einzelner Waren.
- Entscheidungshilfe: Bieten sich einem Unternehmen verschiedene (preisliche) Varianten zur Herstellung eines Produkts an, wählt es die Variante mit den geringsten Kosten aus.
- Kontrollfunktion: Entsprechen die geplanten Kosten den tatsächlich angefallenen Kosten?

Mit Hilfe der Kostenrechnung ermittelt der Unternehmer die „Kostenfresser". Ist der Preis beim Wareneinkauf/Material zu hoch? Müssten die Löhne niedriger sein? Sind die Gemeinkosten, z.B. Verwaltungskosten zu hoch?

Beispiele für Kostensenkungen:
- bessere Kapazitätsausnutzung herbeiführen
- Standardprodukte statt Sonderanfertigungen produzieren
- geeignete Werkzeuge anschaffen
- Einsatz billigerer Materialien (Kunststoff statt Metall)
- andere Herstellungstechnik (Gießen statt Drehen) anwenden

- Automatisierung (wo möglich)
- weniger Abfall, Ausschuss, Nacharbeiten, Wartezeiten
- geringerer Energieverbrauch (Einsatz von Energiesparlampen, Maschinen nicht im Standby-Betrieb laufen lassen)
- kürzere Transportwege
- weniger Personal
- niedrigere Einkaufspreise
- Fremdbezug statt Eigenanfertigung (oder ggf. umgekehrt)
- geringere Lagerhaltung („Just-in-time")

Merke:

In die **GuV fließen alle Aufwendungen und Erträge** des Geschäftsjahres ein. Alles, was den Gewinn (oder den Verlust) ausmacht. Dabei kommt es nicht darauf an, ob die Aufwendungen und Erträge etwas mit dem eigentlichen Betriebszweck (dem Kerngeschäft) des Unternehmens zu tun haben.

Beispiel:

Eine Spedition hat im abgelaufenen Geschäftsjahr einen neuen Schreibtisch zu 300 € für den Disponenten angeschafft und 5.000 € an eine gemeinnützige Einrichtung gespendet. Es handelt sich in beiden Fällen um Aufwand, der den Gewinn mindert, wobei die Spende nicht zum Kerngeschäft des Unternehmens (Warentransport) gehört.

Merke:

Kosten und Leistungen beziehen sich **nur auf den Betriebszweck**.

Kosten sind nur die Aufwendungen, die dem Unternehmen entstehen, wenn es seinem **Kerngeschäft** nachgeht, also z.B. eine Spedition Benzin für die eigenen Lkw bezahlt oder Verpackungsmaterial kauft oder Büromöbel für den Disponenten anschafft. **Leistungen** sind das Gegenteil der Kosten. Es ist das Geld, das der Spediteur von seinen Auftraggebern für die Verpackung der Waren und deren Transport erhält.

Im obigen Beispiel gehören deshalb die Kosten für den Schreibtisch zu den Kosten im Sinne der Kostenrechnung. Gleichzeitig handelt es sich um Aufwand im Sinne der GuV.

Die Spende hingegen ist Aufwand im Sinne der GuV, sie gehört jedoch nicht zu den Kosten im Sinne der Kostenrechnung, weil sie nichts (unmittelbar) mit dem Betriebszweck zu tun hat. Die Spende erfolgte z.B. zur Imagepflege.

III. Die Analyse des Jahresabschlusses

RN 25

Um die Aussagekraft der Bilanz und der Gewinn- und Verlustrechnung zu erhöhen, werden bestimmte **Kennzahlen** ermittelt, die dann mit Kennzahlen vergangener Jahre oder mit solchen ähnlicher Unternehmen derselben Branche verglichen werden können.

Im Folgenden werden die wichtigsten Kennzahlen anhand eines Beispiels einer Bilanz eines Einzelunternehmers vorgestellt (alle Werte in T€).

Unter RN 37–40 werden die Kennzahlen auf der Grundlage der Bilanzen 2009/2010 einer Muster GmbH ermittelt.

Beispiel:

Einzelunternehmer

Bilanz zum 31.12.2010

Aktiva		Passiva	
Anlagevermögen		**Eigenkapital**	2.930 T€
Sachanlagen		Rückstellungen	
Grundstücke	900 T€	Pensionsrückstellungen	780 T€
Anlagen und Maschinen	250 T€	Steuerrückstellungen	50 T€
Geschäftsausstattung	90 T€		
Finanzanlagen		**Verbindlichkeiten**	
Beteiligungen	270 T€	Hypotheken	600 T€
Wertpapiere	40 T€	Verbindlichkeiten gegenüber Kreditinstituten	100 T€
Umlaufvermögen		Verbindlichkeiten aus L&L	700 T€
Vorräte			
Roh-, Hilfs- und Betriebsstoffe	1.400 T€		
Fertige Erzeugnisse	200 T€		
Forderungen			
Forderungen aus L&L	1.590 T€		
Schecks, Kassenbestand	420 T€		
Bilanzsumme	5.160 T€	**Bilanzsumme**	5.160 T€

Der erste Schritt zur Vorbereitung der Auswertung besteht darin, die Bilanz aufzubereiten, indem einzelne Bilanzpositionen zu Gruppen verdichtet werden. Durch die Verdichtung des Zahlenmaterials werden Strukturen deutlich und die Übersichtlichkeit ist besser gewahrt. Aus einer derart aufbereiteten Bilanz lassen sich verschiedene Kennzahlen entwickeln. Es werden Kennzahlen unterschieden zur Analyse der Vermögensstruktur, Kennzahlen zur Analyse der Kapitalstruktur, Kennzahlen der Anlagendeckung (Investierung) sowie Liquiditätskennzahlen.

IV. Struktur-Bilanz

Eine Bilanz, in der bestimmte Bilanzpositionen verdichtet dargestellt sind, wird als Struktur-Bilanz bezeichnet.

Struktur-Bilanz

Aktiva	Passiva
Anlagevermögen	**Eigenkapital**
Umlaufvermögen	**Fremdkapital**
Flüssige Mittel	kurzfristiges Fremdkapital (< 1 Jahr)
Forderungen	mittelfristiges Fremdkapital (1–5 Jahre)
Übriges Umlaufvermögen	langfristiges Fremdkapital (> 5 Jahre)

- Zu den flüssigen Mitteln gehören alle Vermögenspositionen, die liquide oder leicht liquidierbar sind (z.b. Schecks, Kassenbestand, Guthaben bei Kreditinstituten, Postgiroguthaben etc.).
- Zu den Forderungen gehören solche Vermögenspositionen, die innerhalb kurzer Zeit zu flüssigen Mitteln werden (z.b. Forderungen aus Lieferungen und Leistungen, geleistete Anzahlungen).
- Die Summe der Vorratspositionen bildet das übrige Umlaufvermögen.
- Zum **kurzfristigen Fremdkapital** zählen Schulden mit einer Fälligkeit von **bis zu 1 Jahr** (z.b. Bankschulden, Verbindlichkeiten aus Lieferungen und Leistungen, erhaltene Anzahlungen, Rückstellungen (ohne Pensionsrückstellungen), passive Rechnungsabgrenzungsposten.
- **Mittelfristiges Fremdkapital** hat eine Fälligkeit **von 1 bis zu 5 Jahre** (z.B. mittelfristige Verbindlichkeiten gegenüber Kreditinstituten).
- **Langfristiges Fremdkapital** steht dem Unternehmen noch für **mehr als 5 Jahre** zur Verfügung (z.B. Hypotheken, langfristige Darlehen, Pensionsrückstellungen).

Beispiel:

Einzelunternehmer

Struktur-Bilanz zum 31.12.2010

Aktiva			Passiva		
Anlagevermögen		1.550 T€	Eigenkapital		2.930 T€
Umlaufvermögen (UV)			**Fremdkapital (FK)**		
Flüssige Mittel	420 T€		kurzfristiges FK	850 T€	
Forderungen	1.590 T€		mittelfristiges FK	0 T€	
Übriges UV	1.600 T€	3.610 T€	langfristiges FK	1380 T€	2.230 T€
Bilanzsumme		**5.160 T€**	**Bilanzsumme**		**5.160 T€**

Struktur-Bilanz zum 31.12.2010
Mindestgliederung § 247 HGB

Aktiva		Passiva	
Anlagevermögen	1.550 T€	Eigenkapital	2.930 T€
Umlaufvermögen	3.610 T€	Fremdkapital	2.230 T€
Bilanzsumme	5.160 T€	Bilanzsumme	5.160 T€

V. Kennzahlen zur Analyse der Bilanz

RN 27

Bilanzen bestehen aus einer Vermögensseite (Aktiva) und einer Kapitalseite (Passiva). Folglich gibt es die Analyse des Vermögens- und des Kapitalaufbaus. Zudem interessiert den Bilanzanalytiker, ob und in wieweit das Anlagevermögen durch Eigenkapital oder Fremdkapital finanziert ist (Analyse der Anlagendeckung). Schließlich möchte er wissen, ob der Unternehmer seine Schulden stets pünktlich zahlen kann (Analyse der Liquidität).

1. Analyse des Vermögensaufbaus

RN 27a

Die obigen Beschreibungen von Bilanz und GuV haben deutlich gemacht, dass es sich dabei um Darstellungsformen von Fakten zu einem Stichtag handelt. Erst durch kombinieren und/oder vergleichen der Zahlen aus der GuV und der Bilanz erhält man bestimmte Informationen.

a. Anlagenintensität

RN 27b

Die Anlagenintensität gibt den **Anteil des Anlagevermögens (AV) am Gesamtvermögen** an.

Eine hohe Anlagenintensität bedeutet hohe fixe Kosten. Kapital ist in Vermögen investiert worden, das längerfristig im Unternehmen bleiben soll. Speditionsunternehmen investieren z.B. in ihre Fahrzeugflotte. Stahlwerke und Schiffswerften investieren z.B. in riesige Grundstücke, große Hallen und Maschinen. Unternehmen mit hoher Anlagenintensität geraten z.B. bei Umsatzrückgängen schnell in Liquiditätsprobleme, denn die fixen Kosten für das Anlagevermögen fallen regelmäßig an.

b. Umlaufintensität

RN 27c

Die Umlaufintensität ist als **Verhältnis zwischen Umlaufvermögen und Gesamtvermögen** definiert.

Eine hohe Umlaufintensität kann unterschiedliche Ursachen haben. Es können sich z.B. erhebliche Geldbeträge auf den Konten befinden. Möglich ist auch, dass die Forderungsbestände groß sind oder die Warenvorräte hoch. Große Forderungsbestände können für eine schlechte Zahlungsmoral der Kunden sprechen, hohe Warenvorräte spiegeln möglicherweise einen schleppenden Absatz wider. Die genaue Prüfung hat in jedem Einzelfall zu erfolgen.

RN 27d **c. Investitionsverhältnis**

Das Investitionsverhältnis ist durch die **Relation zwischen Umlaufvermögen und Anlagevermögen** charakterisiert. Die Kennzahlen zur Investierung geben Auskunft über die Kapitalverwendung eines Unternehmens.

$$\text{Anlagenintensität} = \frac{\text{Anlagevermögen}}{\text{Gesamtvermögen}} \times 100\,\%$$

$$\text{Umlaufintensität} = \frac{\text{Umlaufvermögen}}{\text{Gesamtvermögen}} \times 100\,\%$$

$$\text{Investitionsverhältnis} = \frac{\text{Umlaufvermögen}}{\text{Anlagevermögen}} \times 100\,\%$$

Die Kennzahlen zur Vermögensstruktur sind sehr branchenabhängig. Unternehmen, bei denen eine Vielzahl technischer Anlagen für den Produktionsprozess erforderlich ist (anlagenintensive Unternehmen), weisen höhere Werte für die Anlagenintensität auf als z.b. Dienstleistungsunternehmen, bei denen es insbesondere auf das Knowhow der Beschäftigten ankommt. Bei Handelsunternehmen, die über ein relativ hohes Umlaufvermögen (z.b. Warenvorräte) verfügen, ist die Umlaufintensität entsprechend hoch. Die Kennzahlen zum Vermögensaufbau können sinnvoll nur interpretiert werden, indem man ihren zeitlichen Verlauf über mehrere Jahre im Vergleich zum Branchendurchschnitt analysiert.

Analyse des Vermögensaufbaus am Beispiel oben abgebildeter Einzelunternehmer-Bilanz:

Bilanz zum 31.12.2010

Aktiva		Passiva	
Anlagevermögen	1.550 T€	Eigenkapital	2.930 T€
Umlaufvermögen	3.610 T€	Fremdkapital	2.230 T€
Bilanzsumme	**5.160 T€**	**Bilanzsumme**	**5.160 T€**

$$\text{Anlagenintensität} = \frac{1.550\ \text{T€}}{5.160\ \text{T€}} \times 100\,\% = 30\,\%$$

$$\text{Umlaufintensität} = \frac{3.610\ \text{T€}}{5.160\ \text{T€}} \times 100\,\% = 70\,\%$$

$$\text{Investitionsverhältnis} = \frac{3.610\ \text{T€}}{1.550\ \text{T€}} \times 100\,\% = 233\,\%$$

In der Branche des Beispielunternehmers soll der Durchschnitt für die Anlagenintensität bei 37 % liegen. Das betrachtete Unternehmen hätte daher mit 30 % eine unterdurchschnittliche Anlagenintensität. Ein hoher Wert dokumentiert ein anlagenintensives Unternehmen mit hohem finanziellem Risiko und geringer Flexibilität. Im Einzelfall kommt es stets auf die individuellen Besonderheiten des jeweiligen Unternehmens und die betroffene Branche an.

Mit einer Umlaufintensität von 70 % läge das Beispielsunternehmen über dem Branchendurchschnitt von etwa 63 %. Dies kann z.b. auf hohe Vorräte (Ladenhüter) zurückzuführen sein. Es könnte sich auch um einen großen Forderungsbestand handeln. Jedenfalls signalisiert ein hohes Umlaufvermögen, dass der Fixkostenanteil relativ gering ist.

Das Investitionsverhältnis liegt ebenfalls über dem Branchendurchschnitt von ca. 170 %.

2. Analyse des Kapitalaufbaus (vgl. Fall Muster GmbH RN 38)

RN 28

Bei der Analyse der Kapitalstruktur steht die Relation zwischen Eigenkapital (EK) und Fremdkapital (FK) im Vordergrund. Die Kennzahlen zur Kapitalstruktur geben an, ob ein Unternehmen vorwiegend durch Eigenkapital oder durch Fremdkapital finanziert wird. Die **Eigenkapitalquote** misst den **Anteil des Eigenkapitals am Gesamtkapital** (Eigenkapital zuzüglich Fremdkapital), während der **Fremdfinanzierungsgrad** das **Verhältnis von Fremdkapital zum Gesamtkapital** angibt. Je höher der Eigenfinanzierungsgrad ist, desto besser ist die Einstufung eines Unternehmens hinsichtlich seiner Kreditwürdigkeit. Das **Finanzierungsverhältnis** gibt direkt die Relation zwischen Fremdkapital und Eigenkapital an:

a. Eigenkapitalquote = $\dfrac{\text{Eigenkapital}}{\text{Gesamtkapital}} \times 100\,\%$ Grad der Eigenfinanzierung

b. Fremdfinanzierungsgrad = $\dfrac{\text{Fremdkapital}}{\text{Gesamtkapital}} \times 100\,\%$ Verschuldensgrad

c. Fremdkapitalanteil = $\dfrac{\text{Fremdkapital}}{\text{Eigenkapital}} \times 100\,\%$ Finanzierungsverhältnis

Beispiel zur oben abgebildeten Bilanz (RN 25, 26):

Bilanz zum 31.12.2010			
Aktiva		Passiva	
Anlagevermögen	1.550 T€	Eigenkapital	2.930 T€
Umlaufvermögen	3.610 T€	Fremdkapital	2.230 T€
Bilanzsumme	5.160 T€	Bilanzsumme	5.160 T€

a. Eigenkapitalquote = $\dfrac{2.930\ \text{T€}}{5.160\ \text{T€}} \times 100\ \% = 57\ \%$ Grad der Eigenfinanzierung

b. Fremdfinanzierungsgrad = $\dfrac{2.230\ \text{T€}}{5.160\ \text{T€}} \times 100\ \% = 43\ \%$ Verschuldensgrad

c. Fremdkapitalanteil = $\dfrac{2.230\ \text{T€}}{2.930\ \text{T€}} \times 100\ \% = 76\ \%$ Finanzierungsverhältnis

Der Eigenfinanzierungsgrad des betrachteten Unternehmens liegt mit 57 % über dem Durchschnitt. In deutschen Unternehmen liegt die Eigenkapitalquote regelmäßig zwischen 15 % und 30 %. Je mehr Eigenkapital zur Verfügung steht, desto unabhängiger ist das Unternehmen von Banken.

Der Fremdfinanzierungsgrad von 43 % liegt unter dem Branchendurchschnitt von 70 % oder mehr. Unternehmen mit hoher Fremdkapitalquote sind von den geldgebenden Banken und/oder anderen Gläubigern abhängig und geraten schnell in Liquiditätsengpässe, weil sie permanent fällige Stundungs- und Zinszahlungen leisten müssen.

Das Finanzierungsverhältnis von 76 % liegt im Beispiel deutlich unter dem Durchschnitt. Beträge das Eigenkapital z.B. 2.000,00 T€ und das Fremdkapital 3.160,00 T€, wäre ein Finanzierungsverhältnis von 150 % gegeben. Je höher der Prozentsatz ist, desto „schlechter" ist das Finanzierungsverhältnis. Im obigen Beispiel dürfte es dem Unternehmen leicht fallen, künftig neue Kredite zu erhalten. Ferner wird das Unternehmen als sehr wettbewerbsfähig eingestuft.

RN 29   **3. Analyse der Anlagendeckung (vgl. Fall Muster GmbH, RN 39)**

Die Kennzahlen zur Investierung geben Auskunft über die Kapitalverwendung eines Unternehmens. Den Ausgangspunkt des Deckungsgrades I bildet die Überlegung, dass das Anlagevermögen, das einem Unternehmen langfristig zur Verfügung stehen soll, möglichst durch Eigenkapital gedeckt sein sollte. Beim Deckungsgrad II hingegen wird berücksichtigt, dass zur Deckung des Anlagevermögens auch das langfristige Fremdkapital zur Verfügung steht:

a. Deckungsgrad I = $\dfrac{\text{EK}}{\text{AV}} \times 100\ \%$

b. Deckungsgrad II = $\dfrac{\text{EK + lfr. FK}}{\text{AV}} \times 100\ \%$

Der Richtwert für beide Kennzahlen – insbesondere der für den Deckungsgrad II – liegt bei über 100 %.

Beispiel zur oben abgebildeten Bilanz (RN 25, 26):

Bilanz zum 31.12.2010

Aktiva		Passiva	
Anlagevermögen	1.550 T€	Eigenkapital	2.930 T€
Umlaufvermögen	3.610 T€	Fremdkapital	2.230 T€
Bilanzsumme	5.160 T€	Bilanzsumme	5.160 T€

$$\text{Deckungsgrad I} = \frac{2.930 \text{ T€}}{1.550 \text{ T€}} \times 100\% = 189\%$$

$$\text{Deckungsgrad II} = \frac{2.930 \text{ T€} + 1.380 \text{ T€}}{1.550 \text{ T€}} \times 100\% = 278\%$$

Das Eigenkapital überdeckt das Anlagevermögen um 89 %, das Eigenkapital einschließlich des langfristigen Fremdkapitals überdeckt das Anlagevermögen sogar um 178 %. Die praxisüblichen Richtwerte sind somit deutlich überschritten.

4. Analyse der Liquidität (vgl. Fall Muster GmbH, RN 40)

Die Liquidität ist die Fähigkeit eines Unternehmens, jederzeit fällige Zahlungsverpflichtungen erfüllen zu können. Können in den nächsten 3–6 Monaten z.B. Versicherungsbeiträge, Zinsen, Mieten und Steuern bezahlt werden? Sind alle Lohnzahlungen gesichert? Können Maschinen angeschafft werden?

Die zu erwartenden Einnahmen und Ausgaben werden einander gegenübergestellt, z.B. Einnahmen aus Warenverkauf und Ausgaben wegen laufender Personalkosten, Material- und Lagerkosten. Die Differenz aus Einnahmen und Ausgaben ergibt den (monatlichen) Überschuss, der zur Verfügung steht, um Rechnungen des Unternehmens bezahlen oder Anschaffungen tätigen zu können.

Die Kennzahlen zur Liquidität machen Aussagen über die Zahlungsfähigkeit eines Unternehmens. Die Liquidität I (Cash Ratio) ist dabei definiert durch das Verhältnis der liquiden Mittel zum kurzfristigen Fremdkapital. Die Liquidität I ist eine Kennzahl von begrenzter Aussagefähigkeit, weil die liquiden Mittel i.d.R. stark schwanken. Aus diesem Grund gibt es in der Praxis auch keine Richtwerte für diese Kennzahl.

Die Liquidität II (Quick Ratio) ist demgegenüber eine sinnvolle Kennzahl, weil verfügbare und in kurzer Zeit zufließende Mittel mit kurzfristigen Schulden verglichen werden: Zusätzlich zu den liquiden Mitteln werden auch die Forderungen einbezogen. Der Richtwert für diese Kennzahl liegt bei 100 %.

Bei der Liquidität III (Current Ratio) schließlich wird das gesamte Umlaufvermögen zum kurzfristigen Fremdkapital ins Verhältnis gesetzt. Allerdings wird diese Kennzahl stark durch die Position „Vorräte" beeinflusst und ist daher nur teilweise aussagefähig. Dies rührt daher, dass man ohne weitere Informationen nur schwer einschätzen kann, wie leicht die Vorräte am Markt zu veräußern sind. Aus diesem Grund existieren auch keine praktischen Richtwerte für die Liquidität III.

a. Liquidität I = Cash Ratio = $\dfrac{\text{Liquide Mittel}}{\text{kfr. FK}} \times 100\,\%$

Je höher der ermittelte Prozentsatz ist, desto günstiger ist die Zahlungsfähigkeit.

b. Liquidität II = Quick Ratio = $\dfrac{\text{Liquide Mittel + Forderungen}}{\text{kfr. FK}} \times 100\,\%$

Bei 100 % ist die Liquidität II gegeben. Weniger als 100 % signalisiert Anspannung.

c. Liquidität III = Current Ratio = $\dfrac{\text{UV}}{\text{kfr. FK}} \times 100\,\%$

Normalwert: 150 %. Über 150 %: optimal. Weniger als 100 %: problematisch.

Beispiel zur oben abgebildeten Bilanz (RN 25, 26):

Bilanz zum 31.12.2010

Aktiva			Passiva		
Anlagevermögen		1.550 T€	**Eigenkapital**		2.930 T€
Umlaufvermögen			**Fremdkapital**		
Flüssige Mittel	420 T€		kurzfristiges FK	850 T€	
Forderungen	1.590 T€		mittelfristiges FK	0 T€	
Übriges UV	1.600 T€	3.610 T€	langfristiges FK	1380 T€	2.230 T€
Bilanzsumme		**5.160 T€**	**Bilanzsumme**		**5.160 T€**

a. Liquidität I = Cash Ratio = $\dfrac{420\,\text{T€}}{850\,\text{T€}} \times 100\,\% = 50\,\%$

b. Liquidität II = Quick Ratio = $\dfrac{420\,\text{T€} + 1.590\,\text{T€}}{850\,\text{T€}} \times 100\,\% = 236\,\%$

c. Liquidität III = Current Ratio = $\dfrac{3.610\,\text{T€}}{850\,\text{T€}} \times 100\,\% = 425\,\%$

Die flüssigen Mittel betragen die Hälfte der kurzfristigen Verbindlichkeiten; die flüssigen Mittel zuzüglich der Forderungen überdecken die kurzfristigen Verbindlichkeiten um 136 %, während das gesamte Umlaufvermögen das kurzfristige Fremdkapital sogar um 325 % überdeckt. Das Unternehmen kann aufgrund der Liquiditätskennzahlen als sehr zahlungsfähig bezeichnet werden. Vgl. hierzu RN 34d.

Merke:

Aus einer entsprechend aufbereiteten (Struktur-)Bilanz (RN 26) lassen sich anhand von Kennzahlen wichtige Informationen über die Vermögensstruktur, die Kapitalstruktur, die Anlagendeckung (Investierung) sowie die Liquidität gewinnen. Die in der Praxis am häufigsten verwendeten Kennzahlen sind die Anlagenintensität, die Umlaufintensität und das Investitionsverhältnis (Vermögensstruktur), der Fremdfinanzierungsgrad, der Eigenfinanzierungsgrad sowie das Finanzierungsverhältnis (Kapitalstruktur), die Anlagendeckungsgrade I und II sowie die Liquidität I bis III.

VI. Kennzahlen zur Analyse der Erfolgsrechnung   RN 31

Auch aus der Gewinn- und Verlustrechnung lassen sich durch entsprechende Auswertungen wertvolle Informationen gewinnen. Dies wird anhand der Weiterführung des obigen Beispiels (RN 25) eines Einzelunternehmers verdeutlicht (alle Werte in T€):

Gewinn- und Verlustrechnung des Einzelunternehmers per 31.12.2010

Umsatzerlöse (*Gesamtleistung*)	940 T€
Sonstige betriebliche Erträge (*Rohergebnis*)	30 T€
Aufwendungen für Roh-, Hilfs- und Betriebsstoffe	300 T€
Löhne und Gehälter	180 T€
Soziale Abgaben	80 T€
Abschreibungen auf Sachanlagen	20 T€
Sonstige betriebliche Aufwendungen (*Betriebsergebnis*)	160 T€
Zinsen und ähnliche Aufwendungen	10 T€
Ergebnis der gewöhnlichen Geschäftstätigkeit	220 T€
Steuern	20 T€
Jahresüberschuss	200 T€

Eine relativ einfache Auswertung besteht darin, bestimmte Aufwandsarten ins Verhältnis zur Gesamtleistung (Umsatzerlöse, Bestandserhöhungen und andere aktivierte Eigenleistungen) zu setzen und so den prozentualen Anteil einzelner Aufwandsarten an der Gesamtleistung zu bestimmen. Ebenso kann man den prozentualen Anteil einzelner Aufwandsarten am Gesamtaufwand bestimmen. Durch eine derartige Analyse lassen sich einzelne Erfolgskomponenten herauskristallisieren.

Beispiel:

Der Personalaufwand beträgt $\dfrac{180\text{ T€} + 80\text{ T€}}{940\text{ T€}}$ x 100 % = 27,67 % der Gesamtleistung.

Der Materialaufwand beträgt $\dfrac{300\text{ T€}}{940\text{ T€}}$ x 100 % = 32 % der Gesamtleistung.

Der Gesamtaufwand beträgt 750 T€:

Aufwendungen für Roh-, Hilfs- und Betriebsstoffe	300 T€
Löhne und Gehälter	180 T€
Soziale Abgaben	80 T€
Abschreibungen auf Sachanlagen	20 T€
Sonstige betriebliche Aufwendungen (*Betriebsergebnis*)	160 T€
Zinsen und ähnliche Aufwendungen	10 T€
Summe (*Gesamtaufwand*)	750 T€

Die sonstigen betrieblichen Aufwendungen betragen $\dfrac{160\text{ T€}}{750\text{ T€}}$ x 100 % = 21 % des Gesamtaufwands.

Merke:

Die Gewinn und Verlustrechnung lässt sich auswerten, indem man einzelne Aufwandsarten in Relation zur Gesamtleistung oder zum Gesamtaufwand setzt.

VII. Rentabilitäten

RN 32

Informationen über die Rentabilität eines Unternehmens lassen sich ableiten, wenn man die Zahlen der Bilanz und die der Gewinn- und Verlustrechnung kombiniert. Unter Rentabilität versteht man den **Anteil des Jahresabschlusses am eingesetzten Kapital bzw. am Umsatz**, ausgedrückt in Prozent. Die Kapitalrentabilität zeigt die Verzinsung des eingesetzten Kapitals. Man unterscheidet folgende Rentabilitätszahlen:

1. Eigenkapitalrentabilität

RN 32a

Die **Eigenkapitalrentabilität** gibt das prozentuale Verhältnis von Unternehmergewinn und eingesetztem Eigenkapital (EK) wider. Bei Einzelunternehmen und Personengesellschaften ist der Unternehmergewinn definiert als Differenz zwischen Jahresüberschuss (JÜ) und Unternehmerlohn (UL) (also dem Lohn, den sich ein Unternehmer für seine Tätigkeit berechnet). Bei juristischen Personen ist im Zähler der Eigenkapitalrentabilität direkt der Jahresüberschuss anzusetzen, weil das Gehalt der Geschäftsführer bzw. der Mitglieder des Vorstandes den Jahresüberschuss bereits gemindert hat:

Bei Einzelunternehmen und Personengesellschaften:

$$\text{Eigenkapitalrentabilität} = \frac{\text{JÜ} - \text{UL}}{\text{EK}} \times 100\,\%$$

Bei juristischen Personen (AG, GmbH):

$$\text{Eigenkapitalrentabilität} = \frac{\text{JÜ}}{\text{EK}} \times 100\,\%$$

Bei der Interpretation dieser Kennzahl geht man von folgender Überlegung aus: Wenn ein Bürger z.B. 10.000 € auf einem Festgeldkonto anlegt und pro Jahr 500 € Zinsen erhalten möchte, muss ihm die Bank 5 % Zinsen zahlen.

Ein Unternehmer hat dem Unternehmen Kapital (nämlich das Eigenkapital) zur Verfügung gestellt. Während des Geschäftsjahres ist ein Unternehmensgewinn (in Form des Jahresüberschusses bzw. zusätzlich in Form des Unternehmerlohnes) erzielt worden. Der Anteil des Unternehmensgewinns am Eigenkapital kann als Verzinsung des eingesetzten Kapitals interpretiert werden. Ob diese Verzinsung ausreichend ist, hängt von der Verzinsung sicherer Geldanlagen am Kapitalmarkt ab. Hinzu kommt, dass der Unternehmer durch seine Tätigkeit ein Risiko übernimmt, das er evtl. über eine entsprechend höhere Verzinsung seines Eigenkapitals – die sog. Risikoprämie – entgolten haben möchte.

Beispiel:

Bilanz zum 31.12.2010

Aktiva		Passiva	
Anlagevermögen		**Eigenkapital**	2.930 T€
Sachanlagen		Rückstellungen	
Grundstücke	900 T€	Pensionsrückstellungen lfK	780 T€
Anlagen und Maschinen	250 T€	Steuerrückstellungen kfK	50 T€
Geschäftsausstattung	90 T€	**Verbindlichkeiten**	
Finanzanlagen		Hypotheken lfK	600 T€
Beteiligungen	270 T€	Verbindlichkeiten gegenüber Kreditinstituten kfK	100 T€
Wertpapiere	40 T€		
Umlaufvermögen		Verbindlichkeiten aus L&L	700 T€
Vorräte			
Roh-, Hilfs- und Betriebsstoffe	1.400 T€		
Fertige Erzeugnisse	200 T€		
Forderungen			
Forderungen aus L&L	1.590 T€		
Schecks, Kassenbestand, Guthaben bei Kreditinstituten	420 T€		
Bilanzsumme	5.160 T€	**Bilanzsumme**	5.160 T€

Bisher wurde im obigen Beispiel (GuV zum 31.12.2010, RN 31) noch kein Unternehmerlohn berücksichtigt. Setzt man diesen für das Jahr 2010 mit 90.000,00 € an, ergibt sich für die Eigenkapitalrentabilität des Einzelunternehmers Folgendes:

$$\text{Eigenkapitalrentabilität} = \frac{200\text{ T€} - 90\text{ T€}}{2.930\text{ T€}} \times 100\,\% = 3{,}75\,\%$$

Wenn man bedenkt, dass für eine risikolose Anlage am Kapitalmarkt bei einem entsprechend hohen Anlagebetrag derzeit ca. 1,5 % Zinsen zu erhalten sind, ist die erwirtschaftete Eigenkapitalrentabilität des Unternehmers zumindest auskömmlich.

2. Gesamtkapitalrentabilität

Die **Gesamtkapitalrentabilität** ist definiert als prozentuales Verhältnis zwischen Unternehmensgewinn und gesamtem eingesetzten Kapital (Eigenkapital und Fremdkapital). Die Gesamtkapitalrentabilität misst die Ertragskraft der Unternehmung. Bei der Berechnung ist im Vergleich zur Eigenkapitalrentabilität Folgendes zu berücksichtigen: Im Nenner der Kennzahl ist nun nicht nur das Eigenkapital, sondern auch das Fremdkapital (FK) anzusetzen. Für die Inanspruchnahme des Fremdkapitals wurden bereits Zinsen (FKZ) berücksichtigt; diese haben den Jahresüberschuss gemindert.

Um die Verzinsung des Gesamtkapitals zu berechnen, müssen daher bereits verrechnete Fremdkapitalzinsen zum Jahresüberschuss addiert werden:

Bei Einzelunternehmen und Personengesellschaften:

$$\text{Gesamtkapitalrentabilität} = \frac{J\ddot{U} - UL + FKZ}{EK + FK} \times 100\,\%$$

Bei juristischen Personen:

$$\text{Gesamtkapitalrentabilität} = \frac{J\ddot{U} + FKZ}{EK + FK} \times 100\,\%$$

Beispiel:

Ausgegangen wird von der Bilanz unter RN 25, der GuV unter RN 31 und einem Unternehmerlohn i.H.v. 90.000,00 €. Für die Gesamtkapitalrentabilität ergibt sich bei Berücksichtigung von 10.000,00 € Fremdkapitalzinsen folgender Wert:

$$\text{Gesamtrentabilität} = \frac{200\ T\text{€} - 90\ T\text{€} + 10\ T\text{€}}{2.930\ T\text{€} + 2.230\ T\text{€}} \times 100\,\% = 2,33\,\%$$

Die Gesamtkapitalrentabilität bzw. die Ertragskraft des Unternehmens ist sehr gering.

3. Umsatzrentabilität

RN 32c

Bei der **Umsatzrentabilität** berechnet man das prozentuale Verhältnis zwischen Jahresüberschuss und Umsatz (U). Diese Kennzahl gibt an, wie viel Gewinn ein Unternehmen pro erwirtschafteten 100 Geldeinheiten Umsatz erzielt.

$$\text{Umsatzrentabilität} = \frac{J\ddot{U}}{U} \times 100\,\%$$

Beispiel GuV RN 31:

$$\text{Umsatzrentabilität} = \frac{200\ T\text{€}}{940\ T\text{€}} \times 100\,\% = 21,28\,\%$$

D.h. pro 100,00 € Umsatz werden 21,28 € Gewinn erzielt.

Merke:

Aus der Analyse der Bilanz und der Gewinn- und Verlustrechnung lassen sich wichtige Informationen über die Rentabilität eines Unternehmens gewinnen. Die wichtigsten Rentabilitätskennzahlen sind:

- die Eigenkapitalrentabilität RN 32a
- die Gesamtkapitalrentabilität RN 32b sowie
- die Umsatzrentabilität RN 32c

RN 33 **VIII. EBT/EBIT/EBITDA**

Diese Kennzahlen werden verständlich und für den Leser nachvollziehbar, wenn er sich klar macht, dass Ausgangspunkt der Überlegungen eine GuV ist. Die GuV der Muster GmbH sieht wie folgt aus:

Muster GmbH
Gewinn- und Verlustrechnung

1. Umsatzerlöse	42.920.267,35 €
2. Erhöhung oder Verminderung des Bestands an fertigen und unfertigen Erzeugnissen	200.540,80 €
3. Andere aktivierte Eigenleistungen	412.000,00 €
4. Sonstige betriebliche Erträge	2.322.289,27 €
	45.855.097,42 €
5. Materialaufwand	
a) Aufwendungen für Roh-, Hilfs- und Betriebsstoffe und für bezogene Waren	– 10.861.714,34 €
b) Aufwendungen für bezogene Leistungen	– 15.285.162,31 €
	– 26.146.876,65 €
6. Personalaufwand	
a) Löhne und Gehälter	– 8.783.759,76 €
b) Soziale Abgaben und Aufwendungen für Altersversorgung und für Unterstützung	– 1.724.598,17 €
	– 10.508.357,93 €
7. Abschreibungen auf immaterielle Vermögensgegenstände des Anlagevermögens und Sachanlagen	– 1.001.300,37 €
8. Sonstige betriebliche Aufwendungen	– 6.662.068,34 €
9. Sonstige Zinsen und ähnliche Erträge	19.923,43 €
10. Zinsen und ähnliche Aufwendungen	– 222.995,28 €
11. Ergebnis der gewöhnlichen Geschäftstätigkeit	**1.333.422,28 €**
12. Steuern vom Einkommen und vom Ertrag	0,00 €
13. Sonstige Steuern	– 79.760,07 €
14. Jahresüberschuss	**1.253.662,21 €**

Wenn Sie die Positionen obiger GuV mit der vollständigen Gliederung des Gesamtkostenverfahrens (RN 21) vergleichen, erkennen Sie, dass hier die Positionen 9, 10, 12 und 15, 16 und 17 entfallen sind. Das bedeutet, dass der Muster GmbH im Geschäftsjahr 2010 keine Erträge aus Beteiligungen zugeflossen sind und keine Abschreibungen auf Finanzanlagen erfolgten. Zudem waren weder außerordentliche Erträge noch außerordentliche Aufwendungen zu verzeichnen.

Würden alle 20 Positionen berücksichtigt, sähe die GuV wie folgt aus:

Muster GmbH
Gewinn- und Verlustrechnung

1. Umsatzerlöse	42.920.267,35 €
2. Erhöhung oder Verminderung des Bestands an fertigen und unfertigen Erzeugnissen	200.540,80 €
3. Andere aktivierte Eigenleistungen	412.000,00 €
4. Sonstige betriebliche Erträge	2.322.289,27 €
	45.855.097,42 €
5. Materialaufwand	
a) Aufwendungen für Roh-, Hilfs- und Betriebsstoffe und für bezogene Waren	– 10.861.714,34 €
b) Aufwendungen für bezogene Leistungen	– 15.285.162,31 €
	– 26.146.876,65 €
6. Personalaufwand	
a) Löhne und Gehälter	– 8.783.759,76 €
b) Soziale Abgaben und Aufwendungen für Altersversorgung und für Unterstützung	– 1.724.598,17 €
	– 10.508.357,93 €
7. Abschreibungen auf immaterielle Vermögensgegenstände des Anlagevermögens und Sachanlagen	– 1.001.300,37 €
8. Sonstige betriebliche Aufwendungen	– 6.662.068,34 €
9. *Erträge aus Beteiligungen, davon aus verbundenen Unternehmen*	*0,00 €*
10. *Erträge aus Wertpapieren und Ausleihungen des Finanzanlagevermögens, davon aus verbundenen Unternehmen*	*0,00 €*
11. *Sonstige Zinsen und ähnliche Erträge*	*19.923,43 €*
12. *Abschreibungen auf Finanzanlagen und Wertpapiere des Umlaufvermögens*	*0,00 €*
13. *Zinsen und ähnliche Aufwendungen*	– 222.995,28 €
14. Ergebnis der gewöhnlichen Geschäftstätigkeit	**1.333.422,28 €**
15. *außerordentliche Erträge*	*0,00 €*
16. *außerordentliche Aufwendungen*	*0,00 €*
17. *außerordentliches Ergebnis*	*0,00 €*
18. Steuern vom Einkommen und vom Ertrag	0,00 €
19. Sonstige Steuern	– 79.760,07 €
20. Jahresüberschuss	**1.253.662,21 €**

Aus Praktikabilitätsgründen werden Positionen, für die keine Geschäftsvorfälle zu verzeichnen waren, weggelassen. Das geschieht in der Praxis häufiger. Dadurch wird die jeweilige GuV nicht unvollständig oder falsch. Lies dazu § 265 Absätze 6–8 HGB, RN 43c.

Merke:

Wenn verschiedene GuV desselben Unternehmens „anders aussehen", z.b. weil die eine GuV nur 14 Positionen aufweist und eine andere 20, dann ist das im Regelfall lediglich der Praktikabilität der Darstellung geschuldet.

Die Kennzahlen der „Before"-Familie (EBT/EBIT/EBITDA) erhöhen und/oder korrigieren ein Jahresergebnis, das nach handelsrechtlichen Vorschriften ermittelt wurde. Mittels EBT, EBIT und EBITDA wird versucht, länderspezifische Besonderheiten herauszurechnen, um dadurch die Ertragskraft eines Unternehmens möglichst objektiv bestimmen zu können. Verzerrungen ergeben sich durch unterschiedliche Steuer- und Zinssätze und Abschreibungsmöglichkeiten.

RN 33a

1. EBT (earnings before taxes)

Es steht für das Jahresergebnis des Unternehmens vor Steuern. Das EBT ermöglicht einen (internationalen) **Vergleich der Ertragskraft** unabhängig von der individuellen Steuerquote. Damit sind ertragsteuerliche Einflüsse, die auf der Rechtsform eines Unternehmens oder auf der Steuergesetzgebung des jeweiligen Landes beruhen, herausgerechnet.

T€ = Tausend Euro (gerundet)

```
      1.254 T€  Jahreserfolg
+        79 T€  Steuern (vgl. oben Nr. 19 in der GuV der Muster GmbH)
      1.333 T€
```

RN 33b

2. EBIT (earnings before interest and taxes)

Es steht für das Jahresergebnis vor Steuern und Zinsen. Das EBIT ermöglicht einen direkten **Vergleich des betrieblichen Ergebnisses verschiedener Geschäftsjahre** und/oder Quartale. Verzerrungen durch unterschiedliche Steuersätze und/oder Zinsaufwendungen sind eliminiert. Das EBIT ist ausweislich der Gewinn- und Verlustrechnung das Betriebsergebnis (siehe dazu RN 21 und 22). Das Betriebsergebnis wird auch gerne als **operatives Ergebnis** bezeichnet.

```
      1.254 T€  Jahreserfolg
+       203 T€  Zinsen (vgl. oben Saldo von Nr. 11 u. 13 in der GuV)
+        79 T€  Steuern
      1.536 T€
```

3. EBITDA (earnings before interest, taxes, depreciation and amortization)

RN 33c

Das EBITDA macht die **Ergebnisse verschiedener Unternehmen international miteinander vergleichbar**. Es werden aus dem handelsrechtlichen Jahresergebnis herausgerechnet:

- Steuern
- Zinsen
- Außerordentliche Erträge (soweit erzielt)
- AfA

      1.254 T€ Jahreserfolg
+   203 T€ Zinsen (vgl. oben Saldo von Nr. 11 u. 13 in der GuV)
+   79 T€ Steuern (vgl. oben Nr. 19 in der GuV)
+ 1.001 T€ AfA (vgl. oben Nr. 7 in der GuV)
      2.537 T€

Vorteil: Abschreibungseffekte und bilanzpolitische Maßnahmen werden eliminiert.
Nachteil: Durch die Eliminierung zahlreicher Aufwandsposten fällt das Ergebnis vielleicht ungerechtfertigt hoch aus.

Das EBITDA wird gerne verwendet, wenn durch Abschreibung des Firmenwertes/ Goodwill das Ergebnis belastet ist; wenn also der Gewinn niedrig ausfällt oder sogar ein Verlust zu verzeichnen ist. Dann führen die rechnerischen Korrekturen der GuV zur Ermittlung eines angemessenen Ertrages aus der eigentlichen betrieblichen Tätigkeit („operatives Geschäft").

Beispiel:

Obige Muster GmbH schreibt den (entgeltlich erworbenen) Firmenwert mit jährlich 1.000.000 € ab. In der Position Nr. 7 (Abschreibungen auf immaterielle Vermögensgegenstände des Anlagevermögens und Sachanlagen 1.001.300,37 €) sind enthalten 1 Mio. € AfA auf den Firmenwert und 1.300 € AfA aus Sachanlagen. Es wird unterstellt, dass die Umsatzerlöse 40.920.267,35 € betragen (also um 2 Mio. € niedriger ausfallen, als in der ursprünglichen GuV, RN 33). Aus vorgenannten Zahlen errechnet sich folgende GuV:

RN 33d

Muster GmbH
Gewinn- und Verlustrechnung

1. Umsatzerlöse	40.920.267,35 €
2. Erhöhung oder Verminderung des Bestands an fertigen und unfertigen Erzeugnissen	200.540,80 €
3. Andere aktivierte Eigenleistungen	412.000,00 €
4. Sonstige betriebliche Erträge	2.322.289,27 €
	43.855.097,42 €
5. Materialaufwand	
a) Aufwendungen für Roh-, Hilfs- und Betriebsstoffe und für bezogene Waren	– 10.861.714,34 €
b) Aufwendungen für bezogene Leistungen	– 15.285.162,31 €
	– 26.146.876,65 €
6. Personalaufwand	
a) Löhne und Gehälter	– 8.783.759,76 €
b) Soziale Abgaben und Aufwendungen für Altersversorgung und für Unterstützung	– 1.724.598,17 €
	– **10.508.357,93 €**
7. Abschreibungen auf immaterielle Vermögensgegenstände des Anlagevermögens und Sachanlagen	– 1.001.300,37 €
8. Sonstige betriebliche Aufwendungen	– 6.662.068,34 €
9. Sonstige Zinsen und ähnliche Erträge	19.923,43 €
10. Zinsen und ähnliche Aufwendungen	– 222.995,28 €
11. Ergebnis der gewöhnlichen Geschäftstätigkeit	– **666.577,72 €**
12. Steuern vom Einkommen und vom Ertrag	0,00 €
13. Sonstige Steuern	– 79.760,07 €
14. Jahresfehlbetrag	– **746.337,79 €**

Wenn die Umsatzerlöse um 2 Mio. € niedriger ausfallen, wird aus einem Jahresüberschuss i.H.v. 1.253.662,21 € ein Verlust/Jahresfehlbetrag von – 746.337,79 €.

Um Geschäftspartnern und ggf. Kreditgebern gleichwohl deutlich zu machen, dass die GmbH wirtschaftlich viel potenter ist, als es der Verlust vermuten lässt, wird die Geschäftsleitung sich bemühen, die wahre Ertragslage herauszustellen. Das kann geschehen, indem z.B. hervorgehoben wird, dass der Verlust des vergangenen Geschäftsjahres (nahezu allein) auf die Abschreibung des Firmenwertes mit 1 Mio. € zurückzuführen ist.

Die Geschäftsleitung wird das EBT, EBIT und EBITDA wie folgt darstellen:

EBT (earnings before taxes)

−	746 T€	Jahreserfolg
+	79 T€	Steuern (vgl. oben Nr. 13 in der GuV der Muster GmbH)
−	**667 T€**	

EBIT (earnings before interest and taxes)

−	746 T€	Jahreserfolg
+	203 T€	Zinsen (vgl. oben Saldo von Nr. 9 u. 10 in der GuV)
+	79 T€	Steuern
−	**464 T€**	

EBITDA (earnings before interest, taxes, depreciation and amortization)

−	746 T€	Jahreserfolg
+	203 T€	Zinsen
+	79 T€	Steuern
−	**464 T€**	**EBIT**
+	1 T€	AfA aus Sachanlagen
+	1.000 T€	AfA Firmenwert
	537 T€	

Wenn die Muster GmbH aus ihrem negativen Jahresergebnis Zinsen, Steuern und die Abschreibungen herausrechnet, gelangt sie zu einer positiven Zahl, nämlich 537.000 €. Dabei handelt es sich um das EBITDA.

Daran wird deutlich, was damit gemeint ist, wenn gesagt wird „die Abschreibungen drücken auf den Gewinn".

Ein EBITDA i.H.v. +537.000 € hört sich bereits phonetisch viel positiver an, als ein Jahresfehlbetrag i.H.v. −746.337,79 €. Wer häufiger den Wirtschaftsteil in den Zeitungen liest, kennt diese sprachliche Pointierung.

IX. Cashflow

[RN 34]

Der Cashflow ist die Differenz von einzahlungswirksamen Erträgen und auszahlungswirksamen Aufwendungen innerhalb eines Geschäftsjahres. Erfahrungsgemäß versteht der Leser den Sinn dieser Kennzahl am ehesten, wenn sie mittels Beispiel erläutert wird.

Beispiel:

Ein Unternehmer macht für **2010** in seiner **GuV** folgende Angaben:

Umsatzerlöse (netto!) (Erträge)	100.000 €	Einnahmen in Geld/Erträge
Materialaufwand	30.000 €	Ausgaben in Geld/Aufwand
Personalaufwand	20.000 €	Ausgaben in Geld/Aufwand
Sonstige betriebliche Aufwendungen § 7g EStG[18]	10.000 €	Rechnerische Ausgabe in Buchhaltung/ Aufwand
Abschreibungen	10.000 €	Rechnerische Ausgabe in Buchhaltung/ Aufwand
Finanzanlagen	0 €	
Ergebnis gewöhnlicher Geschäftstätigkeit	30.000 €	
Steuern	0 €	
Jahresüberschuss	30.000 €	

Von seinem (steuerlichen) Berater möchte er wissen, wie viel Geld er eigentlich unterm Strich erwirtschaftet hat. Gibt es einen Überschuss der laufenden Einzahlungen über die laufenden Auszahlungen?

Die Differenz zwischen Erträgen und Aufwendungen ist der Jahresüberschuss (oder Jahresfehlbetrag). Hier wurde ein Jahresüberschuss i.H.v. 30.000 € erzielt.

1. Erträge und Aufwendungen

[RN 34a] **Erträge** (Umsatzerlöse) führen in vielen Fällen zu Einzahlungen, z.B. der Erhalt eines Rechnungsbetrages vom Kunden. Zahlreiche Erträge werden jedoch nur buchhalterisch erwirtschaftet. Bei ihnen fließt kein Geld. Beispiele: Eigenleistungen (selbst entwickelte Software) werden aktiviert oder Rückstellungen werden aufgelöst. Derlei Erträge sind nicht zahlungswirksam.

[RN 34b] Bei den **Aufwendungen** verhält es sich spiegelbildlich: Material- und Personalaufwendungen führen zu Auszahlungen. Abschreibungen und Rückstellungen finden dagegen rein buchhalterisch statt. Auszahlungen erfolgen dabei nicht.

---

[18] Details zum Investitionsabzugsbetrag unter RN 41d.

Merke:

Erträge und Aufwendungen sind nur zum Teil mit Einnahmen und Ausgaben identisch, z.B. Erhalt von Rechnungsbeträgen und Überweisung von Löhnen. In vielen Fällen fallen Aufwendungen und Erträge und Einnahmen und Ausgaben auseinander, z.b. bei den Abschreibungen und der Bildung von Rückstellungen. Deshalb ist **die GuV keine Einnahmen- und Ausgabenrechnung!**

	Obige GuV (RN 34) Ursprünglich		Obige GuV (RN 34) Zahlungsunwirksame Erträge und/ oder Aufwendungen eliminiert
Umsatzerlöse (netto!) (Erträge)	100.000 €		100.000 €
Materialaufwand	30.000 €		30.000 €
Personalaufwand	20.000 €		20.000 €
Sonstige betriebliche Aufwendungen § 7g EStG	10.000 €		0 €
Abschreibungen	10.000 €		0 €
Finanzanlagen	0 €		0 €
Ergebnis gewöhnlicher Geschäftstätigkeit	30.000 €		50.000 €
Steuern	0 €		0 €
Jahresüberschuss	30.000 €		50.000 €

Hinweis:

Der Investitionsabzugsbetrag gem. § 7g EStG wird rein buchhalterisch als Aufwand erfasst und mindert den Gewinn. Geld fließt bei diesem Vorgang nicht. Für die Abschreibungen gilt dasselbe. § 7g EStG ist mit einem erläuternden Beispiel unter RN 41d abgedruckt.

2. Berechnung Cashflow

RN 34c

Vereinfachte Formel:

Jahresüberschuss laut GuV	30.000 €	
– einzahlungsunwirksame Erträge	0 €	
+ auszahlungsunwirksame Aufwendungen	+ 20.000 €	*(§ 7g und die Abschreibungen)*
Cashflow	**50.000 €**	

Um den Cashflow zu ermitteln, sind allein die **zahlungswirksamen** Geschäftsvorfälle zu betrachten. Der Cashflow wird auch als Kapitalfluss oder Finanzierungsüberschuss bezeichnet und ist eine wichtige Maßgröße für das Innenfinanzierungspotential eines Unternehmens (vgl. RN 34e).

RN 34d ### 3. Der Nutzen der Cashflow Rechnung

Der Unternehmer kann am Cashflow erkennen, ob und in welchem Umfang es ihm gelungen ist, Zahlungsmittelüberschüsse zu erwirtschaften. Die Überschüsse können z.b. dafür verwendet werden, Schulden zu tilgen, Dividenden auszuzahlen oder Investitionen (z.b. neue Maschinen kaufen) zu tätigen. Sind die erwirtschafteten Zahlungsmittelüberschüsse („Bargeld") nicht ausreichend, müssen z.b. Investitionen zurückgestellt oder durch neue Schulden finanziert werden.

Unternehmer müssen wie jeder Arbeitnehmer ihre realen Zahlungsströme im Blick haben. Ein Arbeitnehmer, der monatlich ein Netto-Gehalt i.H.v. 1.800,00 € auf sein Konto überwiesen bekommt, hat darauf zu achten, dass er von den 1.800,00 € alle seine Kosten bestreiten kann.

Beispiel regelmäßige Arbeitnehmerausgaben monatlich:

Miete Wohnung	650 €
Miete Garage	50 €
Telefon	40 €
Sparvertrag	100 €
	840 €
Nettolohn	1.800 €
Monatliche Fixkosten	− 840 €
	960 €

Hinzu kommen je nach Fälligkeit z.B. alle 2 Monate folgende Kosten:

Versicherungsbeiträge (z.B. Hausrat)	40 €
Abschlagszahlungen Strom	70 €
Abschlagszahlungen Heizung	100 €
	210 €
Nettolohn	1.800 €
Monatliche Fixkosten	− 840 €
alle 2 Monate	− 210 €
	750 €

Zusätzlich entstehen jährlich Kosten für:

Urlaubsreise	1.300 €
Inspektion Auto	250 €
	1.550 €

Dieses kleine Beispiel macht deutlich, dass der Arbeitnehmer gut beraten ist, wenn er in den Monaten, in denen ihm 960 € verbleiben, jeweils etwas Geld „zur Seite legt". In den Monaten, in denen er zusätzlich zu seinen Fixkosten i.H.v. 840 € die Abschlagszahlungen i.H.v. 210 € leisten muss, verbleiben ihm nur noch 750 €. Wenn er nichts „zur Seite legen" würde und in einem Monat die Fixkosten, die Abschlagszahlungen, die Urlaubskosten und die Inspektion für den Pkw zahlen müsste, reichte sein Monatseinkommen nicht aus.

Nettolohn	1.800 €
Fixkosten	− 840 €
Abschlagszahlungen	− 210 €
Urlaub	− 1.300 €
Auto	− 250 €
„Verlust"	− 800 €

Dem Arbeitnehmer ist Folgendes zu raten:

Er sollte für die Abschlagszahlungen jährlich insgesamt 1.260 € einplanen (6 x 210 €). Zusammen mit den Urlaubs- und Inspektionskosten (1.550 €) sind dass 2.810 €. Wenn er die 2.810 € auf 12 Monate verteilt, muss er monatlich rd. 235 € zur Seite legen. Er sollte also nicht monatlich 960 € ausgeben, sondern sich jeweils auf monatlich 725 € beschränken.

Anders ausgedrückt: Der Arbeitnehmer benötigt jeden Monat 1.075 €, um seine Jahreskosten (Miete, Versicherungen, Pkw, Urlaub usw.) decken zu können. Dazu kommen seine Lebenshaltungskosten, für die ihm 725 € monatlich verbleiben.

Genau wie obiger Arbeitnehmer denkt und handelt ein seriöser Unternehmer. Der **Unternehmer hat sicherzustellen, dass ihm spätestens bei Fälligkeit einzelner Zahlungen die jeweiligen Zahlungsmittel zur Verfügung stehen.** Zu Fragen der Liquidität siehe RN 30.

Der Unternehmer sollte z.B. folgende Zahlungsströme beachten:

− Zahlungseingänge von seinen Kunden

− ggf. Zinserträge

− ggf. außerordentliche Erträge

Den Zahlungseingängen sind z.B. gegenüberzustellen:

− Materialkosten

− Personalkosten

− Betriebliche Steuern (KfzSt, VersSt, GrdSt, KSt, GewSt)

− Tilgung Darlehen

Wenn die Zahlungseingänge ausreichen, um die Zahlungsausgänge zu decken, sind genügend Finanzmittel im Unternehmenskreislauf. Sollten die eingehenden Zahlungen die Zahlungsausgänge übersteigen, ist sogar noch „Geld übrig". Von diesem Zahlungsmittelüberschuss können z.B. neue Maschinen angeschafft werden.

Schwierig wird es, wenn die Zahlungseingänge geringer ausfallen, als die (insbesondere die fixen) Zahlungsausgänge. Dann muss der Unternehmer einzelne Zahlungsausgänge ggf. mit Krediten finanzieren.

Um den vorskizzierten Zahlungsmittelfluss „im Griff zu haben", wird gerne die Cashflow-Rechnung bemüht. Ob die Cashflow-Rechnung wirklich Sinn macht, ist genauso unklar wie oben dargestellte Überlegungen zur Liquidität (vgl. RN 30). Die Kennzahlen werden nämlich regelmäßig erst nach der Veröffentlichung des Jahresabschlusses (von Externen) ermittelt. Seit dem Stichtag der letzten Bilanzaufstellung können jedoch schon wieder zahlreiche Zahlungsvorgänge erfolgt sein, die zum Stichtag noch nicht berücksichtigt wurden.

RN 34e   **4. Cashflow im Konzern – Kapitalflussrechnung**

Insbesondere aus Konzernabschlüssen kennt der Leser ein differenziertes System der Cashflow-Rechnung (Kapitalflussrechnung). Dort wird unterschieden zwischen

- Cashflow aus betrieblicher Tätigkeit
- Cashflow aus Investitionstätigkeit
- Cashflow aus Finanzierungstätigkeit

Um den Rahmen dieses Buches nicht zu sprengen, werden die Details zur Kapitalflussrechnung nicht dargestellt. Es wird jedoch darauf hingewiesen, dass Konzerne ihren Anhang um eine Kapitalflussrechnung erweitern müssen (lies § 264 HGB, RN 43a). Kapital- und Personengesellschaften, die keinem Konzern angehören, fertigen Kapitalflussrechnungen freiwillig an.

Zur Ausgestaltung der Kapitalflussrechnung gibt es **keine gesetzliche Konkretisierung**. Es gibt ein privates Rechnungslegungsgremium, das **Deutsche Rechnungslegung Standards Committee e.V.** (DRSC), das einen Standard entwickelt hat. Es handelt sich dabei um den Standard **DRS 2**. Interessierte Leser finden alles dazu im Internet z.B. unter Google „drs2 Kapitalflussrechnung".

RN 34f   **5. Indirekte Cashflow-Ermittlung (für externe Analysten)**

Um den Cashflow auf indirektem Wege zu ermitteln, werden die Positionen, die nicht zahlungswirksam sind, aus dem Jahresüberschuss herausgerechnet. Das **Grundschema** für die indirekte und häufiger angewendete Berechnung des Cashflows sieht wie folgt aus:

    Jahresüberschuss
-   nicht zahlungswirksame Erträge (z.B. Auflösung von Rückstellungen)
+   nicht zahlungswirksame Aufwendungen (z.B. AfA)

    Cashflow i.e.S.

Zu den **nicht zahlungswirksamen Aufwendungen** zählen u.a.:
- Einstellungen in die Rücklagen
- Erhöhung des Gewinnvortrages
- Abschreibungen
- Erhöhung der Sonderposten mit Rücklageanteil
- Erhöhung der Rückstellungen
- Bestandminderung an fertigen und unfertigen Erzeugnissen
- Periodenfremde und außerordentliche Aufwendungen

es fließt
kein Geld!

Zu den **nicht zahlungswirksamen Erträgen** zählen u.a.:
- Entnahme aus Rücklagen
- Minderung des Gewinnvortrages
- Zuschreibungen
- Auflösung von Wertberichtigungen
- Minderung der Sonderposten mit Rücklageanteil
- Auflösung von Rückstellungen
- Bestandserhöhungen an fertigen und unfertigen Erzeugnissen
- Aktivierte Eigenleistungen
- Periodenfremde und außerordentliche Erträge

es fließt
kein Geld!

6. Direkte Cashflow-Ermittlung (für die interne Analyse)

RN 34g

Die direkte Ermittlung des (Brutto-) Cashflows ergibt sich aus der Differenz <u>aller</u> zahlungswirksamen Erträge und den zahlungswirksamen Aufwendungen.

+ zahlungswirksame Erträge
− zahlungswirksame Aufwendungen
  Cashflow i.e.S.

Den Einblick in das gesamte Zahlenmaterial hat regelmäßig nur die Geschäftsleitung. Deshalb wird auch von „interner" Analyse gesprochen.

Zu den **zahlungswirksamen Erträgen** zählen u.a.:
- Einzahlungen aus Umsätzen/Forderungen
- Sonstige Einzahlungen
- Eigenkapitaleinlage
- Kreditaufnahme

es fließt
Geld!

Zu den **zahlungswirksamen Aufwendungen** zählen u.a.:
- Auszahlungen für Personal und Verbindlichkeiten
- Auszahlungen für Material und Waren und Verbindlichkeiten
- Sonstige Auszahlungen
- Investitionen
- Eigenkapitalentnahme
- Kredittilgung

es fließt
Geld!

Vereinfachtes Beispiel zur (indirekten) Cashflow-Rechnung (vgl. RN 34f):

Gewinn- und Verlustrechnung per 31.12.2010

Umsatzerlöse (*Gesamtleistung*)	940 T€
Sonstige betriebliche Erträge (*Rohergebnis*)	300 T€
Aufwendungen für Roh-, Hilfs- und Betriebsstoffe	300 T€
Löhne und Gehälter	180 T€
Soziale Abgaben	80 T€
Abschreibungen auf Sachanlagen	20 T€
Sonstige betriebliche Aufwendungen (*Betriebsergebnis*)	160 T€
Zinsen und ähnliche Aufwendungen	10 T€
Ergebnis der gewöhnlichen Geschäftstätigkeit	220 T€
Steuern	20 T€
Jahresüberschuss	200 T€

Wer sich obiges Beispiel einer GuV genau ansieht, erkennt zunächst, dass es sich (dem Grunde nach) um eine GuV nach dem Gesamtkostenverfahren (siehe RN 21) handelt. Darüber hinaus stellt er fest, dass in den einzelnen Positionen nur eine Position enthalten ist, bei der kein Geld geflossen ist: die „Abschreibungen auf Sachanlagen" i.H.v. 20 T€. Es handelt sich dabei um nicht zahlungswirksame Aufwendungen, vgl. RN 34f.

Nach obiger Formel (RN 34f) für die Berechnung des Cashflow können folgende Zahlen eingesetzt werden:

Jahresüberschuss laut GuV		200.000 €
– einzahlungsunwirksame Erträge		0 €
+ auszahlungsunwirksame Aufwendungen	+	20.000 €
Cashflow		**220.000 €**

RN 34h **7. Cashdrain**

Obige GuV der Muster GmbH (RN 33d) beinhaltet (für Externe erkennbar) an auszahlungsunwirksamen Aufwendungen unter der Position Nr. 7 Abschreibungen auf immaterielle Vermögensgegenstände des Anlagevermögens i.H.v. 1.001.300,37 €. Diese sind bei der Cashflow-Rechnung hinzuzuaddieren, weil tatsächlich kein Geld abgeflossen ist.

Ob und inwieweit einzahlungsunwirksame Erträge in den Positionen Nr. 1 – 4 enthalten sind, ist aus der GuV nicht zu ersehen. Es wird unterstellt, dass sich aus dem Anhang und dort aus den Erläuterungen zur Gewinn- und Verlustrechnung Folgendes ergibt:

Hinter der Position Nr. 4 der GuV der Muster GmbH (RN 33d) soll sich die Auflösung einer Rückstellung i.H.v. 750.000 € verbergen. Diese ist bei der Cashflow-Rechnung abzuziehen, weil tatsächlich kein Geld ins Unternehmen geflossen ist.

Muster GmbH GuV

Jahresfehlbetrag laut GuV	− 746.337,79 €
− einzahlungsunwirksame Erträge	− 750.000,00 €
+ auszahlungsunwirksame Aufwendungen	+ 1.001.000,00 €
Cashdrain	**− 495.337,79 €**

Bei einem Cashdrain ist mehr Geld abgeflossen, als dem Unternehmen Geld zugeflossen ist.

Erläuterung:

Die GuV der obigen Muster GmbH weist einen Verlust i.H.v. − 746.337,79 € aus. Wenn nun zur Berechnung der tatsächlich vorhandenen Zahlungsmittel so getan wird, als hätte es den zahlungsunwirksamen Ertrag i.H.v. 750.000,00 € nicht gegeben, vergrößert sich der Verlust auf − 1.496.337,79 €.

Umgekehrt ist zu beachten, dass Abschreibungen auf immaterielle Vermögensgegenstände des Anlagevermögens i.H.v. 1.001.000,00 € vorgenommen worden sind. Dabei ist kein Geld abgeflossen. Folglich ist dieser Betrag dem negativen Betrag i.H.v. − 1.496.337,79 € wieder hinzuzurechnen.

Vorskizzierte Überlegungen und Rechenschritte führen zu dem Ergebnis, dass die Muster GmbH per Saldo mehr Geld ausgegeben als eingenommen hat. Das bedeutet, dass in dem zurückliegenden Geschäftsjahr nicht alle Auszahlungen mit selbst vereinnahmten Geldern bestritten werden konnten. Entsprechende Kredite waren sicherlich erforderlich. Lieferanten haben den finanziellen Engpass möglicherweise „gespürt", weil ihre Rechnungen nur mit längerer Verzögerung von der GmbH bezahlt wurden.

8. Leiharbeiter

RN 34i

Das Thema Leiharbeit spielt in zahlreichen Unternehmen eine nicht zu unterschätzende Rolle. Die Diskussionen dazu betreffen regelmäßig Fragen des Arbeitsrechts und der betrieblichen Mitbestimmung. Dazu werden an dieser Stelle keine Ausführungen gemacht. Hier interessiert allein die Frage, wo der Bilanz-Leser und Analyst des Jahresabschlusses die Kosten (Aufwendungen!) des Unternehmens für Leiharbeiter nachlesen kann.

In der GuV nach dem Gesamtkostenverfahren (Schema RN 21) finden Sie diese Aufwendungen unter der Gliederungs-Nr. 5 und/oder Gliederungs-Nr. 8. Die Aufwendungen für Leiharbeiter, die in der Fertigung und Produktion beschäftigt werden, sind unter Gliederungs-Nr. 5 erfasst. Leiharbeiter, die im Büro und in der Verwaltung sind, werden unter Gliederungs-Nr. 8 erfasst.

In der Praxis kann der Leser die Zahlenangaben zu den Leiharbeitern im Anhang (RN 43p) nachlesen. Dort bei den Erläuterungen zur Gewinn- und Verlustrechnung unter „Materialaufwand" und/oder „sonstige betriebliche Aufwendungen".

Zu Leiharbeitern aus Sicht des Betriebsverfassungsgesetzes siehe RN 44b, 44c und 44d.

RN 34j

9. Konzern

Wer sich mit einem Konzern zu befassen hat, sollte sich klar machen, dass ein Konzern als solcher keine Rechtsfähigkeit besitzt. Konzerne sind keine juristischen Personen. Konzerne können nicht klagen oder verklagt werden.

§ 18 AktG definiert den Begriff Konzern und Konzernunternehmen wie folgt:

(1) Sind ein herrschendes und ein oder mehrere abhängige Unternehmen unter der **einheitlichen Leitung** des herrschenden Unternehmens zusammengefasst, so bilden sie einen Konzern; die einzelnen Unternehmen sind Konzernunternehmen. Unternehmen, zwischen denen ein **Beherrschungsvertrag** besteht oder von denen das eine in das andere eingegliedert ist, sind als unter einheitlicher Leitung zusammengefasst anzusehen. Von einem abhängigen Unternehmen wird vermutet, dass es mit dem herrschenden Unternehmen einen Konzern bildet.

(2) Sind rechtlich selbstständige Unternehmen, ohne dass das eine Unternehmen von dem anderen abhängig ist, unter einheitlicher Leitung zusammengefasst, so bilden sie auch einen Konzern; die einzelnen Unternehmen sind Konzernunternehmen.

Juristisch handelt es sich bei einem Konzern um den rein wirtschaftlichen Zusammenschluss mehrerer Unternehmen unter einer einheitlichen Leitung.

Beispiel:
Eine AG der Telekommunikationsbranche beteiligt sich (d.h. kauft oder gründet selbst) zwei GmbHs. GmbH 1 fertigt z.B. Software, GmbH 2 ist mit der Herstellung der erforderlichen Hardware befasst und die AG kümmert sich um den Vertrieb der Produkte und das Marketing.

Arbeitsrechtlich und betriebsverfassungsrechtlich handelt es sich um jeweils getrennte (juristisch eigenständige) Unternehmen, die „ein Eigenleben führen".

Handelsrechtlich handelt es sich um einen Konzern. Das hat zur Folge, dass die AG (Mutter) und beide GmbHs (Töchter) weiterhin ihre Einzelabschlüsse aufstellen müssen. Zusätzlich ist jedoch ein Konzernabschluss für alle gemeinsam erforderlich. In dem Konzernabschluss fließen alle Einzelabschlüsse zusammen. Es wird so getan, als handelte es sich bei allen Gesellschaften zusammen um ein Unternehmen.

Allerdings ist der Konzernabschluss keine bloße Addition aller Einzelabschlüsse. Es werden vielmehr die besonderen wirtschaftlichen Verflechtungen zwischen den einzelnen Unternehmen berücksichtigt. Zur korrekten (Gesamt-)Darstellung der Vermögens-, Finanz- und Ertragslage des Konzerns sind bestimmte Positionen der Einzel-

Bilanzen und Einzel-GuV gegeneinander zu verrechnen. Diese Verrechnung wird **Konsolidierung** genannt.

Würden die Konsolidierungsmaßnahmen (Verrechnungen) nicht durchgeführt, entstünde ein falsches Bild von der Vermögens-, Finanz- und Ertragslage des Konzerns.

Beispiel:

Eine AG gründet eine GmbH (Tochter) durch eine Bareinlage i.H.v. 1 Mio. €. Die Bilanz der AG vor der GmbH-Gründung sieht wie folgt aus:

Bilanz der AG vor der Gründung

Aktiva		Passiva	
Kasse	2 Mio. €	Eigenkapital	2 Mio. €
Bilanzsumme	2 Mio. €	Bilanzsumme	2 Mio. €

Bilanz der AG nach der Gründung

Aktiva		Passiva	
Beteiligungen	**1 Mio. €**	Eigenkapital	2 Mio. €
Kasse	1 Mio. €		
Bilanzsumme	2 Mio. €	Bilanzsumme	2 Mio. €

Bilanz der GmbH

Aktiva		Passiva	
Umlaufvermögen		**Eigenkapital**	**1 Mio. €**
Kasse	1 Mio. €		
Bilanzsumme	1 Mio. €	Bilanzsumme	1 Mio. €

Durch die Bargründung der GmbH hat sich weder das Gesamtkapital noch das Gesamtvermögen erhöht. Würden die Positionen der Bilanz der AG und der GmbH einfach addiert, käme es zu einer Doppelrechnung. Um das zu vermeiden, wird das Eigenkapital der GmbH (Tochter) mit der Beteiligung der AG (Mutter) verrechnet (konsolidiert).

Die Konzern-Bilanz (Mutter und Tochter zusammen) sieht deshalb wie folgt aus:

Konzern-Bilanz

Aktiva		Passiva	
Kasse	2 Mio. €	Eigenkapital	2 Mio. €
Bilanzsumme	2 Mio. €	Bilanzsumme	2 Mio. €

In der GuV des Konzern-Abschlusses sind ebenfalls entsprechende Konsolidierungsarbeiten (Verrechnungen) vorzunehmen. Alle konzerninternen Aufwendungen und Erträge sind zu eliminieren. Nur die Aufwendungen und Erträge, die mit fremden Unternehmen getätigt wurden, werden berücksichtigt.

Steuerrechtlich dagegen bilden die Organgesellschaften (im obigen Beispiel die GmbH) mit der Organträgerin (im obigen Beispiel die AG) eine Einheit. Dadurch wird erreicht, dass die Ermittlung der Besteuerungsgrundlagen im gesamten Organkreis zentral bei der Organträgerin erfolgt. Das bedeutet, dass z.B. Verluste der Organgesellschaft (GmbH, Tochter-Unternehmen) mit den Gewinnen der Organträgerin (AG, Mutter-Gesellschaft) sofort verrechnet werden dürfen. Das kann dazu führen, dass insgesamt weniger Steuern zu zahlen sind und dadurch mehr Geld im Konzern-Kreislauf bleibt.

Beispiel: (vereinfachte Darstellung zur Illustration steuerlicher Besonderheiten)

Es gibt eine AG, die eine Beteiligung an einer GmbH hält. Beide Unternehmen sind in derselben Gemeinde angesiedelt. Sie erzielen im abgelaufenen Geschäftsjahr einen Gewinn vor Steuern i.H.v. jeweils 1.000 €. Der Gewerbesteuer-Hebesatz der Gemeinde beträgt 400 %.

Besteht keine (steuerliche) Organschaft zwischen der AG und der GmbH, errechnen sich die Gesamt-Steuerschulden von GmbH und AG wie folgt:

GmbH

Gewinn vor Steuern	1.000 €
15 % KSt	− 150 €
GewSt	− 140 €
Gewinn nach Steuern	710 €

Die 710 € bereits versteuerter Gewinn werden an die AG als Dividende ausgeschüttet.

AG

Die Dividende gilt bei der AG als steuerfreier Geldzufluss. Allerdings werden 5 % von den 710 € als nichtabzugsfähige Betriebsausgaben behandelt, d.h., von den 710 € wirken sich bei der AG 5 % = 35,50 € gewinnerhöhend aus.

Gewinn vor Steuern	1.035,50 €
15 % KSt	− 155,33 €
GewSt	− 144,97 €
Gewinn nach Steuern	735,20 €

Insgesamt zahlen GmbH und AG 590,30 € KSt und GewSt.

Besteht dagegen eine (steuerliche) Organschaft zwischen der AG und der GmbH, errechnen sich die Gesamt-Steuerschulden von GmbH und AG wie folgt:

Der Gewinn der GmbH wird direkt der AG zugerechnet. Die GmbH zahlt keine Steuern. Die AG rechnet ggü. dem Finanzamt wie folgt ab:

Gewinn vor Steuern	2.000 €
15 % KSt	− 300 €
GewSt	− 280 €
Gewinn nach Steuern:	1.420 €

Im Falle der (steuerlichen) Organschaft zahlen GmbH und AG insgesamt 580 € KSt und GewSt. Die Organschaft bedeutet eine Steuerersparnis von 10,30 €. Wer in der Praxis die konkreten Zahlen „seines" Unternehmens heranzieht, erkennt schnell, dass es regelmäßig um Steuerersparnisse in sechs- und/oder siebenstelliger Höhe geht.

Weitere Hinweise zu den Besonderheiten des Konzernabschlusses würden den Rahmen dieses Buches sprengen. Zum Konzernbetriebsrat siehe RN 44o und 44p.

D. Fragen/Übungsaufgaben

1. Welche Gruppen kommen als Adressaten des Jahresabschlusses in Frage? Welche Informationen könnten für diese Gruppe wichtig sein?
2. Welche verschiedenen Funktionen hat die Rechnungslegung?
3. Eine Kapitalgesellschaft hat folgende vorläufige Bilanz aufgestellt:

Vorläufige Bilanz zum 31.12. 2010

Aktiva		Passiva	
Anlagevermögen	400.000 €	Gezeichnetes Kapital	500.000 €
Umlaufvermögen	300.000 €	Gewinn	10.000 €
		Verbindlichkeiten	190.000 €
Bilanzsumme	700.000 €	Bilanzsumme	700.000 €

Bislang ist eine selbst erstellte Anlage in der vorläufigen Bilanz noch nicht aufgenommen worden. Für ihre Bewertung bestehen Wahlrechte, so dass sie entweder zu 10.000,00 € oder zu 100.000,00 € angesetzt werden kann. Wie würden Sie die Anlage bewerten, wenn Sie möglichst viele Steuern sparen wollten (nehmen Sie an, es müssen 15 % Steuern auf den Gewinn entrichtet werden). Wie würden Sie die Anlage bewerten, wenn Ihnen als Manager der Kapitalgesellschaft eine erfolgsabhängige Vergütung (10 % des Gewinns) zugesichert wurde?

4. Was versteht man unter einer Bilanz?
5. Wie bezeichnet man die beiden Seiten der Bilanz? Was wird dort jeweils erfasst?
6. In welchen Merkmalen unterscheiden sich das Inventar und die Bilanz?
7. Für ein Unternehmen liegen folgende Angaben für das Geschäftsjahr 2011 vor:

Maschinen	3.500 €
Bankguthaben	4.000 €
Fertige Erzeugnisse	2.500 €
Kassenbestand	1.500 €
Verbindlichkeiten gegenüber Kreditinstituten	15.000 €
Forderungen aus Lieferungen & Leistungen	10.000 €
Geschäftsausstattung	9.000 €
Roh-, Hilfs- und Betriebsstoffe	1.000 €
Verbindlichkeiten aus Lieferungen & Leistungen	20.000 €
Grundstücke	45.000 €

Stellen Sie nach diesen Angaben die Bilanz zum 31.12.2011 auf und ermitteln Sie das Eigenkapital! Beachten Sie dabei die Bilanzgliederungsvorschriften für große und mittelgroße Kapitalgesellschaften unter RN 18.

Fragen/Übungsaufgaben

8. Hinsichtlich der Erfordernisse der Bilanzgliederung unterscheidet man zwei wesentliche Adressaten. Nennen Sie diese!

9. Eine GmbH weist zum 31.12.2010 eine Bilanzsumme von 15 Mio. € und zum 31.12.2011 eine Bilanzsumme von 17 Mio. € auf. Im Geschäftsjahr 2010 betragen die Umsatzerlöse 32 Mio. € und im Geschäftsjahr 2011 34 Mio. €. Im Jahr 2010 betrug die durchschnittliche Anzahl der Arbeitnehmer 230, im Jahr 2011 260. Ist diese GmbH eine kleine, mittelgroße oder große Kapitalgesellschaft? Begründen Sie Ihre Antwort. Zur Einteilung der Größenklassen der Kapitalgesellschaften lies RN 17.

10. Eine AG, deren Aktien zum Handel an der Frankfurter Börse zugelassen sind, hat durch Inventur zum 31.12.2011 Werte für folgende Vermögensgegenstände und Schulden ermittelt:

   - Rückstellungen für Pensionen
   - Wertpapiere des Anlagevermögens
   - Roh-, Hilfs- und Betriebsstoffe
   - Betriebs- und Geschäftsausstattung
   - Kassenbestand
   - Erhaltene Anzahlungen auf Bestellungen
   - Verbindlichkeiten aus Lieferungen und Leistungen
   - Unfertige Erzeugnisse
   - Lizenzen
   - Schecks
   - Steuerrückstellungen
   - Anleihen
   - Wertpapiere des Umlaufvermögens
   - Verbindlichkeiten gegenüber Kreditinstituten
   - Grundstücke
   - Maschinen
   - Geleistete Anzahlungen
   - Beteiligungen
   - Guthaben bei Kreditinstituten
   - Forderungen aus Lieferungen und Leistungen
   - Fertige Erzeugnisse

   Das Eigenkapital setzt sich aus dem gezeichneten Kapital, einer gesetzlichen Rücklage, einer satzungsgemäßen Rücklage, einen Gewinnvortrag und dem Jahresüberschuss zusammen. Erstellen Sie das handelsrechtliche Bilanzschema für diese AG! Lies dazu RN 18.

11. Was versteht man unter einer Gewinn- und Verlustrechnung?
12. Welche Verfahren der Gewinn- und Verlustrechnung gibt es und wie unterscheiden sie sich?
13. Folgende Daten eines Einzelkaufmanns liegen vor:

Löhne und Gehälter	33.500,00 €
Bankbelastung der Zinsen	8.000,00 €
Erhalte Skonti	500,00 €
Bankgutschrift für Zinsen	10.000,00 €
Miete für Lagerräume	25.000,00 €
Außerordentliche Erträge	6.000,00 €
Erhöhung des Bestandes an fertigen Erzeugnissen	10.000,00 €
Aufwendungen für Rohstoffverbrauch	56.000,00 €
Brandschaden	17.000,00 €
Gesetzliche soziale Aufwendungen	2.500,00 €
Abschreibungen auf Maschinen	12.000,00 €
Umsatzerlöse	290.000,00 €
Gewerbeertragsteuer	6.500,00 €

Erstellen Sie die Gewinn- und Verlustrechnung nach dem handelsrechtlichen Gliederungsschema unter Anwendung des Gesamtkostenverfahrens!

14. Berechnen Sie aus der GuV zu Fall 13 den Cashflow. Zum Grundschema der indirekten Cashflow-Ermittlung lies RN 34f.
15. Ermitteln Sie auf der Basis der GuV zum Fall 13 das EBT, EBIT und EBITDA. Zu den Schemata lies RN 33a, RN 33b und RN 33c.
16. Folgende Bilanz eines Unternehmens der verarbeitenden Industrie ist gegeben:

Bilanz zum 31.12.2011

Aktiva		Passiva	
Anlagevermögen		**Eigenkapital**	850 T€
Sachanlagen		**Rückstellungen**	
Grundstücke	400 T€	Pensionsrückstellung	180 T€
Anlagen und Maschinen	220 T€	Steuerrückstellungen	80 T€
Fuhrpark	60 T€	**Verbindlichkeiten**	
Geschäftsausstattung	80 T€	Darlehen	160 T€
Finanzanlagen		Verbindlichkeiten aus L&L	160 T€
Wertpapiere	20 T€	Verbindlichkeiten gegenüber Kreditinstituten	180 T€

Umlaufvermögen			
Vorräte			
Roh-, Hilfs- u. Betriebsstoffe			
Unfertige Erzeugnisse	120 T€		
Fertige Erzeugnisse	210 T€		
Forderungen			
Forderungen aus L&L	280 T€		
Schecks, Kassenbestand, Guthaben bei Kreditinstituten	220 T€		
Bilanzsumme	1.610 T€	Bilanzsumme	1.610 T€

Analysieren Sie die Bilanz unter Zuhilfenahme folgender Kennzahlen: Anlagenintensität, Umlaufintensität, Investitionsverhältnis, Eigenfinanzierungsgrad, Fremdfinanzierungsgrad, Finanzierungsverhältnis, Anlagendeckungsgrade I und II sowie Liquidität I bis III.

17. Folgende Werte aus dem Jahresabschluss einer AG sind gegeben:

    Eigenkapital: 500.000,00 €

    Fremdkapital: 225.000,00 €

    Jahresüberschuss: 75.000,00 €

    Umsatz: 300.000,00 €

    Tantiemen: 30.000,00 €

    Fremdkapitalzinsen: 17.500,00 €

    Berechnen Sie die Ihnen bekannten Rentabilitätskennzahlen! Zur Darstellung der Rentabilitätskennzahlen vgl. RN 32 ff.

18. Ermitteln Sie aus den nachgenannten Zahlen das Rohergebnis nach dem Gesamtkostenverfahren (siehe dazu RN 21):

Umsatzerlöse	2.080.000 €
Andere aktivierte Eigenleistungen	30.000 €
Bestandserhöhung fertige Erzeugnisse	50.000 €
Bestandsminderung unfertige Erzeugnisse	30.000 €
Aufwendungen für Roh- und Hilfsstoffe	1.080.000 €
Sonstige betriebliche Erträge	120.000 €

E. Antworten/Lösungen

Zu Fall 1:

Folgende Tabelle gibt einen Überblick über die einzelnen Adressatengruppen des Jahresabschlusses und deren jeweiligen Informationsbedürfnisse:

Adressatengruppe	Informationsbedürfnis
Aktuelle und potenzielle Anteilseigener	Künftiger Erfolg des Unternehmens
Aktuelle und potenzielle Gläubiger	Kreditwürdigkeit Schuldendeckungsfähigkeit bzw. Liquidität; wirtschaftliche Lage des Unternehmens (Vermögens- und Finanzlage)
Fiskus	Gewinn, Umsatz und Vermögen
Aktuelle und potenzielle Arbeitnehmer, Gewerkschaften, Betriebsrat, Aufsichtsrat, Wirtschaftsausschuss	Erfolg des Unternehmens im abgelaufenen Geschäftsjahr und künftiger Erfolg; wirtschaftliche Lage des Unternehmens; Wettbewerbsfähigkeit
Aktuelle und potenzielle Lieferanten und Kunden	Zahlungsfähigkeit und Lieferbereitschaft des Unternehmens; wirtschaftliche Lage; Wettbewerbsfähigkeit
Interessierte Öffentlichkeit	wirtschaftliche Lage des Unternehmens; Branchenabhängige Daten von besonderem Interesse

Zu Fall 2:

Die Unternehmensrechnung erfüllt gleichzeitig mehrere Aufgaben: Dokumentation, Rechenschaftslegung, Verteilungsfunktion, Gläubigerschutz und Besteuerungsgrundlage (vgl. RN 8 ff.).

Zu Fall 3:

Um möglichst viele Steuern zu sparen, sollte der Gewinn so gering wie möglich ausfallen. Deshalb wird die Anlage mit 10.000,00 € bewertet:

Bilanz zum 31.12.2010

Aktiva		Passiva	
Anlagevermögen	410.000 €	Gezeichnetes Kapital	500.000 €
Umlaufvermögen	300.000 €	Gewinn	**20.000 €**
		Verbindlichkeiten	190.000 €
Bilanzsumme	710.000 €	Bilanzsumme	710.000 €

Die Steuerbelastung beträgt in diesem Fall 3.000,00 € (15 % von 20.000,00 €). Bei einer Bewertung der Anlage zu 100.000,00 € hätte die Steuerbelastung hingegen 16.500,00 € betragen. Ein Manager, der eine Erfolgsbeteiligung von 10 % des Gewinnes erhält, würde die Anlage zu 100.000,00 € bewerten um einen möglichst hohen Gewinn auszuweisen:

Bilanz zum 31.12.2010

Aktiva		Passiva	
Anlagevermögen	**500.000 €**	Gezeichnetes Kapital	500.000 €
Umlaufvermögen	300.000 €	Gewinn	**110.000 €**
		Verbindlichkeiten	190.000 €
Bilanzsumme	800.000 €	Bilanzsumme	800.000 €

Der Manager würde in diesem Fall eine Tantieme von 11.000,00 € erhalten, während er bei einer Bewertung der Anlage zu 10.000,00 € lediglich eine Gewinnbeteiligung in Höhe von 2.000,00 € erhielte.

Zu Fall 4:

Unter einer Bilanz versteht man die geordnete Gegenüberstellung von Vermögen und Kapital des Kaufmanns für einen abgeschlossenen Rechnungszeitraum. Dazu RN 13, 42f.

Zu Fall 5:

Die linke Seite der Bilanz bezeichnet man als Aktivseite oder auch als Vermögensseite, weil hier das Vermögen des Kaufmanns erfasst wird. Die rechte Seite der Bilanz bezeichnet man hingegen als Passivseite oder Kapitalseite. Hier werden das Eigen- und das Fremdkapital, also die Mittel zur Anschaffung der Vermögensgegenstände, ausgewiesen. Vgl. RN 13, 16.

Zu Fall 6: (RN 13, 42c)

Inventar	Bilanz
Zusammenstellung aller Vermögensgegenstände und Schulden	Geordnete Gegenüberstellung von Vermögen und Kapital
Alle Positionen werden einzeln aufgeführt.	Gleichartige Positionen werden zu Gruppen zusammengefasst.
Die genaue Bezeichnung und die Mengen aller Positionen werden erfasst.	Es werden keine genauen Spezifizierungen und Mengenangaben mehr aufgeführt.
Der Wert jeder Position erscheint gesondert.	Nur der Wert einer Gruppe gleichartiger Positionen wird angegeben.
Vermögen und Schulden werden hintereinander aufgeführt. (*Staffelform*)	Vermögen und Schulden werden gegenübergestellt. (*Kontoform*)

Zu Fall 7:

Die Bilanz zum 31.12.2011 sieht wie folgt aus:

Aktiva		Passiva	
A.II.1 Grundstücke	45.000,00 €	A. Eigenkapital	41.500,00 €
2. Maschinen	3.500,00 €	C.2 Verbindlichkeiten gegenüber Kreditinstituten	15.000,00 €
3. Geschäftsausstattung	9.000,00 €		
B.I.1 Roh-, Hilfs- und Betriebsstoffe	1.000,00 €	4. Verbindlichkeiten aus L&L	20.000,00 €
2. Fertige Erzeugnisse	2.500,00 €		
II.1 Forderungen aus L&L	10.000,00 €		
IV. Kasse	1.500,00 €		
Bankguthaben	4.000,00 €		
Bilanzsumme	76.500,00 €	Bilanzsumme	76.500,00 €

Das Eigenkapital in Höhe von 41.500,00 € ergibt sich aus der Bilanzgleichung EK = Vermögen – Fremdkapital. Hier sind deshalb von der Bilanzsumme der Aktivseite (76.500,00 €) die Verbindlichkeiten gegenüber Kreditinstituten (15.000,00 €) und die Verbindlichkeiten aus Lieferungen und Leistungen (20.000,00 €) zu subtrahieren.

Zu Fall 8:

Man unterscheidet hinsichtlich der Bilanzgliederung Kapitalgesellschaften, die eine bestimmte Bilanzgliederung einhalten müssen, und Nicht-Kapitalgesellschaften, die sich an der Bilanzgliederung der Kapitalgesellschaften orientieren. Dazu RN 17b.

Zu Fall 9:

Die Größenklassen sind wie folgt:

	Bilanzsumme	Umsatzerlöse	Arbeitnehmer
Kleine Kapitalgesellschaften	bis 4.840.000 €	bis 9.680.000 €	bis 50
Mittelgroße Kapitalgesellschaften	bis 19.250.000 €	bis 38.500.000 €	bis 250
Große Kapitalgesellschaften	über 19.250.000 €	über 38.500.000 €	über 250

Die GmbH ist eine mittelgroße Kapitalgesellschaft, weil die Bilanzsumme an zwei aufeinander folgenden Abschlussstichtagen weniger als 19,25 Mio. € beträgt und die Umsatzerlöse den kritischen Wert von 38,5 Mio. € nicht übersteigen. Es genügt, dass zwei der drei angegebenen Kriterien erfüllt sind.

Zu Fall 10:

Da die Aktien der AG an einer Börse eines EU Mitgliedstaates notiert sind, ist die AG eine große Kapitalgesellschaft.

Bilanz zum 31.12.2011

Aktiva	Passiva

A. Anlagevermögen
I. Immaterielle Vermögensgegenstände
  1. Lizenzen
II. Sachanlagen
  1. Grundstücke
  2. Maschinen
  3. Betriebs- u. Geschäftsausstattung
III. Finanzanlagen
  1. Beteiligungen
  2. Wertpapiere des Anlagevermögens
B. Umlaufvermögen
I. Vorräte
  1. Roh-, Hilfs- u. Betriebsstoffe
  2. unfertige Erzeugnisse
  3. fertige Erzeugnisse
  4. geleistete Anzahlungen
II. Forderungen und sonstige Vermögensgegenstände
  1. Forderungen aus Lieferungen und Leistungen
III. Wertpapiere
  1. Wertpapiere
IV. Schecks, Kassenbestand, Guthaben bei Kreditinstituten
	A. Eigenkapital
	I. Gezeichnetes Kapital
	II. Gewinnrücklagen
	  1. gesetzliche Rücklage
	  2. satzungsmäßige Rücklagen
	III. Gewinnvortrag
	IV. Jahresüberschuss
	B. Rückstellungen
	  1. Rückstellungen für Pensionen und andere Verpflichtungen
	  2. Steuerrückstellungen
	C. Verbindlichkeiten
	  1. Anleihen
	  2. Verbindlichkeiten gegenüber Kreditinstituten
	  3. Erhaltene Anzahlungen auf Bestellungen
	  4. Verbindlichkeiten aus Lieferungen und Leistungen

Zu Fall 11:

Unter der Gewinn- und Verlustrechnung versteht man die geordnete Gegenüberstellung der Aufwendungen und Erträge eines Geschäftsjahres zum Zwecke der Erfolgsermittlung (RN 20).

Zu Fall 12:

Man unterscheidet das Gesamtkostenverfahren vom Umsatzkostenverfahren. Während beim Gesamtkostenverfahren sowohl die bereits am Markt realisierten Umsatzerlöse als auch die noch nicht realisierten Erträge dem Gesamtaufwand gegenübergestellt werden, werden beim Umsatzkostenverfahren nur die bereits am Markt realisierten Umsatzerlöse berücksichtigt und den hierfür angefallenen Aufwendungen gegenübergestellt (RN 20 – RN 22).

Antworten/Lösungen

Zu Fall 13:

1. Umsatzerlöse		290.000,00 €
2. Erhöhung des Bestandes an fertigen Erzeugnissen		10.000,00 €
3. andere aktivierte Eigenleistungen		0,00 €
4. sonstige betriebliche Erträge (erhaltene Skonti)	+	500,00 €
5. Materialaufwand		
a) Aufwendungen für Roh-, Hilfs- u. Betriebsstoffe	–	56.000,00 €
b) Aufwendungen für bezogene Leistungen (Miete f. Lagerräume)	–	25.000,00 €
Rohergebnis	**+**	**219.500,00 €**
6. Personalaufwand		
a) Löhne und Gehälter	–	33.500,00 €
b) Soziale Abgaben und Aufwendungen für Altersvorsorge und Unterstützung	–	2.500,00 €
7. Abschreibungen auf Sachanlagen	–	12.000,00 €
8. sonstige betriebliche Aufwendungen		0,00 €
Betriebsergebnis	**+**	**171.500,00 €**
11. sonstige Zinsen und ähnliche Erträge	+	10.000,00 €
13. Zinsen und ähnliche Aufwendungen	–	8.000,00 €
Finanzergebnis	**+**	**2.000,00 €**
14. Ergebnis der gewöhnlichen Geschäftstätigkeit	**=**	**173.500,00 €**
15. außerordentliche Erträge	+	6.000,00 €
16. außerordentliche Aufwendungen (Brandschaden)	–	17.000,00 €
17. Außerordentliches Ergebnis	**–**	**11.000,00 €**
18. Steuern vom Ertrag	–	6.500,00 €
19. Sonstige Steuern		
20. Jahresüberschuss	**=**	**156.000,00 €**

Zu Fall 14:

  Jahresüberschuss
– nicht zahlungswirksame Erträge (z.B. Auflösung von Rückstellungen)
+ nicht zahlungswirksame Aufwendungen (z.B. AfA)

  Cashflow i.e.S.

  156.000 €
  + 12.000 €
Cashflow: 168.000 €

Antworten/Lösungen

Zu Fall 15:

Ziel der Ermittlung der Kennzahlen zur „Before"-Familie ist die Ermittlung der wahren Ertragskraft des Unternehmens. Der Jahresüberschuss (bzw. Fehlbetrag) ist demnach um gezahlte bzw. erstattete Steuern und Zinsen, außerordentliche Erträge und Aufwendungen und Abschreibungen auf das Anlagevermögen zu bereinigen.

EBT

Jahresüberschuss		156.000 €	
Steuern	+	6.500 €	Position 19 der GuV zu Fall 13
EBT		**162.500 €**	

EBIT

Jahresüberschuss		156.000 €	
Steuern	+	6.500 €	Position 19 der GuV zu Fall 13
Zinsen	−	2.000 €	Saldo Positionen 11 u. 13 der GuV zu Fall 13
EBIT		**160.500 €**	

EBITDA

Jahresüberschuss		156.000 €	
Steuern	+	6.500 €	Position 19 der GuV zu Fall 13
Zinsen	−	2.000 €	Saldo Positionen 11 u. 13 der GuV zu Fall 13
a.o. Erträge	+	11.000 €	Position 17 der GuV zu Fall 13
AfA	+	12.000 €	Position 7 der GuV zu Fall 13
EBITDA		**183.500 €**	

Zu Fall 16:

Die aufbereitete Bilanz lautet wie folgt:

Bilanz zum 31.12.2011

Aktiva				Passiva			
Anlagevermögen			780 T€	Eigenkapital			850 T€
Umlaufvermögen (UV)				Fremdkapital (FK)			
Flüssige Mittel		220 T€		Kurzfristiges FK		420 T€	
Forderungen		280 T€		Langfristiges FK		340 T€	760 T€
Übriges UV		330 T€	830 T€				
Bilanzsumme			**1.610 T€**	**Bilanzsumme**			**1.610 T€**

Antworten/Lösungen

Analyse des Vermögensaufbaus (vgl. RN 27d)

Anlagenintensität $\quad \dfrac{780\,T€}{1.610\,T€} \times 100\,\% = 48\,\%$ $\qquad$ relativ hoch

Umlaufintensität $\quad \dfrac{830\,T€}{1.610\,T€} \times 100\,\% = 52\,\%$ $\qquad$ relativ gering

Investitionsverhältnis $\quad \dfrac{830\,T€}{780\,T€} \times 100\,\% = 106\,\%$ $\qquad$ relativ gering

Analyse des Kapitalaufbaus (vgl. RN 28)

Eigenfinanzierungsgrad $\quad \dfrac{850\,T€}{1.610\,T€} \times 100\,\% = 53\,\%$ $\qquad$ relativ gut

Fremdfinanzierungsgrad $\quad \dfrac{760\,T€}{1.610\,T€} \times 100\,\% = 47\,\%$ $\qquad$ relativ gut

Finanzierungsverhältnis $\quad \dfrac{760\,T€}{850\,T€} \times 100\,\% = 89\,\%$ $\qquad$ relativ gut

Analyse der Anlagendeckung (Investierung) (vgl. RN 29)

Anlagedeckungsgrad I $\quad \dfrac{850\,T€}{780\,T€} \times 100\,\% = 109\,\%$ $\qquad$ relativ gut

Anlagedeckungsgrad II $\quad \dfrac{850\,T€ + 340\,T€}{780\,T€} \times 100\,\% = 153\,\%$ $\qquad$ relativ gut

Analyse der Liquidität (vgl. RN 30)

Liquidität I $\quad \dfrac{220\,T€}{420\,T€} \times 100\,\% = 52\,\%$ $\qquad$ relativ gut

Liquidität II $\quad \dfrac{220\,T€ + 280\,T€}{420\,T€} \times 100\,\% = 119\,\%$ $\qquad$ relativ gut

Liquidität III $\quad \dfrac{830\,T€}{420\,T€} \times 100\,\% = 198\,\%$ $\qquad$ relativ gut

Zu Fall 17:

Eigenkapitalrentabilität (RN 32a)
$$\frac{75.000\ €}{500.000\ €} \times 100\ \% = 15\ \% \quad \text{relativ gut}$$

Gesamtkapitalrentabilität (RN 32b)
$$\frac{75.000\ € + 17.500\ €}{500.000\ € + 225.000\ €} \times 100\ \% = 12,75\ \% \quad \text{relativ gut}$$

Umsatzrentabilität (RN 32c)
$$\frac{75.000\ € + 17.500\ €}{300.000\ €} \times 100\ \% = 31\ \% \quad \text{relativ gut}$$

Da eine AG eine juristische Person ist, braucht der Unternehmerlohn in Form von Tantiemen bei der Berechnung der Eigenkapitalrentabilität sowie der Gesamtkapitalrentabilität nicht berücksichtigt zu werden! Siehe dazu RN 32a und RN 32b.

Zu Fall 18:

1.	Umsatzerlöse	2.080.000 €
2.	Erhöhung des Bestandes an fertigen Erzeugnissen	20.000 €
3.	andere aktivierte Eigenleistungen	30.000 €
4.	sonstige betriebliche Erträge (erhaltene Skonti)	+ 120.000 €
5.	Materialaufwand Aufwendungen für Roh-, Hilfs- u. Betriebsstoffe	– 1.080.000 €
	Rohergebnis	**+ 1.170.000 €**

F. Fallbeispiel Muster GmbH

I. Analyse Vermögensaufbau Muster GmbH

Bilanz zum 31.12.2009

Aktiva		Passiva	
Anlagevermögen	10.989 T€	Eigenkapital	13.525 T€
Umlaufvermögen	7.903 T€	Fremdkapital	5.367 T€
1. Vorräte (1.855 T€)		1. langfristige Fremdmittel	
2. Forderungen		2. kurzfristige Fremdmittel	
3. Flüssige Mittel			
Bilanzsumme	18.892 T€	Bilanzsumme	18.892 T€

Bilanz zum 31.12.2010

Aktiva		Passiva	
Anlagevermögen	10.412 T€	Eigenkapital	13.525 T€
Umlaufvermögen	7.982 T€	Fremdkapital	4.869 T€
1. Vorräte (1.601 T€)		1. langfristige Fremdmittel	
2. Forderungen		2. kurzfristige Fremdmittel	
3. Flüssige Mittel			
Bilanzsumme	18.394 T€	Bilanzsumme	18.394 T€

$$\text{Anlagenintensität} = \frac{\text{Anlagevermögen}}{\text{Gesamtvermögen}} \times 100\%$$

$$\text{Umlaufintensität} = \frac{\text{Umlaufvermögen}}{\text{Gesamtvermögen}} \times 100\%$$

$$\text{Investitionsverhältnis} = \frac{\text{Umlaufvermögen}}{\text{Anlagevermögen}} \times 100\%$$

Welche **Anlagenintensität** (Investitionsverhältnis) **hatte die Muster GmbH 2009 und 2010** zu verzeichnen? Die Kennzahl benennt die Quote des Anlagevermögens im Verhältnis zum Gesamtvermögen (Summe aus Anlage- und Umlaufvermögen). Vgl. RN 27b.

Fallbeispiel Muster GmbH

2009 **2010**

$$\frac{10.989\ T\text{€}}{18.892\ T\text{€}} = 58,16\,\% \qquad \frac{10.412\ T\text{€}}{18.394\ T\text{€}} = 56,60\,\%$$

Eine hohe Anlagenquote kann dafür sprechen, dass das Unternehmen erhebliche fixe Kosten zu tragen hat, z.b. Abschreibungen, Wartungsverträge, Zinsen. Dadurch ist die Anpassungsfähigkeit an Konjunkturschwankungen oder beim Rückgang der Nachfrage vermindert.

Eine hohe Anlagenintensität zeigt eine hohe langfristige Zahlungsmittelbindung an. Die Kennzahl ist stark branchenabhängig: Je nach Branche ist eine hohe oder niedrige Anlagenintensität „normal". Bei außerordentlich hoher Anlagenintensität wäre die Liquidität zu prüfen – es drohen möglicherweise Zahlungsengpässe. Bei außerordentlich niedriger Anlagenintensität wäre zu prüfen, ob das Unternehmen mit alten (veralteten) Anlagen arbeitet.

Kontrollfragen:
- Was ist branchenüblich?
- Welche Unternehmen sind ähnlich strukturiert wie die Muster GmbH?
- Wie hoch ist deren Anlagenquote?

Welche **Umlaufintensität hatte die Muster GmbH 2009 und 2010** zu verzeichnen? Vgl. RN 27c.

Die Kennzahl benennt die Quote des Umlaufvermögens im Verhältnis zum Gesamtvermögen (Summe aus Anlage- und Umlaufvermögen).

2009 **2010**

$$\frac{7.903\ T\text{€}}{18.892\ T\text{€}} = 41,83\,\% \qquad \frac{7.982\ T\text{€}}{18.394\ T\text{€}} = 43,39\,\%$$

Grundsatz: Eine hohe Umlaufintensität ist positiv zu bewerten. Sie spricht dafür, dass sich das Vermögen schnell ändert. Forderungsbestände werden – bei entsprechender Zahlungsmoral der Schuldner – schnell zu Kasseneinnahmen. Große Warenvorräte werden – bei entsprechender Nachfrage – zeitnah veräußert. Das Unternehmen ist flexibel. Es kann auf Marktveränderungen schnell reagieren und der Fixkostenanteil ist tendenziell niedriger. Hohe Forderungsbestände können jedoch auch für eine schlechte Zahlungsmoral der Kunden sprechen. Und große Warenvorräte können einen schleppenden Absatz widerspiegeln.

Im Umlaufvermögen enthalten sind Geld und Wirtschaftsgüter (z.B. Bankguthaben, kurzfristige Forderungen), die in Zahlungsmittel gewandelt werden sollen oder relativ kurzfristig in Zahlungsmittel gewandelt werden könnten. Deshalb gilt eine hohe Umlaufquote grundsätzlich als positiv. Allerdings kann eine hohe Umlaufquote auch auf überhöhte Lagerbestände hinweisen (Ladenhüter).

Welche **Vorratsintensität hatte die Muster GmbH 2009 und 2010** zu verzeichnen?

2009   **2010**

$\dfrac{1.855\ T€}{18.892\ T€} = 9{,}81\,\%$ $\dfrac{1.601\ T€}{18.394\ T€} = 8{,}7\,\%$

Eine hohe Vorratsintensität bedeutet ein großes Lagerrisiko:
- Gefahr des Preisverfalls
- Gefahr der Veralterung
- Schwund

Zudem steigen die Lagerhaltungskosten mit steigendem Anteil an Vorräten im Vergleich zum Gesamtvermögen. Ursache der Vorratsintensität kann sein:
- Einkauf zu großer Mengen, weil z.B. die Einkaufsbedingungen günstig sind
- schlechte Lagerorganisation und Lagerbuchhaltung
- Absatzprobleme

Welches **Investitionsverhältnis wies die Muster GmbH 2009 und 2010** auf? Vgl. RN 27d.

2009   **2010**

$\dfrac{7.903\ T€}{10.989\ T€} = 72\,\%$ $\dfrac{7.982\ T€}{10.412\ T€} = 76\,\%$

Kontrollfragen:
- Welches Investitionsverhältnis ist branchenüblich?
- Welche Unternehmen sind ähnlich strukturiert wie die Muster GmbH?
- Wie ist deren Investitionsverhältnis?

Fallbeispiel Muster GmbH

RN 38 **II. Analyse Kapitalaufbau Muster GmbH (siehe RN 28)**

Bilanz zum 31.12.2009

Aktiva		Passiva	
Anlagevermögen	10.989 T€	Eigenkapital	13.525 T€
Umlaufvermögen	7.903 T€	Fremdkapital	5.367 T€
Bilanzsumme	18.892 T€	Bilanzsumme	18.892 T€

Bilanz zum 31.12.2010

Aktiva		Passiva	
Anlagevermögen	10.412 T€	Eigenkapital	13.525 T€
Umlaufvermögen	7.982 T€	Fremdkapital	4.869 T€
Bilanzsumme	18.394 T€	Bilanzsumme	18.394 T€

$$\text{Eigenkapitalquote} = \frac{\text{Eigenkapital}}{\text{Gesamtkapital}} \times 100\,\% \qquad \text{Grad der Eigenfinanzierung}$$

$$\text{Fremdfinanzierungsgrad} = \frac{\text{Fremdkapital}}{\text{Gesamtkapital}} \times 100\,\% \qquad \text{Verschuldensgrad}$$

$$\text{Fremdkapitalanteil} = \frac{\text{Fremdkapital}}{\text{Eigenkapital}} \times 100\,\% \qquad \text{Finanzierungsverhältnis}$$

Eigenkapitalquote Muster GmbH

Diese Kennzahl gibt den Anteil des Eigenkapitals am Gesamtkapital an. Sie zeigt die Kapitalkraft, den Selbstfinanzierungsgrad, des Unternehmens an.

2009   **2010**

$$\frac{13.525\ \text{T€}}{18.892\ \text{T€}} = 72\,\% \qquad\qquad \frac{13.525\ \text{T€}}{18.394\ \text{T€}} = 74\,\%$$

Der Grad der Eigenfinanzierung ist sehr hoch. Im Durchschnitt deutscher Unternehmen liegt die Eigenkapitalquote zwischen 15 % und 30 %.

Fremdfinanzierungsgrad Muster GmbH

2009
$$\frac{5.367\ \text{T€}}{18.892\ \text{T€}} = 28\,\%$$

2010
$$\frac{4.869\ \text{T€}}{18.394\ \text{T€}} = 26\,\%$$

Die Fremdkapitalquote zeigt den Anteil des Fremdkapitals am Gesamtkapital, d.h. die Verschuldung der Muster GmbH. Kontrollfrage: Wie viel von allem ist fremdfinanziert?

Fremdkapitalanteil Muster GmbH

2009
$$\frac{5.367\ \text{T€}}{13.525\ \text{T€}} = 40\,\%$$

2010
$$\frac{4.869\ \text{T€}}{13.525\ \text{T€}} = 36\,\%$$

Der Fremdkapitalanteil sagt aus, wie viel Euro Fremdkapital einem Euro Eigenkapital gegenüberstehen.

Abschreibungsquote/Geschäfts- und Firmenwert

Die Abschreibungsquote stellt den Anteil der Abschreibungen an der Bilanzsumme dar und gibt damit die durchschnittliche Nutzungsdauer der Vermögensgegenstände an.

Sie steht für die Abschreibungspolitik des Unternehmens und zeigt, wie viel Prozent der (historischen) Anschaffungskosten und/oder Herstellungskosten im abgelaufenen Geschäftsjahr abgeschrieben wurden. Diese Kennzahl ist für die Beurteilung der Ertragskraft eines Unternehmens sehr wichtig, weil zwischen erzieltem Gewinn und vorgenommenen Abschreibungen eine Wechselwirkung besteht.

Abschreibungen stellen Aufwand dar, aber keine Auszahlung (RN 34).

$$\text{Abschreibungsquote} = \frac{\text{Jahresabschluss auf Anlagevermögen}}{\text{Gesamtes Anlagevermögen}}$$

Die Abschreibungsquote ermittelt die durchschnittliche Nutzungsdauer für Anlagegüter. Je höher die Abschreibungsquote, desto kürzer die Nutzungsdauer der Sachanlage (und desto höher der Investitionsbedarf).

Bei der Muster GmbH besteht das Anlagevermögen im Wesentlichen aus dem immateriellen Vermögensgegenstand Geschäfts- und Firmenwert („Goodwill"). Dieser wird steuerrechtlich über 15 Jahre jährlich mit 819.000 € abgeschrieben gem. § 7 Absatz 1, Satz 3 EStG. Handelsrechtlich beträgt die Abschreibungsdauer 5 Jahre, § 285 Nr. 13 HGB.

Ursprünglich bezifferte der Firmenwert mit 12.285.000 €.

Jährliche Abschreibung = $\frac{12.285.000\ \text{€}}{15\ \text{Jahre}}$ = 819.000 €/Jahr

Das Anlagevermögen betrug am 31.12.2010 insgesamt 10.412.000 €. Der Firmenwert wurde zu dem Zeitpunkt mit 9.004.000 € angegeben. Das **Anlagevermögen** entfiel zu diesem Zeitpunkt mit **86 % auf den Geschäfts- und Firmenwert.**

Zur Definition Firmenwert: § 246 Absatz 1, Satz 4 HGB (RN 42j)

III. Analyse Anlagendeckung (vgl. RN 29)

Die Kennzahlen zur Investierung geben Auskunft über die Kapitalverwendung eines Unternehmens. Den Ausgangspunkt des Deckungsgrades I bildet die Überlegung, dass das Anlagevermögen, das einem Unternehmen langfristig zur Verfügung stehen soll, möglichst durch Eigenkapital gedeckt sein sollte. Beim Deckungsgrad II hingegen wird berücksichtigt, dass zur Deckung des Anlagevermögens auch das langfristige Fremdkapital zur Verfügung steht:

Deckungsgrad I = $\frac{EK}{AV}$ × 100 %

Deckungsgrad II = $\frac{EK + \text{lfr. FK}}{AV}$ × 100 %

Der Richtwert für beide Kennzahlen – insbesondere der für den Deckungsgrad II – liegt bei über 100 %.

Muster GmbH Bilanz zum 31.12.2010

Aktiva		Passiva	
Anlagevermögen	10.412 T€	Eigenkapital	13.525 T€
Umlaufvermögen	7.982 T€	Fremdkapital	4.869 T€
Bilanzsumme	**18.394 T€**	**Bilanzsumme**	**18.394 T€**

Deckungsgrad I = $\frac{13.525\ \text{T€}}{10.412\ \text{T€}}$ × 100 % = 130 %

Deckungsgrad II = $\frac{13.525\ \text{T€} + 4.869\ \text{T€}}{10.412\ \text{T€}}$ × 100 % = 176 %

Das Eigenkapital überdeckt das Anlagevermögen um 30 %. Das Eigenkapital einschließlich des langfristigen Fremdkapitals überdeckt das Anlagevermögen um 76 %. Die praxisüblichen Richtwerte von mehr als 100 % sind somit erfüllt.

Fallbeispiel Muster GmbH

IV. Analyse der Liquidität (RN 30)

RN 40

Die Kennzahlen zur Liquidität machen Aussagen über die Zahlungsfähigkeit eines Unternehmens. Die Liquidität I (Cash Ratio) ist dabei definiert durch das Verhältnis der liquiden Mittel zum kurzfristigen Fremdkapital. Die Liquidität I ist eine Kennzahl von begrenzter Aussagefähigkeit, weil die liquiden Mittel i.d.R. stark schwanken. Aus diesem Grund gibt es in der Praxis auch keine Richtwerte für diese Kennzahl. Die Liquidität II (Quick Ratio) ist demgegenüber eine sinnvolle Kennzahl, weil verfügbare und in kurzer Zeit zufließende Mittel mit kurzfristigen Schulden verglichen werden: Zusätzlich zu den liquiden Mitteln werden auch die Forderungen einbezogen. Der Richtwert für diese Kennzahl liegt bei 100 %. Bei der Liquidität III (Current Ratio) schließlich wird das gesamte Umlaufvermögen zum kurzfristigen Fremdkapital ins Verhältnis gesetzt. Allerdings wird diese Kennzahl stark durch die Position „Vorräte" beeinflusst und ist daher nur teilweise aussagefähig. Dies rührt daher, dass man ohne weitere Informationen nur schwer einschätzen kann, wie leicht die Vorräte am Markt zu veräußern sind. Aus diesem Grund existieren auch keine praktischen Richtwerte für die Liquidität III.

$$\text{Liquidität I} = \text{Cash Ratio} = \frac{\text{Liquide Mittel}}{\text{kfr. FK}} \times 100\,\%$$

Je höher der ermittelte Prozentsatz ist, desto günstiger ist die Zahlungsfähigkeit.

$$\text{Liquidität II} = \text{Quick Ratio} = \frac{\text{Liquide Mittel} + \text{Forderungen}}{\text{kfr. FK}} \times 100\,\%$$

Bei 100 % ist die Liquidität II gegeben. Weniger als 100 % signalisiert Anspannung.

$$\text{Liquidität III} = \text{Current Ratio} = \frac{\text{UV}}{\text{kfr. FK}} \times 100\,\%$$

Normalwert: 150 %. Über 150 %: optimal. Weniger als 100 %: problematisch.

Muster GmbH Bilanz zum 31.12.2010

Aktiva		Passiva	
Anlagevermögen	10.412 T€	Eigenkapital	13.525 T€
Umlaufvermögen	7.982 T€	Fremdkapital	4.869 T€
Bilanzsumme	**18.394 T€**	**Bilanzsumme**	**18.394 T€**

Es wird unterstellt:

Der Kassenbestand und das kurzfristige Bankguthaben (im Umlaufvermögen) betrugen am Stichtag 26.000 €. Die Verbindlichkeiten aus Lieferungen und Leistungen (Fremdkapital) bezifferten mit 4.869.000 €.

$$\text{Liquidität I} = \text{Cash Ratio} = \frac{26.000\ \text{€}}{4.869.000\ \text{€}} \times 100\,\% = 0{,}53\,\%$$

Fallbeispiel Muster GmbH

Der Prozentsatz 0,53 ist sehr niedrig. Im Regelfall sollte die Liquidität I bei 20 % oder mehr liegen. Flüssige Mittel dienen dazu, möglichst schnell kurzfristig fällige Verbindlichkeiten auszugleichen. Schnell erfolgende Bezahlungen von Lieferantenrechnungen können z.b. zur Einräumung von Skonti führen.

Es wird unterstellt:

Der Kassenbestand und das kurzfristige Bankguthaben betrugen am Stichtag 26.000 €.
Die Verbindlichkeiten aus Lieferungen und Leistungen bezifferten mit 4.869.000 €.
Die Forderungen aus Lieferungen und Leistungen betrugen 5.162.000 €.

Liquidität II = Quick Ratio = $\dfrac{26.000 \,€ + 5.162.000 \,€}{4.869.000 \,€}$ x 100 % = 106 %

Die Liquidität II gilt als wichtigste Liquiditätskennzahl. Sie stellt dar, ob das **monetäre Umlaufvermögen** das kurzfristige Fremdkapital deckt. Monetäres Umlaufvermögen ist das kurz- und mittelfristig liquidierbare Vermögen. Zu den flüssigen Mitteln (Kasse und Bankguthaben) werden die kurzfristigen Wertpapiere und die kurzfristigen Forderungen (aus L+L) hinzugerechnet. Zur Fristigkeit vgl. RN 26.

Flüssige Mittel	26.000 €
Wertpapiere	0 €
Forderungen aus L+L	+5.162.000 €
Monetäres Vermögen	**5.188.000 €**

Die Liquidität II sollte 100 % oder mehr betragen. Liegt der Prozentsatz über 100, können alle Eingangsrechnungen so wie bei der Muster GmbH ausgeglichen werden.

Liquidität III = Current Ratio = $\dfrac{7.982.000 \,€}{4.869.000 \,€}$ x 100 % = 164 %

Die Liquidität III gibt das Verhältnis des Umlaufvermögens zum kurzfristigen Fremdkapital an. Hier werden auch die Vorräte mit einbezogen. Es sollte ein Prozentwert von 120 oder mehr erreicht werden. Die Muster GmbH erfüllt diese Voraussetzungen deutlich.

Liegt der Prozentsatz unter 100 %, wird ein Teil der kurzfristigen Verbindlichkeiten nicht durch das Umlaufvermögen gedeckt. Im Extremfall müsste dann Anlagevermögen verkauft werden, um fällige Verbindlichkeiten ausgleichen zu können.

Die Aussagekraft der Liquiditätskennzahlen ist mit Vorsicht zu betrachten, denn es sind Kennzahlen zum Stichtag 31.12. des jeweiligen Geschäftsjahres. Sie enthalten keine Aussage zur Fälligkeit von Forderungen oder Verbindlichkeiten.

Unternehmen können mit Hilfe von Liquiditätskennzahlen erkennen, ob sie über die Fähigkeit verfügen, allen Zahlungsverpflichtungen termingerecht nachzukommen. Immerhin ist Zahlungsunfähigkeit ein Insolvenzgrund (vgl. RN 14, Fußnote 10). Es ist sicherzustellen, dass ein Gleichgewicht zwischen Zahlungseingängen und Zahlungsausgängen besteht.

Bei größeren Investitionen ins Anlagevermögen, z.B. Kauf von Maschinen, fließen im Jahr der Anschaffung viele Zahlungsmittel ab. In den nachfolgenden Jahren fallen nur die anteiligen Abschreibungen als Aufwand an. Steuervorauszahlungen fallen regelmäßig an. Dafür sind ausreichend flüssige Mittel vorzuhalten.

Grundlage aller Überlegungen zur Liquidität ist die Vorstellung, dass die Zahlungsfähigkeit sichergestellt ist, wenn den nach Fälligkeiten geordneten Verbindlichkeiten jeweils Vermögenswerte mit gleicher Liquidierbarkeit gegenüberstehen.

Einfach ausgedrückt:

Für sofort zu zahlende Rechnungen sollte Bargeld vorhanden sein.

Für die Bezahlung von Rechnungen, die z.B. in 3 oder 4 Wochen fällig sind, sollte der Unternehmer sehr kurzfristig fällige Forderungen aus Lieferungen und Leistungen haben, um bei Fälligkeit die eigenen Verbindlichkeiten bedienen zu können.

G. Die wichtigsten Vorschriften des EStG mit Erläuterungen RN 41

§ 5 EStG Gewinn bei Kaufleuten und bei bestimmten anderen Gewerbetreibenden RN 41a

(1) 1 Bei Gewerbetreibenden, die auf Grund gesetzlicher Vorschriften verpflichtet sind, Bücher zu führen und regelmäßig Abschlüsse zu machen, oder die ohne eine solche Verpflichtung Bücher führen und regelmäßig Abschlüsse machen, ist für den Schluss des Wirtschaftsjahres das Betriebsvermögen anzusetzen (§ 4 Absatz 1 Satz 1), das nach den handelsrechtlichen Grundsätzen ordnungsmäßiger Buchführung auszuweisen ist, es sei denn, im Rahmen der Ausübung eines steuerlichen Wahlrechts wird oder wurde ein anderer Ansatz gewählt. 2 Voraussetzung für die Ausübung steuerlicher Wahlrechte ist, dass die Wirtschaftsgüter, die nicht mit dem handelsrechtlich maßgeblichen Wert in der steuerlichen Gewinnermittlung ausgewiesen werden, in besondere, laufend zu führende Verzeichnisse aufgenommen werden. 3 In den Verzeichnissen sind der Tag der Anschaffung oder Herstellung, die Anschaffungs- oder Herstellungskosten, die Vorschrift des ausgeübten steuerlichen Wahlrechts und die vorgenommenen Abschreibungen nachzuweisen.

(1a) 1 Posten der Aktivseite dürfen nicht mit Posten der Passivseite verrechnet werden. 2 Die Ergebnisse der in der handelsrechtlichen Rechnungslegung zur Absicherung finanzwirtschaftlicher Risiken gebildeten Bewertungseinheiten sind auch für die steuerliche Gewinnermittlung maßgeblich.

(2) Für immaterielle Wirtschaftsgüter des Anlagevermögens ist ein Aktivposten nur anzusetzen, wenn sie entgeltlich erworben wurden.

(2a) Für Verpflichtungen, die nur zu erfüllen sind, soweit künftig Einnahmen oder Gewinne anfallen, sind Verbindlichkeiten oder Rückstellungen erst anzusetzen, wenn die Einnahmen oder Gewinne angefallen sind.

(3) 1 Rückstellungen wegen Verletzung fremder Patent-, Urheber- oder ähnlicher Schutzrechte dürfen erst gebildet werden, wenn

1. der Rechtsinhaber Ansprüche wegen der Rechtsverletzung geltend gemacht hat oder

2. mit einer Inanspruchnahme wegen der Rechtsverletzung ernsthaft zu rechnen ist.

2 Eine nach Satz 1 Nummer 2 gebildete Rückstellung ist spätestens in der Bilanz des dritten auf ihre erstmalige Bildung folgenden Wirtschaftsjahres gewinnerhöhend aufzulösen, wenn Ansprüche nicht geltend gemacht worden sind.

(4) Rückstellungen für die Verpflichtung zu einer Zuwendung anlässlich eines Dienstjubiläums dürfen nur gebildet werden, wenn das Dienstverhältnis mindestens zehn Jahre bestanden hat, das Dienstjubiläum das Bestehen eines Dienstverhältnisses von mindestens 15 Jahren voraussetzt, die Zusage schriftlich erteilt ist und soweit der Zuwendungsberechtigte seine Anwartschaft nach dem 31. Dezember 1992 erwirbt.

(4a) 1 Rückstellungen für drohende Verluste aus schwebenden Geschäften dürfen nicht gebildet werden. 2 Das gilt nicht für Ergebnisse nach Absatz 1a Satz 2.

(4b) **1** Rückstellungen für Aufwendungen, die in künftigen Wirtschaftsjahren als Anschaffungs- oder Herstellungskosten eines Wirtschaftsguts zu aktivieren sind, dürfen nicht gebildet werden. **2** Rückstellungen für die Verpflichtung zur schadlosen Verwertung radioaktiver Reststoffe sowie ausgebauter oder abgebauter radioaktiver Anlagenteile dürfen nicht gebildet werden, soweit Aufwendungen im Zusammenhang mit der Bearbeitung oder Verarbeitung von Kernbrennstoffen stehen, die aus der Aufarbeitung bestrahlter Kernbrennstoffe gewonnen worden sind und keine radioaktiven Abfälle darstellen.

(5) **1** Als Rechnungsabgrenzungsposten sind nur anzusetzen

1. auf der Aktivseite Ausgaben vor dem Abschlussstichtag, soweit sie Aufwand für eine bestimmte Zeit nach diesem Tag darstellen;

2. auf der Passivseite Einnahmen vor dem Abschlussstichtag, soweit sie Ertrag für eine bestimmte Zeit nach diesem Tag darstellen.

2 Auf der Aktivseite sind ferner anzusetzen

1. als Aufwand berücksichtigte Zölle und Verbrauchsteuern, soweit sie auf am Abschlussstichtag auszuweisende Wirtschaftsgüter des Vorratsvermögens entfallen,

2. als Aufwand berücksichtigte Umsatzsteuer auf am Abschlussstichtag auszuweisende Anzahlungen.

(6) Die Vorschriften über die Entnahmen und die Einlagen, über die Zulässigkeit der Bilanzänderung, über die Betriebsausgaben, über die Bewertung und über die Absetzung für Abnutzung oder Substanzverringerung sind zu befolgen.

RN 41b

§ 60 EStDV Unterlagen zur Steuererklärung

(1) **1** Der Steuererklärung ist eine Abschrift der Bilanz, die auf dem Zahlenwerk der Buchführung beruht, im Fall der Eröffnung des Betriebs auch eine Abschrift der Eröffnungsbilanz beizufügen, wenn der Gewinn nach § 4 Abs. 1, § 5 oder § 5a des Gesetzes ermittelt und auf eine elektronische Übermittlung nach § 5b Abs. 2 des Gesetzes verzichtet wird. **2** Werden Bücher geführt, die den Grundsätzen der doppelten Buchführung entsprechen, ist eine Gewinn- und Verlustrechnung beizufügen.

(2) **1** Enthält die Bilanz Ansätze oder Beträge, die den steuerlichen Vorschriften nicht entsprechen, so sind diese Ansätze oder Beträge durch Zusätze oder Anmerkungen den steuerlichen Vorschriften anzupassen. **2** Der Steuerpflichtige kann auch eine den steuerlichen Vorschriften entsprechende Bilanz (**Steuerbilanz**) beifügen.

(3) **1** Liegt ein Anhang, ein Lagebericht oder ein Prüfungsbericht vor, so ist eine Abschrift der Steuererklärung beizufügen. **2** Bei der Gewinnermittlung nach § 5a des Gesetzes ist das besondere Verzeichnis nach § 5a Abs. 4 des Gesetzes der Steuererklärung beizufügen.

(4) **1** Wird der Gewinn nach § 4 Abs. 3 des Gesetzes durch den Überschuss der Betriebseinnahmen über die Betriebsausgaben ermittelt, ist die Einnahmenüberschussrechnung nach amtlich vorgeschriebenem Datensatz durch Datenfernübertragung zu übermitteln. **2** Auf Antrag kann die Finanzbehörde zur Vermeidung unbilliger Härten

auf eine elektronische Übermittlung verzichten; in diesem Fall ist der Steuererklärung eine Gewinnermittlung nach amtlich vorgeschriebenem Vordruck beizufügen. 3 § 150 Abs. 7 und 8 der Abgabenordnung gilt entsprechend.

§ 60 Absatz 2, Satz 2 EStDV enthält die Legaldefinition der **Steuerbilanz**. Es ist eine Bilanz, die den steuerlichen Vorschriften entspricht.

§ 5b EStG E-Bilanz: Elektronische Übermittlung von Bilanzen sowie Gewinn- und Verlustrechnungen

RN 41c

(1) 1 Wird der Gewinn nach § 4 Absatz 1, § 5 oder § 5a ermittelt, so ist der Inhalt der Bilanz sowie der Gewinn- und Verlustrechnung nach amtlich vorgeschriebenem Datensatz durch Datenfernübertragung zu übermitteln. 2 Enthält die Bilanz Ansätze oder Beträge, die den steuerlichen Vorschriften nicht entsprechen, so sind diese Ansätze oder Beträge durch Zusätze oder Anmerkungen den steuerlichen Vorschriften anzupassen und nach amtlich vorgeschriebenem Datensatz durch Datenfernübertragung zu übermitteln. 3 Der Steuerpflichtige kann auch eine den steuerlichen Vorschriften entsprechende Bilanz nach amtlich vorgeschriebenem Datensatz durch Datenfernübertragung übermitteln. 4 § 150 Absatz 7 der Abgabenordnung gilt entsprechend. 5 Im Fall der Eröffnung des Betriebs sind die Sätze 1 bis 4 für den Inhalt der Eröffnungsbilanz entsprechend anzuwenden.

(2) 1 Auf Antrag kann die Finanzbehörde zur Vermeidung unbilliger Härten auf eine elektronische Übermittlung verzichten. 2 § 150 Absatz 8 der Abgabenordnung gilt entsprechend.

Unternehmen müssen für Geschäftsjahre ab 2014 ihre Bilanzen und Gewinn- und Verlustrechnungen elektronisch ans Finanzamt übermitteln. Die Papierbilanz hat dann ausgedient.

Die elektronische Übermittlung der Daten hat in einem bestimmten Format zu erfolgen. Enthält die Bilanz Ansätze oder Beträge, die den steuerlichen Vorschriften nicht entsprechen, sind diese Ansätze oder Beträge durch Zusätze oder Anmerkungen den steuerlichen Vorschriften anzupassen und nach amtlich vorgeschriebenem Datensatz durch Datenfernübertragung zu übermitteln. Es wird also für die elektronische Übermittlung drei Arten von Bilanzen geben:

- *die Handelsbilanz (wenn es sich um eine Einheitsbilanz handelt, wenn also die Bilanz bereits neben den handelsrechtlichen auch den steuerlichen Vorschriften entspricht),*
- *die Handelsbilanz einschließlich Zusätze und Anmerkungen zur Anpassung an die steuerlichen Vorschriften (Überleitungsrechnung),*
- *die aus der Handelsbilanz abgeleitete Steuerbilanz.*

§ 7g EStG Investitionsabzugsbeträge und Sonderabschreibungen zur Förderung kleiner und mittlerer Betriebe

RN 41d

(1) 1 Steuerpflichtige können für die künftige Anschaffung oder Herstellung eines abnutzbaren beweglichen Wirtschaftsguts des Anlagevermögens bis zu 40 Prozent

der voraussichtlichen Anschaffungs- oder Herstellungskosten gewinnmindernd abziehen (Investitionsabzugsbetrag). 2 Der Investitionsabzugsbetrag kann nur in Anspruch genommen werden, wenn

1. der Betrieb am Schluss des Wirtschaftsjahres, in dem der Abzug vorgenommen wird, die folgenden Größenmerkmale **nicht überschreitet:**
   a) bei Gewerbebetrieben oder der selbstständigen Arbeit dienenden Betrieben, die ihren Gewinn nach § 4 Absatz 1 oder § 5 ermitteln, ein **Betriebsvermögen von 235 000 Euro;**
   b) bei Betrieben der Land- und Forstwirtschaft einen **Wirtschaftswert oder einen Ersatzwirtschaftswert von 125 000 Euro** oder
   c) bei Betrieben im Sinne der Buchstaben a und b, die ihren Gewinn nach § 4 Absatz 3 ermitteln, ohne Berücksichtigung des Investitionsabzugsbetrags **einen Gewinn von 100 000 Euro;**

2. der Steuerpflichtige beabsichtigt, das begünstigte Wirtschaftsgut voraussichtlich
   a) in den dem Wirtschaftsjahr des Abzugs folgenden drei Wirtschaftsjahren anzuschaffen oder herzustellen;
   b) mindestens bis zum Ende des dem Wirtschaftsjahr der Anschaffung oder Herstellung folgenden Wirtschaftsjahres in einer inländischen Betriebsstätte des Betriebs ausschließlich oder fast ausschließlich betrieblich zu nutzen und

3. der Steuerpflichtige das begünstigte Wirtschaftsgut in den beim Finanzamt einzureichenden Unterlagen seiner Funktion nach benennt und die Höhe der voraussichtlichen Anschaffungs- oder Herstellungskosten angibt.

3 Abzugsbeträge können auch dann in Anspruch genommen werden, wenn dadurch ein Verlust entsteht oder sich erhöht. 4 Die Summe der Beträge, die im Wirtschaftsjahr des Abzugs und in den drei vorangegangenen Wirtschaftsjahren nach Satz 1 insgesamt abgezogen und nicht nach Absatz 2 hinzugerechnet oder nach Absatz 3 oder 4 rückgängig gemacht wurden, darf je Betrieb 200 000 Euro nicht übersteigen.

(2) 1 Im Wirtschaftsjahr der Anschaffung oder Herstellung des begünstigten Wirtschaftsguts ist der für dieses Wirtschaftsgut in Anspruch genommene Investitionsabzugsbetrag in Höhe von 40 Prozent der Anschaffungs- oder Herstellungskosten gewinnerhöhend hinzuzurechnen; die Hinzurechnung darf den nach Absatz 1 abgezogenen Betrag nicht übersteigen. 2 Die Anschaffungs- oder Herstellungskosten des Wirtschaftsguts können in dem in Satz 1 genannten Wirtschaftsjahr um bis zu 40 Prozent, höchstens jedoch um die Hinzurechnung nach Satz 1, gewinnmindernd herabgesetzt werden; die Bemessungsgrundlage für die Absetzungen für Abnutzung, erhöhten Absetzungen und Sonderabschreibungen sowie die Anschaffungs- oder Herstellungskosten im Sinne von § 6 Absatz 2 und 2a verringern sich entsprechend.

(3) 1 Soweit der Investitionsabzugsbetrag nicht bis zum Ende des dritten auf das Wirtschaftsjahr des Abzugs folgenden Wirtschaftsjahres nach Absatz 2 hinzugerechnet wurde, ist der Abzug nach Absatz 1 rückgängig zu machen. 2 Wurde der Gewinn des maßgebenden Wirtschaftsjahres bereits einer Steuerfestsetzung oder einer ge-

sonderten Feststellung zugrunde gelegt, ist der entsprechende Steuer- oder Feststellungsbescheid insoweit zu ändern. 3 Das gilt auch dann, wenn der Steuer- oder Feststellungsbescheid bestandskräftig geworden ist; die Festsetzungsfrist endet insoweit nicht, bevor die Festsetzungsfrist für den Veranlagungszeitraum abgelaufen ist, in dem das dritte auf das Wirtschaftsjahr des Abzugs folgende Wirtschaftsjahr endet.

(4) 1 Wird in den Fällen des Absatzes 2 das Wirtschaftsgut nicht bis zum Ende des dem Wirtschaftsjahr der Anschaffung oder Herstellung folgenden Wirtschaftsjahres in einer inländischen Betriebsstätte des Betriebs ausschließlich oder fast ausschließlich betrieblich genutzt, sind der Abzug nach Absatz 1 sowie die Herabsetzung der Anschaffungs- oder Herstellungskosten, die Verringerung der Bemessungsgrundlage und die Hinzurechnung nach Absatz 2 rückgängig zu machen. 2 Wurden die Gewinne der maßgebenden Wirtschaftsjahre bereits Steuerfestsetzungen oder gesonderten Feststellungen zugrunde gelegt, sind die entsprechenden Steuer- oder Feststellungsbescheide insoweit zu ändern. 3 Das gilt auch dann, wenn die Steuer- oder Feststellungsbescheide bestandskräftig geworden sind; die Festsetzungsfristen enden insoweit nicht, bevor die Festsetzungsfrist für den Veranlagungszeitraum abgelaufen ist, in dem die Voraussetzungen des Absatzes 1 Satz 2 Nummer 2 Buchstabe b erstmals nicht mehr vorliegen. 4 § 233a Absatz 2a der Abgabenordnung ist nicht anzuwenden.

(5) Bei abnutzbaren beweglichen Wirtschaftsgütern des Anlagevermögens können unter den Voraussetzungen des Absatzes 6 im Jahr der Anschaffung oder Herstellung und in den vier folgenden Jahren neben den Absetzungen für Abnutzung nach § 7 Absatz 1 oder Absatz 2 **Sonderabschreibungen bis zu insgesamt 20 Prozent der Anschaffungs- oder Herstellungskosten** in Anspruch genommen werden.

(6) Die Sonderabschreibungen nach Absatz 5 können nur in Anspruch genommen werden, wenn

1. der Betrieb zum Schluss des Wirtschaftsjahres, das der Anschaffung oder Herstellung vorangeht, die Größenmerkmale des Absatzes 1 Satz 2 Nummer 1 nicht überschreitet, und

2. das Wirtschaftsgut im Jahr der Anschaffung oder Herstellung und im darauf folgenden Wirtschaftsjahr in einer inländischen Betriebsstätte des Betriebs des Steuerpflichtigen ausschließlich oder fast ausschließlich betrieblich genutzt wird; Absatz 4 gilt entsprechend.

(7) Bei Personengesellschaften und Gemeinschaften sind die Absätze 1 bis 6 mit der Maßgabe anzuwenden, dass an die Stelle des Steuerpflichtigen die Gesellschaft oder die Gemeinschaft tritt.

Bis 2007 gab es die *Ansparabschreibung. Seit 2008 handelt es sich um den Investitionsabzugsbetrag. Beide Begriffe werden bis heute verwendet. Gemeint ist allerdings jetzt stets der Investitionsabzugsbetrag.*

Für geplante Investitionen in den nächsten drei Jahren kann ein Unternehmen einen Investitionsabzugsbetrag i.H.v. 40 % der voraussichtlichen Anschaffungskosten ge-

winnmindernd abziehen. Die Begünstigung gilt für neue und gebrauchte Wirtschaftsgüter.

Der Investitionsabzugsbetrag funktioniert wie folgt:

Ein Unternehmen entschließt sich 2011, spätestens 2012 die Lkw-Fahrzeugflotte zu vergrößern. Der anzuschaffende Lkw wird voraussichtlich 100.000 € kosten. Im Jahre 2011 beträgt der Gewinn des Unternehmens 100.000 € vor Abzug des Investitionsabzugsbetrags.

Das Unternehmen darf 40 % der voraussichtlichen Anschaffungskosten vom laufenden Gewinn abziehen. Das Unternehmen zieht deshalb 2011 von 100.000 € Gewinn die 40.000 € (Investitionsabzugsbetrag) ab. Dadurch ist der zu versteuernde Gewinn 2011 nur noch mit 60.000 € anzusetzen. Das spart Steuern.

2012 kauft das Unternehmen den Lkw zu 100.000 €. Nutzungsdauer: 5 Jahre.

Das Unternehmen darf 2012 von den Anschaffungskosten sofort 40 % als Betriebsausgabe abziehen; also 40.000 €.

Die danach verbleibenden Anschaffungskosten von 60.000 € gelten als Bemessungsgrundlage für die Absetzung für Abnutzung. Das Unternehmen darf zunächst eine Sonder-AfA von 20 % (12.000 €) in Abzug bringen. Und zusätzlich darf die normale (lineare) AfA abgezogen werden. Die beträgt 1/5 von 60.000 €, also 12.000 €.

Das Unternehmen darf 2012 insgesamt 64.000 € abziehen. Es muss jedoch den Investitionsabzugsbetrag aus 2011 i.H.v. 40.000 € seinem Gewinn hinzurechnen. Damit endet die Investitionshilfe durch den Staat.

H. Die wichtigsten Vorschriften des HGB mit Erläuterungen

§ 238 HGB Buchführungspflicht

(1) Jeder Kaufmann ist verpflichtet, Bücher zu führen und in diesen seine Handelsgeschäfte und die Lage seines Vermögens nach den Grundsätzen ordnungsmäßiger Buchführung ersichtlich zu machen. Die Buchführung muss so beschaffen sein, dass sie einem sachverständigen Dritten innerhalb angemessener Zeit einen Überblick über die Geschäftsvorfälle und über die Lage des Unternehmens vermitteln kann. Die Geschäftsvorfälle müssen sich in ihrer Entstehung und Abwicklung verfolgen lassen.

(2) Der Kaufmann ist verpflichtet, eine mit der Urschrift übereinstimmende Wiedergabe der abgesandten Handelsbriefe (Kopie, Abdruck, Abschrift oder sonstige Wiedergabe des Wortlauts auf einem Schrift-, Bild- oder anderen Datenträger) zurückzubehalten.

Bei der Buchführung werden alle relevanten Geschäftsvorfälle in einem geschlossenen System erfasst und zu einem Abschluss geführt. Aufzeichnungspflicht bedeutet dagegen, dass einzelne Arten von Geschäftsvorfällen registriert und u.U. zusammengefasst werden, vgl. dazu § 100 HGB, § 22 UStG i.V.m. § 63 Absatz 2 UStDV.

§ 239 HGB Führung der Handelsbücher

(1) Bei der Führung der Handelsbücher und bei den sonst erforderlichen Aufzeichnungen hat sich der Kaufmann einer lebenden Sprache zu bedienen. Werden Abkürzungen, Ziffern, Buchstaben oder Symbole verwendet, muss im Einzelfall deren Bedeutung eindeutig festliegen.

(2) Die Eintragungen in Büchern und die sonst erforderlichen Aufzeichnungen müssen vollständig, richtig, zeitgerecht und geordnet vorgenommen werden.

(3) Eine Eintragung oder eine Aufzeichnung darf nicht in einer Weise verändert werden, dass der ursprüngliche Inhalt nicht mehr feststellbar ist. Auch solche Veränderungen dürfen nicht vorgenommen werden, deren Beschaffenheit es ungewiss lässt, ob sie ursprünglich oder erst später gemacht worden sind.

(4) Die Handelsbücher und die sonst erforderlichen Aufzeichnungen können auch in der geordneten Ablage von Belegen bestehen oder auf Datenträgern geführt werden, soweit diese Formen der Buchführung einschließlich des dabei angewandten Verfahrens den Grundsätzen ordnungsmäßiger Buchführung entsprechen. Bei der Führung der Handelsbücher und der sonst erforderlichen Aufzeichnungen auf Datenträgern muss insbesondere sichergestellt sein, dass die Daten während der Dauer der Aufbewahrungsfrist verfügbar sind und jederzeit innerhalb angemessener Frist lesbar gemacht werden können. Absätze 1 bis 3 gelten sinngemäß.

RN 42c § 240 HGB Inventar

Unter Inventar wird die Zusammenstellung aller Vermögenswerte und Schulden, einschließlich ihrer genauen Bezeichnung, ihrer Mengen und ihres Wertes verstanden.

(1) Jeder Kaufmann hat zu Beginn seines Handelsgewerbes seine Grundstücke, seine Forderungen und Schulden, den Betrag seines baren Geldes sowie seine sonstigen Vermögensgegenstände genau zu verzeichnen und dabei den Wert der einzelnen Vermögensgegenstände und Schulden anzugeben.

(2) Er hat demnächst für den Schluss eines jeden Geschäftsjahrs ein solches Inventar aufzustellen. Die Dauer des Geschäftsjahrs darf zwölf Monate nicht überschreiten. Die Aufstellung des Inventars ist innerhalb der einem ordnungsmäßigen Geschäftsgang entsprechenden Zeit zu bewirken.

(3) Vermögensgegenstände des Sachanlagevermögens sowie Roh-, Hilfs- und Betriebsstoffe können, wenn sie regelmäßig ersetzt werden und ihr Gesamtwert für das Unternehmen von nachrangiger Bedeutung ist, mit einer gleichbleibenden Menge und einem gleichbleibenden Wert angesetzt werden, sofern ihr Bestand in seiner Größe, seinem Wert und seiner Zusammensetzung nur geringen Veränderungen unterliegt. Jedoch ist in der Regel alle drei Jahre eine körperliche Bestandsaufnahme durchzuführen.

(4) Gleichartige Vermögensgegenstände des Vorratsvermögens sowie andere gleichartige oder annähernd gleichwertige bewegliche Vermögensgegenstände und Schulden können jeweils zu einer Gruppe zusammengefasst und mit dem gewogenen Durchschnittswert angesetzt werden.

RN 42d § 241 HGB Inventurvereinfachungsverfahren

(1) Bei der Aufstellung des Inventars darf der Bestand der Vermögensgegenstände nach Art, Menge und Wert auch mit Hilfe anerkannter mathematisch-statistischer Methoden auf Grund von Stichproben ermittelt werden. Das Verfahren muss den Grundsätzen ordnungsmäßiger Buchführung entsprechen. Der Aussagewert des auf diese Weise aufgestellten Inventars muss dem Aussagewert eines auf Grund einer körperlichen Bestandsaufnahme aufgestellten Inventars gleichkommen.

(2) Bei der Aufstellung des Inventars für den Schluss eines Geschäftsjahrs bedarf es einer körperlichen Bestandsaufnahme der Vermögensgegenstände für diesen Zeitpunkt nicht, soweit durch Anwendung eines den Grundsätzen ordnungsmäßiger Buchführung entsprechenden anderen Verfahrens gesichert ist, dass der Bestand der Vermögensgegenstände nach Art, Menge und Wert auch ohne die körperliche Bestandsaufnahme für diesen Zeitpunkt festgestellt werden kann.

(3) In dem Inventar für den Schluss eines Geschäftsjahrs brauchen Vermögensgegenstände nicht verzeichnet zu werden, wenn

1. der Kaufmann ihren Bestand auf Grund einer körperlichen Bestandsaufnahme oder auf Grund eines nach Absatz 2 zulässigen anderen Verfahrens nach Art,

Menge und Wert in einem besonderen Inventar verzeichnet hat, das für einen Tag innerhalb der letzten drei Monate vor oder der ersten beiden Monate nach dem Schluss des Geschäftsjahrs aufgestellt ist, und

2. auf Grund des besonderen Inventars durch Anwendung eines den Grundsätzen ordnungsmäßiger Buchführung entsprechenden Fortschreibungs- oder Rückrechnungsverfahrens gesichert ist, dass der am Schluss des Geschäftsjahrs vorhandene Bestand der Vermögensgegenstände für diesen Zeitpunkt ordnungsgemäß bewertet werden kann.

§ 241a HGB Befreiung von der Pflicht zur Buchführung und Erstellung eines Inventars RN 42e

Einzelkaufleute, die an den Abschlussstichtagen von zwei aufeinander folgenden Geschäftsjahren nicht mehr als 500.000 Euro Umsatzerlöse und 50.000 Euro Jahresüberschuss aufweisen, brauchen die §§ 238 bis 241 nicht anzuwenden. Im Fall der Neugründung treten die Rechtsfolgen schon ein, wenn die Werte des Satzes 1 am ersten Abschlussstichtag nach der Neugründung nicht überschritten werden.

Zur Buchführungspflicht lies § 141 AO.

§ 242 HGB Pflicht zur Aufstellung RN 42f

(1) Der Kaufmann hat zu Beginn seines Handelsgewerbes und für den Schluss eines jeden Geschäftsjahrs einen das **Verhältnis seines Vermögens und seiner Schulden** darstellenden **Abschluss** (Eröffnungsbilanz, **Bilanz**) aufzustellen. Auf die Eröffnungsbilanz sind die für den Jahresabschluss geltenden Vorschriften entsprechend anzuwenden, soweit sie sich auf die Bilanz beziehen.

(2) Er hat für den Schluss eines jeden Geschäftsjahrs eine **Gegenüberstellung der Aufwendungen und Erträge** des Geschäftsjahrs (**Gewinn- und Verlustrechnung**) aufzustellen.

(3) Die **Bilanz und die Gewinn- und Verlustrechnung** bilden den **Jahresabschluss**.

(4) Die Absätze 1 bis 3 sind auf Einzelkaufleute im Sinn des § 241a nicht anzuwenden. Im Fall der Neugründung treten die Rechtsfolgen nach Satz 1 schon ein, wenn die Werte des § 241 Satz 1 am ersten Abschlussstichtag nach der Neugründung nicht überschritten werden.

Obiger § 242 HGB enthält drei Definitionen:

— Absatz 1: Bilanz

— Absatz 2: Gewinn- und Verlustrechnung

— Absatz 3: Jahresabschluss

§ 243 HGB Aufstellungsgrundsatz RN 42g

(1) Der Jahresabschluss ist nach den **G**rundsätzen **o**rdnungsmäßiger **B**uchführung (GoB) aufzustellen.

(2) Er muss klar und übersichtlich sein.

(3) Der Jahresabschluss ist innerhalb der einem ordnungsmäßigen Geschäftsgang entsprechenden Zeit aufzustellen.

RN 42h § 244 HGB Sprache, Währungseinheit

Der Jahresabschluss ist in deutscher Sprache und in Euro aufzustellen.

RN 42i § 245 HGB Unterzeichnung

Der Jahresabschluss ist vom Kaufmann unter Angabe des Datums zu unterzeichnen. Sind mehrere persönlich haftende Gesellschafter vorhanden, so haben sie alle zu unterzeichnen.

RN 42j § 246 HGB Vollständigkeit, Verrechnungsverbot

(1) Der Jahresabschluss hat sämtliche Vermögensgegenstände, Schulden, Rechnungsabgrenzungsposten sowie Aufwendungen und Erträge zu enthalten, soweit gesetzlich nichts anderes bestimmt ist. Vermögensgegenstände sind in der Bilanz des Eigentümers aufzunehmen; ist ein Vermögensgegenstand nicht dem Eigentümer, sondern einem anderen wirtschaftlich zuzurechnen, hat dieser ihn in seiner Bilanz auszuweisen. Schulden sind in die Bilanz des Schuldners aufzunehmen. Der Unterschiedsbetrag, um den die für die Übernahme eines Unternehmens bewirkte Gegenleistung den Wert der einzelnen Vermögensgegenstände des Unternehmens abzüglich der Schulden im Zeitpunkt der Übernahme übersteigt (**entgeltlich erworbener Geschäfts- oder Firmenwert**), gilt als zeitlich begrenzt nutzbarer Vermögensgegenstand.

Aus Absatz 1, Satz 2 ergibt sich, dass es auf den wirtschaftlichen Eigentümer ankommt. Lies dazu auch § 39 AO.

Absatz 1, Satz 4 enthält eine gesetzliche Definition des Firmenwertes.

(2) Posten der Aktivseite dürfen nicht mit Posten der Passivseite, Aufwendungen nicht mit Erträgen, Grundstücksrechte nicht mit Grundstückslasten verrechnet werden. Vermögensgegenstände, die dem Zugriff aller übrigen Gläubiger entzogen sind und ausschließlich der Erfüllung von Schulden aus Altersversorgungsverpflichtungen oder vergleichbaren langfristig fälligen Verpflichtungen dienen, sind mit diesen Schulden zu verrechnen; entsprechend ist mit den zugehörigen Aufwendungen und Erträgen aus der Abzinsung und aus dem zu verrechnenden Vermögen zu verfahren. Übersteigt der beizulegende Zeitwert der Vermögensgegenstände den Betrag der Schulden, ist der übersteigende Betrag unter einem gesonderten Posten zu aktivieren.

Absatz 2, Satz 1 enthält das Verrechnungsverbot (Saldierungsverbot).

(3) Die auf den vorhergehenden Jahresabschluss angewandten Ansatzmethoden sind beizubehalten. § 252 Abs. 2 ist entsprechend anzuwenden.

§ 247 HGB Inhalt der Bilanz

RN 42k

(1) In der Bilanz sind das Anlage- und das Umlaufvermögen, das Eigenkapital, die Schulden sowie die Rechnungsabgrenzungsposten gesondert auszuweisen und hinreichend aufzugliedern.

Mindestgliederungsvorschrift:

Aktiva	Passiva
Anlagevermögen	Eigenkapital
Umlaufvermögen	Fremdkapital
RAP	RAP

(2) Beim Anlagevermögen sind nur die Gegenstände auszuweisen, die bestimmt sind, dauernd dem Geschäftsbetrieb zu dienen. *Gemeint sind damit das notwendige Betriebsvermögen und das gewillkürte Betriebsvermögen. Privatvermögen des Unternehmers gehört nicht dazu.*

§ 248 HGB Bilanzierungsverbote und -wahlrechte

RN 42l

(1) In die Bilanz dürfen nicht als Aktivposten aufgenommen werden:

1. Aufwendungen für die Gründung eines Unternehmens,
2. Aufwendungen für die Beschaffung des Eigenkapitals und
3. Aufwendungen für den Abschluss von Versicherungsverträgen.

(2) Selbst geschaffene immaterielle Vermögensgegenstände des Anlagevermögens können als Aktivposten in die Bilanz aufgenommen werden. Nicht aufgenommen werden dürfen selbst geschaffene Marken, Drucktitel, Verlagsrechte, Kundenlisten oder vergleichbare immaterielle Vermögensgegenstände des Anlagevermögens. *Aktivierungsverbot gem. § 5 Absatz 2 EStG.*

§ 249 HGB Rückstellungen

RN 42m

(1) Rückstellungen sind für ungewisse Verbindlichkeiten und für **drohende Verluste** aus schwebenden Geschäften zu bilden. Ferner sind Rückstellungen zu bilden für

1. im Geschäftsjahr unterlassene Aufwendungen für Instandhaltung, die im folgenden Geschäftsjahr innerhalb von drei Monaten, oder für Abraumbeseitigung, die im folgenden Geschäftsjahr nachgeholt werden,
2. Gewährleistungen, die ohne rechtliche Verpflichtung erbracht werden.

(2) Für andere als die in Absatz 1 bezeichneten Zwecke dürfen Rückstellungen nicht gebildet werden. Rückstellungen dürfen nur aufgelöst werden, soweit der Grund hierfür entfallen ist.

Für drohende Verluste dürfen steuerrechtlich keine Rückstellungen gebildet werden gem. § 5 Absatz 4a EStG.

RN 42n **§ 250 HGB Rechnungsabgrenzungsposten**

(1) Als Rechnungsabgrenzungsposten sind auf der Aktivseite Ausgaben vor dem Abschlussstichtag auszuweisen, soweit sie Aufwand für eine bestimmte Zeit nach diesem Tag darstellen.

(2) Auf der Passivseite sind als Rechnungsabgrenzungsposten Einnahmen vor dem Abschlussstichtag auszuweisen, soweit sie Ertrag für eine bestimmte Zeit nach diesem Tag darstellen.

(3) Ist der Erfüllungsbetrag einer Verbindlichkeit höher als der Ausgabebetrag, so darf der Unterschiedsbetrag in den Rechnungsabgrenzungsposten auf der Aktivseite aufgenommen werden. Der Unterschiedsbetrag ist durch planmäßige jährliche Abschreibungen zu tilgen, die auf die gesamte Laufzeit der Verbindlichkeit verteilt werden können.

In Absatz 3 ist insbesondere ein Disagio gemeint. Handelsrechtlich darf ein Disagio in voller Höhe als Aufwand (Betriebsausgabe) erfasst werden. Es kann jedoch auch aktiviert und planmäßig abgeschrieben werden. Steuerrechtlich ist ein Disagio in jedem Fall zu aktivieren und über die planmäßige Nutzungsdauer abzuschreiben gem. § 5 Absatz 5 EStG.

RN 42o **§ 251 HGB Haftungsverhältnisse**

Unter der Bilanz sind, sofern sie nicht auf der Passivseite auszuweisen sind, Verbindlichkeiten aus der Begebung und Übertragung von Wechseln, aus Bürgschaften, Wechsel- und Scheckbürgschaften und aus Gewährleistungsverträgen sowie Haftungsverhältnisse aus der Bestellung von Sicherheiten für fremde Verbindlichkeiten zu vermerken; sie dürfen in einem Betrag angegeben werden. Haftungsverhältnisse sind auch anzugeben, wenn ihnen gleichwertige Rückgriffsforderungen gegenüberstehen.

RN 42p **§ 252 HGB Allgemeine Bewertungsgrundsätze**

(1) Bei der Bewertung der im Jahresabschluss ausgewiesenen Vermögensgegenstände und Schulden gilt insbesondere Folgendes:

1. Die Wertansätze in der Eröffnungsbilanz des Geschäftsjahrs müssen mit denen der Schlussbilanz des vorhergehenden Geschäftsjahrs übereinstimmen. *Bilanzkontinuität*

2. Bei der Bewertung ist von der Fortführung der Unternehmenstätigkeit auszugehen, sofern dem nicht tatsächliche oder rechtliche Gegebenheiten entgegenstehen. *Going-Concern-Prämisse*

3. Die Vermögensgegenstände und Schulden sind zum Abschlussstichtag einzeln zu bewerten. *Prinzip der Einzelbewertung – Stichtagsprinzip – Vorsichtsprinzip*

4. Es ist vorsichtig zu bewerten, namentlich sind alle vorhersehbaren Risiken und Verluste, die bis zum Abschlussstichtag entstanden sind, zu berücksichtigen,

selbst wenn diese erst zwischen dem Abschlussstichtag und dem Tag der Aufstellung des Jahresabschlusses bekanntgeworden sind; Gewinne sind nur zu berücksichtigen, wenn sie am Abschlussstichtag realisiert sind.
Verluste sind bereits zu berücksichtigen, wenn sie sich abzeichnen
= *Imparitätsprinzip*
Gewinne dürfen erst erfasst werden, wenn sie realisiert sind
= *Realisationsprinzip*

5. Aufwendungen und Erträge des Geschäftsjahrs sind unabhängig von den Zeitpunkten der entsprechenden Zahlungen im Jahresabschluss zu berücksichtigen. *Es gilt das Prinzip der wirtschaftlichen Verursachung! Sobald eine Forderung oder Verbindlichkeit entstanden ist, muss der Kaufmann sie ausweisen. Auf den Zufluss oder Abfluss von Geld kommt es nicht an.*

6. Die auf den vorhergehenden Jahresabschluss angewandten Bewertungsmethoden sind beizubehalten. *Bewertungskontinuität*

(2) Von den Grundsätzen des Absatzes 1 darf nur in begründeten Ausnahmefällen abgewichen werden.

§ 253 HGB Zugangs- und Folgebewertung

RN 42q

(1) Vermögensgegenstände sind höchstens mit den Anschaffungs- oder Herstellungskosten, vermindert um die Abschreibungen nach den Absätzen 3 bis 5, anzusetzen. Verbindlichkeiten sind zu ihrem Erfüllungsbetrag und Rückstellungen in Höhe des nach vernünftiger kaufmännischer Beurteilung notwendigen Erfüllungsbetrages anzusetzen. Soweit sich die Höhe von Altersversorgungsverpflichtungen ausschließlich nach dem beizulegenden Zeitwert von Wertpapieren im Sinn des § 266 Abs. 2 A. III. 5 bestimmt, sind Rückstellungen hierfür zum beizulegenden Zeitwert dieser Wertpapiere anzusetzen, soweit er einen garantierten Mindestbetrag übersteigt. Nach § 246 Abs. 2 Satz 2 zu verrechnende Vermögensgegenstände sind mit ihrem beizulegenden Zeitwert zu bewerten.

(2) Rückstellungen mit einer Restlaufzeit von mehr als einem Jahr sind mit dem ihrer Restlaufzeit entsprechenden durchschnittlichen Marktzinssatz der vergangenen sieben Geschäftsjahre abzuzinsen. Abweichend von Satz 1 dürfen Rückstellungen für Altersversorgungsverpflichtungen oder vergleichbare langfristig fällige Verpflichtungen pauschal mit dem durchschnittlichen Marktzinssatz abgezinst werden, der sich bei einer angenommenen Restlaufzeit von 15 Jahren ergibt. Die Sätze 1 und 2 gelten entsprechend für auf Rentenverpflichtungen beruhende Verbindlichkeiten, für die eine Gegenleistung nicht mehr zu erwarten ist. Der nach den Sätzen 1 und 2 anzuwendende Abzinsungszinssatz wird von der Deutschen Bundesbank nach Maßgabe einer Rechtsverordnung ermittelt und monatlich bekannt gegeben. In der Rechtsverordnung nach Satz 4, die nicht der Zustimmung des Bundesrates bedarf, bestimmt das Bundesministerium der Justiz im Benehmen mit der Deutschen Bundesbank das Nähere zur Ermittlung der Abzinsungszinssätze, insbesondere die Ermittlungsmethodik und deren Grundlagen, sowie die Form der Bekanntgabe.

(3) Bei Vermögensgegenständen des Anlagevermögens, deren Nutzung zeitlich begrenzt ist, sind die Anschaffungs- oder die Herstellungskosten um planmäßige Abschreibungen zu vermindern. Der Plan muss die Anschaffungs- oder Herstellungskosten auf die Geschäftsjahre verteilen, in denen der Vermögensgegenstand voraussichtlich genutzt werden kann. Ohne Rücksicht darauf, ob ihre Nutzung zeitlich begrenzt ist, sind bei Vermögensgegenständen des Anlagevermögens bei voraussichtlich dauernder Wertminderung außerplanmäßige Abschreibungen vorzunehmen, um diese mit dem niedrigeren Wert anzusetzen, der ihnen am Abschlussstichtag beizulegen ist. Bei Finanzanlagen können außerplanmäßige Abschreibungen auch bei voraussichtlich nicht dauernder Wertminderung vorgenommen werden.

(4) Bei **Vermögensgegenständen des Umlaufvermögens sind Abschreibungen vorzunehmen**, um diese mit einem niedrigeren Wert anzusetzen, der sich aus einem Börsen- oder Marktpreis am Abschlussstichtag ergibt. Ist ein Börsen- oder Marktpreis nicht festzustellen und übersteigen die Anschaffungs- oder Herstellungskosten den Wert, der den Vermögensgegenständen am Abschlussstichtag beizulegen ist, so ist auf diesen Wert abzuschreiben.

Für Vermögensgegenstände des Umlaufvermögens besteht nach HGB ein Abwertungsgebot. Steuerrechtlich besteht bei vorübergehender Wertminderung ein Abwertungsverbot gem. § 6 Absatz 1 Nr. 2 EStG.

(5) Ein niedrigerer Wertansatz nach Absatz 3 Satz 3 oder 4 und Absatz 4 darf nicht beibehalten werden, wenn die Gründe dafür nicht mehr bestehen. Ein niedrigerer Wertansatz eines entgeltlich erworbenen Geschäfts- oder Firmenwertes ist beizubehalten.

§ 254 HGB Bildung von Bewertungseinheiten
RN 42r

Werden Vermögensgegenstände, Schulden, schwebende Geschäfte oder mit hoher Wahrscheinlichkeit erwartete Transaktionen zum Ausgleich gegenläufiger Wertänderungen oder Zahlungsströme aus dem Eintritt vergleichbarer Risiken mit Finanzinstrumenten zusammengefasst (Bewertungseinheit), sind § 249 Abs. 1, § 252 Abs. 1 Nr. 3 und 4, § 253 Abs. 1 Satz 1 und § 256a in dem Umfang und für den Zeitraum nicht anzuwenden, in dem die gegenläufigen Wertänderungen oder Zahlungsströme sich ausgleichen. Als Finanzinstrumente im Sinn des Satzes 1 gelten auch Termingeschäfte über den Erwerb oder die Veräußerung von Waren.

§ 255 HGB Bewertungsmaßstäbe
RN 42s

(1) **Anschaffungskosten** sind die Aufwendungen, die geleistet werden, um einen Vermögensgegenstand zu erwerben und ihn in einen betriebsbereiten Zustand zu versetzen, soweit sie dem Vermögensgegenstand einzeln zugeordnet werden können. Zu den Anschaffungskosten gehören auch die Nebenkosten sowie die nachträglichen Anschaffungskosten. Anschaffungspreisminderungen sind abzusetzen.

Anschaffungskosten werden regelmäßig aufgrund von Rechnungen ermittelt.

(2) **Herstellungskosten** sind die Aufwendungen, die durch den Verbrauch von Gütern und die Inanspruchnahme von Diensten für die Herstellung eines Vermögens-

gegenstands, seine Erweiterung oder für eine über seinen ursprünglichen Zustand hinausgehende wesentliche Verbesserung entstehen. Dazu gehören die Materialkosten, die Fertigungskosten und die Sonderkosten der Fertigung sowie angemessene Teile der Materialgemeinkosten, der Fertigungsgemeinkosten und des Werteverzehrs des Anlagevermögens, soweit dieser durch die Fertigung veranlasst ist. Bei der Berechnung der Herstellungskosten dürfen angemessene Teile der Kosten der allgemeinen Verwaltung sowie angemessene Aufwendungen für soziale Einrichtungen des Betriebs, für freiwillige soziale Leistungen und für die betriebliche Altersversorgung einbezogen werden, soweit diese auf den Zeitraum der Herstellung entfallen. Forschungs- und Vertriebskosten dürfen nicht einbezogen werden.

Herstellungskosten werden mit Hilfe des Zahlenmaterials der Kostenrechnung ermittelt.

(2a) Herstellungskosten eines selbst geschaffenen immateriellen Vermögensgegenstands des Anlagevermögens sind die bei dessen Entwicklung anfallenden Aufwendungen nach Absatz 2. **Entwicklung** ist die Anwendung von Forschungsergebnissen oder von anderem Wissen für die Neuentwicklung von Gütern oder Verfahren oder die Weiterentwicklung von Gütern oder Verfahren mittels wesentlicher Änderungen. **Forschung** ist die eigenständige und planmäßige Suche nach neuen wissenschaftlichen oder technischen Erkenntnissen oder Erfahrungen allgemeiner Art, über deren technische Verwertbarkeit und wirtschaftliche Erfolgsaussichten grundsätzlich keine Aussagen gemacht werden können. Können Forschung und Entwicklung nicht verlässlich voneinander unterschieden werden, ist eine Aktivierung ausgeschlossen.

(3) Zinsen für Fremdkapital gehören nicht zu den Herstellungskosten. Zinsen für Fremdkapital, das zur Finanzierung der Herstellung eines Vermögensgegenstands verwendet wird, dürfen angesetzt werden, soweit sie auf den Zeitraum der Herstellung entfallen; in diesem Falle gelten sie als Herstellungskosten des Vermögensgegenstands.

(4) Der **beizulegende Zeitwert** entspricht dem Marktpreis. Soweit kein aktiver Markt besteht, anhand dessen sich der Marktpreis ermitteln lässt, ist der beizulegende Zeitwert mit Hilfe allgemein anerkannter Bewertungsmethoden zu bestimmen. Lässt sich der beizulegende Zeitwert weder nach Satz 1 noch nach Satz 2 ermitteln, sind die Anschaffungs- oder Herstellungskosten gemäß § 253 Abs. 4 fortzuführen. Der zuletzt nach Satz 1 oder 2 ermittelte beizulegende Zeitwert gilt als Anschaffungs- oder Herstellungskosten im Sinn des Satzes 3.

§ 256 HGB Bewertungsvereinfachungsverfahren   RN 42t

Soweit es den Grundsätzen ordnungsmäßiger Buchführung entspricht, kann für den Wertansatz gleichartiger Vermögensgegenstände des Vorratsvermögens unterstellt werden, dass die zuerst oder dass die zuletzt angeschafften oder hergestellten Vermögensgegenstände zuerst verbraucht oder veräußert worden sind. § 240 Abs. 3 und 4 ist auch auf den Jahresabschluss anwendbar.

RN 42u **§ 256a HGB Währungsumrechnung**

Auf fremde Währung lautende Vermögensgegenstände und Verbindlichkeiten sind zum Devisenkassamittelkurs am Abschlussstichtag umzurechnen. Bei einer Restlaufzeit von einem Jahr oder weniger sind § 253 Abs. 1 Satz 1 und § 252 Abs. 1 Nr. 4 Halbsatz 2 nicht anzuwenden.

RN 42v **§ 257 HGB Aufbewahrung von Unterlagen, Aufbewahrungsfristen**

(1) Jeder Kaufmann ist verpflichtet, die folgenden Unterlagen geordnet aufzubewahren:

1. Handelsbücher, Inventare, Eröffnungsbilanzen, Jahresabschlüsse, Einzelabschlüsse nach § 325 Abs. 2a, Lageberichte, Konzernabschlüsse, Konzernlageberichte sowie die zu ihrem Verständnis erforderlichen Arbeitsanweisungen und sonstigen Organisationsunterlagen,
2. die empfangenen Handelsbriefe,
3. Wiedergaben der abgesandten Handelsbriefe,
4. Belege für Buchungen in den von ihm nach § 238 Abs. 1 zu führenden Büchern (Buchungsbelege).

(2) Handelsbriefe sind nur Schriftstücke, die ein Handelsgeschäft betreffen.

(3) Mit Ausnahme der Eröffnungsbilanzen und Abschlüsse können die in Absatz 1 aufgeführten Unterlagen auch als Wiedergabe auf einem Bildträger oder auf anderen Datenträgern aufbewahrt werden, wenn dies den Grundsätzen ordnungsmäßiger Buchführung entspricht und sichergestellt ist, dass die Wiedergabe oder die Daten

1. mit den empfangenen Handelsbriefen und den Buchungsbelegen bildlich und mit den anderen Unterlagen inhaltlich übereinstimmen, wenn sie lesbar gemacht werden,
2. während der Dauer der Aufbewahrungsfrist verfügbar sind und jederzeit innerhalb angemessener Frist lesbar gemacht werden können. Sind Unterlagen auf Grund des § 239 Abs. 4 Satz 1 auf Datenträgern hergestellt worden, können statt des Datenträgers die Daten auch ausgedruckt aufbewahrt werden; die ausgedruckten Unterlagen können auch nach Satz 1 aufbewahrt werden.

(4) Die in Absatz 1 Nr. 1 und 4 aufgeführten Unterlagen sind **zehn Jahre**, die sonstigen in Absatz 1 aufgeführten Unterlagen **sechs Jahre** aufzubewahren.

(5) Die Aufbewahrungsfrist beginnt mit dem Schluss des Kalenderjahrs, in dem die letzte Eintragung in das Handelsbuch gemacht, das Inventar aufgestellt, die Eröffnungsbilanz oder der Jahresabschluss festgestellt, der Einzelabschluss nach § 325 Abs. 2a oder der Konzernabschluss aufgestellt, der Handelsbrief empfangen oder abgesandt worden oder der Buchungsbeleg entstanden ist.

RN 42w **§ 258 HGB Vorlegung im Rechtsstreit**

(1) Im Laufe eines Rechtsstreits kann das Gericht auf Antrag oder von Amts wegen die Vorlegung der Handelsbücher einer Partei anordnen.

(2) Die Vorschriften der Zivilprozessordnung über die Verpflichtung des Prozessgegners zur Vorlegung von Urkunden bleiben unberührt.

§ 259 HGB Auszug bei Vorlegung im Rechtsstreit

Werden in einem Rechtsstreit Handelsbücher vorgelegt, so ist von ihrem Inhalt, soweit er den Streitpunkt betrifft, unter Zuziehung der Parteien Einsicht zu nehmen und geeignetenfalls ein Auszug zu fertigen. Der übrige Inhalt der Bücher ist dem Gericht insoweit offenzulegen, als es zur Prüfung ihrer ordnungsmäßigen Führung notwendig ist.

§ 260 HGB Vorlegung bei Auseinandersetzungen

Bei Vermögensauseinandersetzungen, insbesondere in Erbschafts-, Gütergemeinschafts- und Gesellschaftsteilungssachen, kann das Gericht die Vorlegung der Handelsbücher zur Kenntnisnahme von ihrem ganzen Inhalt anordnen.

§ 261 HGB Vorlegung von Unterlagen auf Bild- oder Datenträgern

Wer aufzubewahrende Unterlagen nur in der Form einer Wiedergabe auf einem Bildträger oder auf anderen Datenträgern vorlegen kann, ist verpflichtet, auf seine Kosten diejenigen Hilfsmittel zur Verfügung zu stellen, die erforderlich sind, um die Unterlagen lesbar zu machen; soweit erforderlich, hat er die Unterlagen auf seine Kosten auszudrucken oder ohne Hilfsmittel lesbare Reproduktionen beizubringen.

Ergänzende Vorschriften für Kapitalgesellschaften (Aktiengesellschaften, Kommanditgesellschaften auf Aktien und Gesellschaften mit beschränkter Haftung) sowie bestimmte Personenhandelsgesellschaften

Jahresabschluss der Kapitalgesellschaft und Lagebericht

§ 264 HGB Pflicht zur Aufstellung

(1) Die gesetzlichen Vertreter einer Kapitalgesellschaft haben den Jahresabschluss (§ 242) um einen Anhang zu erweitern, der mit der Bilanz und der Gewinn- und Verlustrechnung eine Einheit bildet, sowie einen Lagebericht aufzustellen. Die gesetzlichen Vertreter einer kapitalmarktorientierten Kapitalgesellschaft, die nicht zur Aufstellung eines Konzernabschlusses verpflichtet ist, haben den Jahresabschluss um eine **Kapitalflussrechnung** und einen Eigenkapitalspiegel zu erweitern, die mit der Bilanz, Gewinn- und Verlustrechnung und dem Anhang eine Einheit bilden; sie können den Jahresabschluss um eine Segmentberichterstattung erweitern. Der Jahresabschluss und der Lagebericht sind von den gesetzlichen Vertretern in den ersten drei Monaten des Geschäftsjahrs für das vergangene Geschäftsjahr aufzustellen. Kleine Kapitalgesellschaften (§ 267 Abs. 1) brauchen den Lagebericht nicht aufzustellen; sie dürfen den Jahresabschluss auch später aufstellen, wenn dies einem ordnungsgemäßen Geschäftsgang entspricht, jedoch innerhalb der ersten sechs Monate des Geschäftsjahres.
Zum Anhang lies § 284.
Zum Lagebericht lies § 289.

(2) Der Jahresabschluss der Kapitalgesellschaft hat unter Beachtung der Grundsätze ordnungsmäßiger Buchführung ein den tatsächlichen Verhältnissen entsprechendes Bild der Vermögens-, Finanz- und Ertragslage der Kapitalgesellschaft zu vermitteln. **Führen besondere Umstände dazu, dass der Jahresabschluss ein den tatsächlichen Verhältnissen entsprechendes Bild im Sinne des Satzes 1 nicht vermittelt, so sind im Anhang zusätzliche Angaben zu machen.** Die gesetzlichen Vertreter einer Kapitalgesellschaft, die Inlandsemittent im Sinne des § 2 Abs. 7 des Wertpapierhandelsgesetzes und keine Kapitalgesellschaft im Sinne des § 327a ist, haben bei der Unterzeichnung schriftlich zu versichern, dass nach besten Wissen der Jahresabschluss ein den tatsächlichen Verhältnissen entsprechendes Bild im Sinne des Satzes 1 vermittelt oder der Anhang Angaben nach Satz 2 enthält.

(3) Eine Kapitalgesellschaft, die Tochterunternehmen eines nach § 290 zur Aufstellung eines Konzernabschlusses verpflichteten Mutterunternehmens ist, braucht die Vorschriften dieses Unterabschnitts und des Dritten und Vierten Unterabschnitts dieses Abschnitts nicht anzuwenden, wenn

1. alle Gesellschafter des Tochterunternehmens der Befreiung für das jeweilige Geschäftsjahr zugestimmt haben und der Beschluss nach § 325 offengelegt worden ist,

2. das Mutterunternehmen zur Verlustübernahme nach § 302 des Aktiengesetzes verpflichtet ist oder eine solche Verpflichtung freiwillig übernommen hat und diese Erklärung nach § 325 offengelegt worden ist,

3. das Tochterunternehmen in den Konzernabschluss nach den Vorschriften dieses Abschnitts einbezogen worden ist und

4. die Befreiung des Tochterunternehmens

    a) im Anhang des von dem Mutterunternehmen aufgestellten und nach § 325 durch Einreichung beim Betreiber des elektronischen Bundesanzeigers offen gelegten Konzernabschlusses angegeben und

    b) zusätzlich im elektronischen Bundesanzeiger für das Tochterunternehmen unter Bezugnahme auf diese Vorschrift und unter Angabe des Mutterunternehmens mitgeteilt worden ist.

(4) Absatz 3 ist auf Kapitalgesellschaften, die Tochterunternehmen eines nach § 11 des Publizitätsgesetzes zur Aufstellung eines Konzernabschlusses verpflichteten Mutterunternehmens sind, entsprechend anzuwenden, soweit in diesem Konzernabschluss von dem Wahlrecht des § 13 Abs. 3 Satz 1 des Publizitätsgesetzes nicht Gebrauch gemacht worden ist.

RN 43b **§ 264d HGB Kapitalmarktorientierte Kapitalgesellschaft**

Eine Kapitalgesellschaft ist kapitalmarktorientiert, wenn sie einen organisierten Markt im Sinn des § 2 Abs. 5 des Wertpapierhandelsgesetzes durch von ihr ausgegebene Wertpapiere im Sinn des § 2 Abs. 1 Satz 1 des Wertpapierhandelsgesetzes in Anspruch nimmt oder die Zulassung solcher Wertpapiere zum Handel an einem organisierten Markt beantragt hat.

§ 265 HGB Allgemeine Grundsätze für die Gliederung

RN 43c

(1) Die Form der Darstellung, insbesondere die Gliederung der aufeinanderfolgenden Bilanzen und Gewinn- und Verlustrechnungen, ist beizubehalten, soweit nicht in Ausnahmefällen wegen besonderer Umstände Abweichungen erforderlich sind. Die Abweichungen sind im Anhang anzugeben und zu begründen.

(2) In der Bilanz sowie in der Gewinn- und Verlustrechnung ist zu jedem Posten der entsprechende Betrag des vorhergehenden Geschäftsjahrs anzugeben. Sind die Beträge nicht vergleichbar, so ist dies im Anhang anzugeben und zu erläutern. Wird der Vorjahresbetrag angepasst, so ist auch dies im Anhang anzugeben und zu erläutern.

(3) Fällt ein Vermögensgegenstand oder eine Schuld unter mehrere Posten der Bilanz, so ist die Mitzugehörigkeit zu anderen Posten bei dem Posten, unter dem der Ausweis erfolgt ist, zu vermerken oder im Anhang anzugeben, wenn dies zur Aufstellung eines klaren und übersichtlichen Jahresabschlusses erforderlich ist.

(4) Sind mehrere Geschäftszweige vorhanden und bedingt dies die Gliederung des Jahresabschlusses nach verschiedenen Gliederungsvorschriften, so ist der Jahresabschluss nach der für einen Geschäftszweig vorgeschriebenen Gliederung aufzustellen und nach der für die anderen Geschäftszweige vorgeschriebenen Gliederung zu ergänzen. Die Ergänzung ist im Anhang anzugeben und zu begründen.

(5) Eine weitere Untergliederung der Posten ist zulässig; dabei ist jedoch die vorgeschriebene Gliederung zu beachten. Neue Posten dürfen hinzugefügt werden, wenn ihr Inhalt nicht von einem vorgeschriebenen Posten gedeckt wird.

(6) Gliederung und Bezeichnung der mit arabischen Zahlen versehenen Posten der Bilanz und der Gewinn- und Verlustrechnung sind zu ändern, wenn dies wegen Besonderheiten der Kapitalgesellschaft zur Aufstellung eines klaren und übersichtlichen Jahresabschlusses erforderlich ist.

(7) Die mit arabischen Zahlen versehenen Posten der Bilanz und der Gewinn- und Verlustrechnung können, wenn nicht besondere Formblätter vorgeschrieben sind, zusammengefasst ausgewiesen werden, wenn

1. sie einen Betrag enthalten, der für die Vermittlung eines den tatsächlichen Verhältnissen entsprechenden Bildes im Sinne des § 264 Abs. 2 nicht erheblich ist, oder

2. dadurch die Klarheit der Darstellung vergrößert wird; in diesem Falle müssen die zusammengefassten Posten jedoch im Anhang gesondert ausgewiesen werden.

(8) Ein Posten der Bilanz oder der Gewinn- und Verlustrechnung, der keinen Betrag ausweist, braucht nicht aufgeführt zu werden, es sei denn, dass im vorhergehenden Geschäftsjahr unter diesem Posten ein Betrag ausgewiesen wurde.

RN 43d § 266 HGB Gliederung der Bilanz

(1) Die Bilanz ist **in Kontoform** aufzustellen. Dabei haben große und mittelgroße Kapitalgesellschaften (§ 267 Abs. 3, 2) auf der Aktivseite die in Absatz 2 und auf der Passivseite die in Absatz 3 bezeichneten Posten gesondert und in der vorgeschriebenen Reihenfolge auszuweisen. Kleine Kapitalgesellschaften (§ 267 Abs. 1) brauchen nur eine verkürzte Bilanz aufzustellen, in die nur die in den Absätzen 2 und 3 mit Buchstaben und römischen Zahlen bezeichneten Posten gesondert und in der vorgeschriebenen Reihenfolge aufgenommen werden.

Oberbegriffe: *Großbuchstaben*
Unterbegriffe: *Römische Zahlen*
Einzelne Posten: *Arabische Zahlen*

(2) **Aktivseite**

A. Anlagevermögen:

  I. Immaterielle Vermögensgegenstände:
    1. Selbst geschaffene gewerbliche Schutzrechte und ähnliche Rechte und Werte;
    2. entgeltlich erworbene Konzessionen, gewerbliche Schutzrechte und ähnliche Rechte und Werte sowie Lizenzen an solchen Rechten und Werten;
    3. Geschäfts- oder Firmenwert;
    4. geleistete Anzahlungen;

  II. Sachanlagen:
    1. Grundstücke, grundstücksgleiche Rechte und Bauten einschließlich der Bauten auf fremden Grundstücken;
    2. technische Anlagen und Maschinen;
    3. andere Anlagen, Betriebs- und Geschäftsausstattung;
    4. geleistete Anzahlungen und Anlagen im Bau;

  III. Finanzanlagen:
    1. Anteile an verbundenen Unternehmen;
    2. Ausleihungen an verbundene Unternehmen;
    3. Beteiligungen;
    4. Ausleihungen an Unternehmen, mit denen ein Beteiligungsverhältnis besteht;
    5. Wertpapiere des Anlagevermögens;
    6. sonstige Ausleihungen.

B. Umlaufvermögen:

  I. Vorräte:
    1. Roh-, Hilfs- und Betriebsstoffe;
    2. unfertige Erzeugnisse, unfertige Leistungen;
    3. fertige Erzeugnisse und Waren;
    4. geleistete Anzahlungen;

II. Forderungen und sonstige Vermögensgegenstände:
1. Forderungen aus Lieferungen und Leistungen;
2. Forderungen gegen verbundene Unternehmen;
3. Forderungen gegen Unternehmen, mit denen ein Beteiligungsverhältnis besteht;
4. sonstige Vermögensgegenstände;

III. Wertpapiere:
1. Anteile an verbundenen Unternehmen;
2. sonstige Wertpapiere;

IV. Kassenbestand, Bundesbankguthaben, Guthaben bei Kreditinstituten und Schecks.

C. Rechnungsabgrenzungsposten (z.B. Mietzahlungen)

D. Aktive latente Steuern

E. Aktiver Unterschiedsbetrag aus der Vermögensverrechnung

(3) Passivseite

A. Eigenkapital

I. Gezeichnetes Kapital;

II. Kapitalrücklage;

III. Gewinnrücklagen:
1. gesetzliche Rücklage;
2. Rücklage für Anteile an einem herrschenden oder mehrheitlich beteiligten Unternehmen;
3. satzungsmäßige Rücklagen;
4. andere Gewinnrücklagen;

IV. Gewinnvortrag/Verlustvortrag;

V. Jahresüberschuss/Jahresfehlbetrag.

B. Rückstellungen
1. Rückstellungen für Pensionen und ähnliche Verpflichtungen;
2. Steuerrückstellungen;
3. sonstige Rückstellungen.

C. Verbindlichkeiten
1. Anleihen, davon konvertibel;
2. Verbindlichkeiten gegenüber Kreditinstituten;
3. erhaltene Anzahlungen auf Bestellungen;
4. Verbindlichkeiten aus Lieferungen und Leistungen;

5. Verbindlichkeiten aus der Annahme gezogener Wechsel und der Ausstellung eigener Wechsel;
6. Verbindlichkeiten gegenüber verbundenen Unternehmen;
7. Verbindlichkeiten gegenüber Unternehmen, mit denen ein Beteiligungsverhältnis besteht;
8. sonstige Verbindlichkeiten,
   davon aus Steuern,
   davon im Rahmen der sozialen Sicherheit.

D. Rechnungsabgrenzungsposten (z.B. Mieteinnahmen)

E. Passive latente Steuern

RN 43e

§ 267 HGB Umschreibung der Größenklassen

(1) **Kleine Kapitalgesellschaften** sind solche, die mindestens zwei der drei nachstehenden Merkmale nicht überschreiten:

1. 4.840.000 Euro Bilanzsumme nach Abzug eines auf der Aktivseite ausgewiesenen Fehlbetrags (§ 268 Abs. 3).
2. 9.680.000 Euro Umsatzerlöse in den zwölf Monaten vor dem Abschlussstichtag.
3. Im Jahresdurchschnitt fünfzig Arbeitnehmer.

(2) **Mittelgroße Kapitalgesellschaften** sind solche, die mindestens zwei der drei in Absatz 1 bezeichneten Merkmale überschreiten und jeweils mindestens zwei der drei nachstehenden Merkmale nicht überschreiten:

1. 19.250.000 Euro Bilanzsumme nach Abzug eines auf der Aktivseite ausgewiesenen Fehlbetrags (§ 268 Abs. 3).
2. 38.500.000 Euro Umsatzerlöse in den zwölf Monaten vor dem Abschlussstichtag.
3. Im Jahresdurchschnitt zweihundertfünfzig Arbeitnehmer.

(3) **Große Kapitalgesellschaften** sind solche, die mindestens zwei der drei in Absatz 2 bezeichneten Merkmale überschreiten. Eine Kapitalgesellschaft im Sinn des § 264d gilt stets als große.

(4) Die Rechtsfolgen der Merkmale nach den Absätzen 1 bis 3 Satz 1 treten nur ein, wenn sie an den Abschlussstichtagen von zwei aufeinanderfolgenden Geschäftsjahren über- oder unterschritten werden. Im Falle der Umwandlung oder Neugründung treten die Rechtsfolgen schon ein, wenn die Voraussetzungen des Absatzes 1, 2 oder 3 am ersten Abschlussstichtag nach der Umwandlung oder Neugründung vorliegen.

(5) Als durchschnittliche Zahl der Arbeitnehmer gilt der vierte Teil der Summe aus den Zahlen der jeweils am 31. März, 30. Juni, 30. September und 31. Dezember beschäftigten Arbeitnehmer einschließlich der im Ausland beschäftigten Arbeitnehmer, jedoch ohne die zu ihrer Berufsausbildung Beschäftigten.

(6) Informations- und Auskunftsrechte der Arbeitnehmervertretungen nach anderen Gesetzen bleiben unberührt.

§ 268 HGB Vorschriften zu einzelnen Posten der Bilanz, Bilanzvermerke   RN 43f

(1) Die Bilanz darf auch unter Berücksichtigung der vollständigen oder teilweisen Verwendung des Jahresergebnisses aufgestellt werden. Wird die Bilanz unter Berücksichtigung der teilweisen Verwendung des Jahresergebnisses aufgestellt, so tritt an die Stelle der Posten „Jahresüberschuss/Jahresfehlbetrag" und „Gewinnvortrag/Verlustvortrag" der Posten „Bilanzgewinn/Bilanzverlust"; ein vorhandener Gewinn- oder Verlustvortrag ist in den Posten „Bilanzgewinn/Bilanzverlust" einzubeziehen und in der Bilanz oder im Anhang gesondert anzugeben.

Wird die Gewinn-/Verlustverteilung beschlossen, bevor die Bilanz erstellt ist, erscheint in der Bilanz die Position „Bilanzgewinn"/„Bilanzverlust".

Wird die Gewinn-/Verlustverteilung erst beschlossen, nachdem die Bilanz erstellt ist, erscheint in der Bilanz die Position „Jahresüberschuss"/„Jahresfehlbetrag".

(2) In der Bilanz oder im Anhang ist die Entwicklung der einzelnen Posten des Anlagevermögens darzustellen. Dabei sind, ausgehend von den gesamten Anschaffungs- und Herstellungskosten, die Zugänge, Abgänge, Umbuchungen und Zuschreibungen des Geschäftsjahrs sowie die Abschreibungen in ihrer gesamten Höhe gesondert aufzuführen. Die Abschreibungen des Geschäftsjahrs sind entweder in der Bilanz bei dem betreffenden Posten zu vermerken oder im Anhang in einer der Gliederung des Anlagevermögens entsprechenden Aufgliederung anzugeben.

Gemeint ist hier der sog. Anlagespiegel oder das Anlagegitter.

(3) Ist das Eigenkapital durch Verluste aufgebraucht und ergibt sich ein Überschuss der Passivposten über die Aktivposten, so ist dieser Betrag am Schluss der Bilanz auf der Aktivseite gesondert unter der Bezeichnung **„Nicht durch Eigenkapital gedeckter Fehlbetrag"** auszuweisen.

(4) Der Betrag der Forderungen mit einer Restlaufzeit von mehr als einem Jahr ist bei jedem gesondert ausgewiesenen Posten zu vermerken. Werden unter dem Posten „sonstige Vermögensgegenstände" Beträge für Vermögensgegenstände ausgewiesen, die erst nach dem Abschlussstichtag rechtlich entstehen, so müssen Beträge, die einen größeren Umfang haben, im Anhang erläutert werden.

(5) Der Betrag der Verbindlichkeiten mit einer Restlaufzeit bis zu einem Jahr ist bei jedem gesondert ausgewiesenen Posten zu vermerken. Erhaltene Anzahlungen auf Bestellungen sind, soweit Anzahlungen auf Vorräte nicht von dem Posten „Vorräte" offen abgesetzt werden, unter den Verbindlichkeiten gesondert auszuweisen. Sind unter dem Posten „Verbindlichkeiten" Beträge für Verbindlichkeiten ausgewiesen, die erst nach dem Abschlussstichtag rechtlich entstehen, so müssen Beträge, die einen größeren Umfang haben, im Anhang erläutert werden.

(6) Ein nach § 250 Abs. 3 in den Rechnungsabgrenzungsposten auf der Aktivseite aufgenommener Unterschiedsbetrag ist in der Bilanz gesondert auszuweisen oder im Anhang anzugeben.

(7) Die in § 251 bezeichneten Haftungsverhältnisse sind jeweils gesondert unter der Bilanz oder im Anhang unter Angabe der gewährten Pfandrechte und sonstigen Sicherheiten anzugeben; bestehen solche Verpflichtungen gegenüber verbundenen Unternehmen, so sind sie gesondert anzugeben.

(8) Werden selbst geschaffene immaterielle Vermögensgegenstände des Anlagevermögens in der Bilanz ausgewiesen, so dürfen Gewinne nur ausgeschüttet werden, wenn die nach der Ausschüttung verbleibenden frei verfügbaren Rücklagen zuzüglich eines Gewinnvortrags und abzüglich eines Verlustvortrags mindestens den insgesamt angesetzten Beträgen abzüglich der hierfür gebildeten passiven latenten Steuern entsprechen. Werden aktive latente Steuern in der Bilanz ausgewiesen, ist Satz 1 auf den Betrag anzuwenden, um den die aktiven latenten Steuern die passiven latenten Steuern übersteigen. Bei Vermögensgegenständen im Sinn des § 246 Abs. 2 Satz 2 ist Satz 1 auf den Betrag abzüglich der hierfür gebildeten passiven latenten Steuern anzuwenden, der die Anschaffungskosten übersteigt.

RN 43g **§ 270 HGB Bildung bestimmter Posten**

(1) Einstellungen in die Kapitalrücklage und deren Auflösung sind bereits bei der Aufstellung der Bilanz vorzunehmen.

(2) Wird die Bilanz unter Berücksichtigung der vollständigen oder teilweisen Verwendung des Jahresergebnisses aufgestellt, so sind Entnahmen aus Gewinnrücklagen sowie Einstellungen in Gewinnrücklagen, die nach Gesetz, Gesellschaftsvertrag oder Satzung vorzunehmen sind oder auf Grund solcher Vorschriften beschlossen worden sind, bereits bei der Aufstellung der Bilanz zu berücksichtigen.

RN 43h **§ 271 HGB Beteiligungen, Verbundene Unternehmen**

(1) Beteiligungen sind Anteile an anderen Unternehmen, die bestimmt sind, dem eigenen Geschäftsbetrieb durch Herstellung einer dauernden Verbindung zu jenen Unternehmen zu dienen. Dabei ist es unerheblich, ob die Anteile in Wertpapieren verbrieft sind oder nicht. Als Beteiligung gelten im Zweifel Anteile an einer Kapitalgesellschaft, die insgesamt den fünften Teil des Nennkapitals dieser Gesellschaft überschreiten. Auf die Berechnung ist § 16 Abs. 2 und 4 des Aktiengesetzes entsprechend anzuwenden. Die Mitgliedschaft in einer eingetragenen Genossenschaft gilt nicht als Beteiligung im Sinne dieses Buches.

(2) Verbundene Unternehmen im Sinne dieses Buches sind solche Unternehmen, die als Mutter- oder Tochterunternehmen (§ 290) in den Konzernabschluss eines Mutterunternehmens nach den Vorschriften über die Vollkonsolidierung einzubeziehen sind, das als oberstes Mutterunternehmen den am weitestgehenden Konzernabschluss nach dem Zweiten Unterabschnitt aufzustellen hat, auch wenn die Aufstellung unterbleibt, oder das einen befreienden Konzernabschluss nach § 291 oder nach einer nach § 292 erlassenen Rechtsverordnung aufstellt oder aufstellen könnte;

Tochterunternehmen, die nach § 296 nicht einbezogen werden, sind ebenfalls verbundene Unternehmen.

§ 272 HGB Eigenkapital

RN 43i

(1) Gezeichnetes Kapital ist das Kapital, auf das die Haftung der Gesellschafter für die Verbindlichkeiten der Kapitalgesellschaft gegenüber den Gläubigern beschränkt ist. Es ist mit dem Nennbetrag anzusetzen. Die nicht eingeforderten ausstehenden Einlagen auf das gezeichnete Kapital sind von dem Posten „Gezeichnetes Kapital" offen abzusetzen; der verbleibende Betrag ist als Posten „Eingefordertes Kapital" in der Hauptspalte der Passivseite auszuweisen; der eingeforderte, aber noch nicht eingezahlte Betrag ist unter den Forderungen gesondert auszuweisen und entsprechend zu bezeichnen.

(1a) Der Nennbetrag oder, falls ein solcher nicht vorhanden ist, der rechnerische Wert von erworbenen eigenen Anteilen ist in der Vorspalte offen von dem Posten „Gezeichnetes Kapital" abzusetzen. Der Unterschiedsbetrag zwischen dem Nennbetrag oder dem rechnerischen Wert und den Anschaffungskosten der eigenen Anteile ist mit den frei verfügbaren Rücklagen zu verrechnen. Aufwendungen, die Anschaffungsnebenkosten sind, sind Aufwand des Geschäftsjahrs.

(1b) Nach der Veräußerung der eigenen Anteile entfällt der Ausweis nach Absatz 1a Satz 1. Ein den Nennbetrag oder den rechnerischen Wert übersteigender Differenzbetrag aus dem Veräußerungserlös ist bis zur Höhe des mit den frei verfügbaren Rücklagen verrechneten Betrages in die jeweiligen Rücklagen einzustellen. Ein darüber hinausgehender Differenzbetrag ist in die Kapitalrücklage gemäß Absatz 2 Nr. 1 einzustellen. Die Nebenkosten der Veräußerung sind Aufwand des Geschäftsjahrs.

(2) Als Kapitalrücklage sind auszuweisen

1. der Betrag, der bei der Ausgabe von Anteilen einschließlich von Bezugsanteilen über den Nennbetrag oder, falls ein Nennbetrag nicht vorhanden ist, über den rechnerischen Wert hinaus erzielt wird *(Agio)*;

2. der Betrag, der bei der Ausgabe von Schuldverschreibungen für Wandlungsrechte und Optionsrechte zum Erwerb von Anteilen erzielt wird;

3. der Betrag von Zuzahlungen, die Gesellschafter gegen Gewährung eines Vorzugs für ihre Anteile leisten;

4. der Betrag von anderen Zuzahlungen, die Gesellschafter in das Eigenkapital leisten.

(3) Als Gewinnrücklagen dürfen nur Beträge ausgewiesen werden, die im Geschäftsjahr oder in einem früheren Geschäftsjahr aus dem Ergebnis gebildet worden sind. Dazu gehören aus dem Ergebnis zu bildende gesetzliche oder auf Gesellschaftsvertrag oder Satzung beruhende Rücklagen und andere Gewinnrücklagen.

(4) Für Anteile an einem herrschenden oder mit Mehrheit beteiligten Unternehmen ist eine Rücklage zu bilden. In die Rücklage ist ein Betrag einzustellen, der dem auf der Aktivseite der Bilanz für die Anteile an dem herrschenden oder mit Mehrheit

beteiligten Unternehmen angesetzten Betrag entspricht. Die Rücklage, die bereits bei der Aufstellung der Bilanz zu bilden ist, darf aus vorhandenen frei verfügbaren Rücklagen gebildet werden. Die Rücklage ist aufzulösen, soweit die Anteile an dem herrschenden oder mit Mehrheit beteiligten Unternehmen veräußert, ausgegeben oder eingezogen werden oder auf der Aktivseite ein niedrigerer Betrag angesetzt wird.

RN 43j

§ 274 HGB Latente Steuern

(1) Bestehen **zwischen den handelsrechtlichen Wertansätzen** von Vermögensgegenständen, Schulden und Rechnungsabgrenzungsposten **und** ihren **steuerlichen Wertansätzen Differenzen**, die sich in späteren Geschäftsjahren voraussichtlich abbauen, so ist eine sich daraus insgesamt ergebende **Steuerbelastung als passive latente Steuern** (§ 266 Abs. 3 E.) in der Bilanz anzusetzen. Eine sich daraus insgesamt ergebende **Steuerentlastung kann als aktive latente Steuern** (§ 266 Abs. 2 D.) in der Bilanz angesetzt werden. Die sich ergebende Steuerbe- und die sich ergebende Steuerentlastung können auch unverrechnet angesetzt werden. Steuerliche Verlustvorträge sind bei der Berechnung aktiver latenter Steuern in Höhe der innerhalb der nächsten fünf Jahre zu erwartenden Verlustverrechnung zu berücksichtigen.

(2) Die Beträge der sich ergebenden Steuerbe- und -entlastung sind mit den unternehmensindividuellen Steuersätzen im Zeitpunkt des Abbaus der Differenzen zu bewerten und nicht abzuzinsen. Die ausgewiesenen Posten sind aufzulösen, sobald die Steuerbe- oder -entlastung eintritt oder mit ihr nicht mehr zu rechnen ist. Der Aufwand oder Ertrag aus der Veränderung bilanzierter latenter Steuern ist in der Gewinn- und Verlustrechnung gesondert unter dem Posten „Steuern vom Einkommen und vom Ertrag" auszuweisen.

Beispiel passive latente Steuern:

Ein Unternehmen erzielte im abgelaufenen Geschäftsjahr einen handelsrechtlichen Jahresüberschuss von 2.500.000 € vor Ertragsteuern. Das Unternehmen hatte im abgelaufenen Geschäftsjahr u.a. Entwicklungsaufwendungen i.H.v. 500.000 €. Handelsrechtlich wurden die Entwicklungskosten nicht als Aufwand gewinnmindernd erfasst, sondern aktiviert. Nach Abzug der Ertragsteuern (KSt, GewSt) i.H.v. von 30 % = 750.000 € blieben als handelsrechtlicher Jahresüberschuss nach Steuern 1.750.000 € übrig.

Steuerrechtlich ist die Aktivierung der Entwicklungskosten nicht zulässig. Die Entwicklungskosten sind vielmehr direkt als Aufwand zu subtrahieren. Der steuerliche Jahresüberschuss vor Ertragsteuern beträgt deshalb 2.000.000 €. Darauf sind Ertragsteuern i.H.v. 30 % = 600.000 € zu zahlen. Der steuerliche Gewinn nach Abzug der Ertragsteuern beträgt 1.400.000 €.

Der steuerliche Jahresüberschuss vor Ertragsteuern ist um 500.000 € niedriger als der handelsrechtliche. Daraus ergibt sich bei den Ertragsteuern eine Differenz von 150.000 €. Handelsrechtlich sind 150.000 € zu viel Ertragsteuern ausgewiesen. Daraus ergibt sich aus Sicht des Unternehmens eine Verbindlichkeit ggü. dem Finanzamt i.H.v. 150.000 €.

Wenn in späteren Jahren die aktivierten Entwicklungskosten abgeschrieben werden, mindert sich entsprechend die Zahllast des Unternehmens ggü. dem Finanzamt, d.h. die handelsrechtliche Steuerzahllast wird ausgeglichen. Im Ergebnis gleicht sich der Unterschiedsbetrag zwischen Handelsbilanz und Steuerbilanz wieder aus.

In dem Jahr, in dem die vorskizzierte Abweichung von Handelsbilanzgewinn und Steuerbilanzgewinn eintritt, wird in der Handelsbilanz die Position Rückstellung für passive latente Steuern i.H.v. 150.000 € aufgenommen.

In den Fällen, in denen der steuerliche Jahresüberschuss größer ist, als der handelsrechtliche, wird umgekehrt verfahren. Dann kommt es in der Handelsbilanz zum Ausweis der Position Rückstellung für aktive latente Steuern.

Entstehungsmöglichkeiten passive latente Steuern:
(hier ist der Handelsbilanzgewinn höher)

– Aktivierung von selbst geschaffenen immateriellen Vermögensgegenständen in der Handelsbilanz. Aktivierungsverbot in der Steuerbilanz.

– Höherbewertung eines Vermögensgegenstandes in der Handelsbilanz als in der Steuerbilanz.

– Degressive Abschreibung in der Steuerbilanz, lineare Abschreibung in Handelsbilanz.

Entstehungsmöglichkeiten aktive latente Steuern:
(hier ist der Steuerbilanzgewinn höher)

– Niedrigerer Wertansatz eines Vermögensgegenstandes in der Handelsbilanz als in der Steuerbilanz.

– Ansatz einer Drohverlustrückstellung in der Handelsbilanz. Passivierungsverbot in der Steuerbilanz.

– Verbuchung eines Disagios in der Handelsbilanz als Aufwand. In der Steuerbilanz ist ein aktiver Rechnungsabgrenzungsposten zu bilden.

§ 274a HGB Größenabhängige Erleichterungen   RN 43k

Kleine Kapitalgesellschaften sind von der Anwendung der folgenden Vorschriften befreit:

1. § 268 Abs. 2 über die Aufstellung eines Anlagegitters,

2. § 268 Abs. 4 Satz 2 über die Pflicht zur Erläuterung bestimmter Forderungen im Anhang,

3. § 268 Abs. 5 Satz 3 über die Erläuterung bestimmter Verbindlichkeiten im Anhang,

4. § 268 Abs. 6 über den Rechnungsabgrenzungsposten nach § 250 Abs. 3,

5. § 274 über die Abgrenzung latenter Steuern.

RN 43I **§ 275 HGB/Gliederung/Gewinn- und Verlustrechnung**

(1) Die Gewinn- und Verlustrechnung ist in *Staffelform* nach dem **Gesamtkostenverfahren** oder dem **Umsatzkostenverfahren** aufzustellen. Dabei sind die in Absatz 2 oder 3 bezeichneten Posten in der angegebenen Reihenfolge gesondert auszuweisen.

(2) Bei Anwendung des **Gesamtkostenverfahrens** sind auszuweisen:

1. Umsatzerlöse
2. Erhöhung oder Verminderung des Bestands an fertigen und unfertigen Erzeugnissen
3. andere aktivierte Eigenleistungen
4. sonstige betriebliche Erträge
5. Materialaufwand:
   a) Aufwendungen für Roh-, Hilfs- und Betriebsstoffe und für bezogene Waren
   b) Aufwendungen für bezogene Leistungen
6. Personalaufwand:
   a) Löhne und Gehälter
   b) soziale Abgaben und Aufwendungen für Altersversorgung und für Unterstützung, davon für Altersversorgung
7. Abschreibungen:
   a) auf immaterielle Vermögensgegenstände des Anlagevermögens und Sachanlagen
   b) auf Vermögensgegenstände des Umlaufvermögens, soweit diese die in der Kapitalgesellschaft üblichen Abschreibungen überschreiten
8. sonstige betriebliche Aufwendungen
9. Erträge aus Beteiligungen, davon aus verbundenen Unternehmen
10. Erträge aus anderen Wertpapieren und Ausleihungen des Finanzanlagevermögens, davon aus verbundenen Unternehmen
11. sonstige Zinsen und ähnliche Erträge, davon aus verbundenen Unternehmen
12. Abschreibungen auf Finanzanlagen und auf Wertpapiere des Umlaufvermögens
13. Zinsen und ähnliche Aufwendungen, davon an verbundene Unternehmen
14. Ergebnis der gewöhnlichen Geschäftstätigkeit
15. außerordentliche Erträge
16. außerordentliche Aufwendungen
17. außerordentliches Ergebnis
18. Steuern vom Einkommen und vom Ertrag
19. sonstige Steuern
20. Jahresüberschuss/Jahresfehlbetrag.

(3) Bei Anwendung des **Umsatzkostenverfahrens** sind auszuweisen:

1. Umsatzerlöse
2. Herstellungskosten der zur Erzielung der Umsatzerlöse erbrachten Leistungen
3. Bruttoergebnis vom Umsatz
4. Vertriebskosten
5. allgemeine Verwaltungskosten
6. sonstige betriebliche Erträge
7. sonstige betriebliche Aufwendungen
8. Erträge aus Beteiligungen, davon aus verbundenen Unternehmen
9. Erträge aus anderen Wertpapieren und Ausleihungen des Finanzanlagevermögens, davon aus verbundenen Unternehmen
10. sonstige Zinsen und ähnliche Erträge, davon aus verbundenen Unternehmen
11. Abschreibungen auf Finanzanlagen und auf Wertpapiere des Umlaufvermögens
12. Zinsen und ähnliche Aufwendungen, davon an verbundene Unternehmen
13. Ergebnis der gewöhnlichen Geschäftstätigkeit
14. außerordentliche Erträge
15. außerordentliche Aufwendungen
16. außerordentliches Ergebnis
17. Steuern vom Einkommen und vom Ertrag
18. sonstige Steuern
19. Jahresüberschuss/Jahresfehlbetrag.

(4) Veränderungen der Kapital- und Gewinnrücklagen dürfen in der Gewinn- und Verlustrechnung erst nach dem Posten „Jahresüberschuss/Jahresfehlbetrag" ausgewiesen werden.

§ 276 HGB Größenabhängige Erleichterungen

RN 43m

Kleine und mittelgroße Kapitalgesellschaften (§ 267 Abs. 1, 2) dürfen die Posten § 275 Abs. 2 Nr. 1 bis 5 oder Abs. 3 Nr. 1 bis 3 und 6 zu einem Posten unter der Bezeichnung „Rohergebnis" zusammenfassen. Kleine Kapitalgesellschaften brauchen außerdem die in § 277 Abs. 4 Satz 2 und 3 verlangten Erläuterungen zu den Posten „außerordentliche Erträge" und „außerordentliche Aufwendungen" nicht zu machen.

§ 277 HGB Vorschriften zu einzelnen Posten der Gewinn- und Verlustrechnung

RN 43n

(1) Als Umsatzerlöse sind die Erlöse aus dem Verkauf und der Vermietung oder Verpachtung von für die gewöhnliche Geschäftstätigkeit der Kapitalgesellschaft typischen Erzeugnissen und Waren sowie aus von für die gewöhnliche Geschäftstätigkeit

der Kapitalgesellschaft typischen Dienstleistungen nach Abzug von Erlösschmälerungen und der Umsatzsteuer auszuweisen.

(2) Als Bestandsveränderungen sind sowohl Änderungen der Menge als auch solche des Wertes zu berücksichtigen; Abschreibungen jedoch nur, soweit diese die in der Kapitalgesellschaft sonst üblichen Abschreibungen nicht überschreiten.

(3) Außerplanmäßige Abschreibungen nach § 253 Abs. 3 Satz 3 und 4 sind jeweils gesondert auszuweisen oder im Anhang anzugeben. Erträge und Aufwendungen aus Verlustübernahme und auf Grund einer Gewinngemeinschaft, eines Gewinnabführungs- oder eines Teilgewinnabführungsvertrags erhaltene oder abgeführte Gewinne sind jeweils gesondert unter entsprechender Bezeichnung auszuweisen.

(4) Unter den Posten „außerordentliche Erträge" und „außerordentliche Aufwendungen" sind Erträge und Aufwendungen auszuweisen, die außerhalb der gewöhnlichen Geschäftätigkeit der Kapitalgesellschaft anfallen. Die Posten sind hinsichtlich ihres Betrags und ihrer Art im Anhang zu erläutern, soweit die ausgewiesenen Beträge für die Beurteilung der Ertragslage nicht von untergeordneter Bedeutung sind. Satz 2 gilt entsprechend für alle Aufwendungen und Erträge, die einem anderen Geschäftsjahr zuzurechnen sind.

(5) Erträge aus der Abzinsung sind in der Gewinn- und Verlustrechnung gesondert unter dem Posten „Sonstige Zinsen und ähnliche Erträge" und Aufwendungen gesondert unter dem Posten „Zinsen und ähnliche Aufwendungen" auszuweisen. Erträge aus der Währungsumrechnung sind in der Gewinn- und Verlustrechnung gesondert unter dem Posten „Sonstige betriebliche Erträge" und Aufwendungen aus der Währungsumrechnung gesondert unter dem Posten „Sonstige betriebliche Aufwendungen" auszuweisen.

RN 43o **§ 278 HGB Steuern**

Die Steuern vom Einkommen und vom Ertrag sind auf der Grundlage des Beschlusses über die Verwendung des Ergebnisses zu berechnen; liegt ein solcher Beschluss im Zeitpunkt der Feststellung des Jahresabschlusses nicht vor, so ist vom Vorschlag über die Verwendung des Ergebnisses auszugehen. Weicht der Beschluss über die Verwendung des Ergebnisses vom Vorschlag ab, so braucht der Jahresabschluss nicht geändert zu werden.

RN 43p **Anhang**

In der Bilanz und der Gewinn- und Verlustrechnung ist die Vermögens-, Finanz- und Ertragslage quantitativ dargestellt. Allein daraus lässt sich nicht ableiten, wie es um die wirtschaftliche Situation des Unternehmens steht. Dazu bedarf es Erläuterungen und Ergänzungen zu den einzelnen Positionen in der Bilanz und der Gewinn- und Verlustrechnung. Viele Umstände, die für die Beurteilung des Unternehmens wichtig sind, lassen sich aus der Bilanz und der Gewinn- und Verlustrechnung nicht erkennen, z.B. durchschnittliche Anzahl der im abgelaufenen Geschäftsjahr beschäftigten Arbeitnehmer oder der durch Grundpfandrechte gesicherte Betrag der Verbindlich-

keiten. Deshalb gehört der Anhang zum integralen Bestandteil des Jahresabschlusses. Er macht einzelne Positionen der Bilanz und GuV nachvollziehbar.

§ 284 HGB Erläuterung der Bilanz und der Gewinn- und Verlustrechnung

(1) In den Anhang sind diejenigen Angaben aufzunehmen, die zu den einzelnen Posten der Bilanz oder der Gewinn- und Verlustrechnung vorgeschrieben oder die im Anhang zu machen sind, weil sie in Ausübung eines Wahlrechts nicht in die Bilanz oder in die Gewinn- und Verlustrechnung aufgenommen wurden.

(2) Im Anhang müssen

1. die auf die Posten der Bilanz und der Gewinn- und Verlustrechnung angewandten Bilanzierungs- und Bewertungsmethoden angegeben werden;

2. die Grundlagen für die Umrechnung in Euro angegeben werden, soweit der Jahresabschluss Posten enthält, denen Beträge zugrunde liegen, die auf fremde Währung lauten oder ursprünglich auf fremde Währung lauteten;

3. Abweichungen von Bilanzierungs- und Bewertungsmethoden angegeben und begründet werden; deren Einfluss auf die Vermögens-, Finanz- und Ertragslage ist gesondert darzustellen;

4. bei Anwendung einer Bewertungsmethode nach § 240 Abs. 4, § 256 Satz 1 die Unterschiedsbeträge pauschal für die jeweilige Gruppe ausgewiesen werden, wenn die Bewertung im Vergleich zu einer Bewertung auf der Grundlage des letzten vor dem Abschlussstichtag bekannten Börsenkurses oder Marktpreises einen erheblichen Unterschied aufweist;

5. Angaben über die Einbeziehung von Zinsen für Fremdkapital in die Herstellungskosten gemacht werden.

§ 285 HGB Sonstige Pflichtangaben

RN 43q

Ferner sind im Anhang anzugeben:

1. zu den in der Bilanz ausgewiesenen Verbindlichkeiten

   a) der Gesamtbetrag der Verbindlichkeiten mit einer Restlaufzeit von mehr als fünf Jahren,

   b) der Gesamtbetrag der Verbindlichkeiten, die durch Pfandrechte oder ähnliche Rechte gesichert sind, unter Angabe von Art und Form der Sicherheiten;

2. die Aufgliederung der in Nummer 1 verlangten Angaben für jeden Posten der Verbindlichkeiten nach dem vorgeschriebenen Gliederungsschema;

3. Art und Zweck sowie Risiken und Vorteile von nicht in der Bilanz enthaltenen Geschäften, soweit dies für die Beurteilung der Finanzlage notwendig ist;

   a) der Gesamtbetrag der sonstigen finanziellen Verpflichtungen, die nicht in der Bilanz enthalten und nicht nach § 251 oder Nummer 3 anzugeben sind, sofern diese Angabe für die Beurteilung der Finanzlage von Bedeutung ist; davon sind Verpflichtungen gegenüber verbundenen Unternehmen gesondert anzugeben;

4. die Aufgliederung der Umsatzerlöse nach Tätigkeitsbereichen sowie nach geografisch bestimmten Märkten, soweit sich, unter Berücksichtigung der Organisation des Verkaufs von für die gewöhnliche Geschäftstätigkeit der Kapitalgesellschaft typischen Erzeugnissen und der für die gewöhnliche Geschäftstätigkeit der Kapitalgesellschaft typischen Dienstleistungen, die Tätigkeitsbereiche und geografisch bestimmten Märkte untereinander erheblich unterscheiden;
5. (weggefallen)
6. in welchem Umfang die Steuern vom Einkommen und vom Ertrag das Ergebnis der gewöhnlichen Geschäftstätigkeit und das außerordentliche Ergebnis belasten;
7. **die durchschnittliche Zahl der während des Geschäftsjahrs beschäftigten Arbeitnehmer** getrennt nach Gruppen;
8. bei Anwendung des Umsatzkostenverfahrens (§ 275 Abs. 3)
   a) der Materialaufwand des Geschäftsjahrs, gegliedert nach § 275 Abs. 2 Nr. 5,
   b) der Personalaufwand des Geschäftsjahrs, gegliedert nach § 275 Abs. 2 Nr. 6;
9. für die Mitglieder des Geschäftsführungsorgans, eines Aufsichtsrats, eines Beirats oder einer ähnlichen Einrichtung jeweils für jede Personengruppe
   a) die für die Tätigkeit im Geschäftsjahr gewährten Gesamtbezüge (Gehälter, Gewinnbeteiligungen, Bezugsrechte und sonstige aktienbasierte Vergütungen, Aufwandsentschädigungen, Versicherungsentgelte, Provisionen und Nebenleistungen jeder Art). In die Gesamtbezüge sind auch Bezüge einzurechnen, die nicht ausgezahlt, sondern in Ansprüche anderer Art umgewandelt oder zur Erhöhung anderer Ansprüche verwendet werden. Außer den Bezügen für das Geschäftsjahr sind die weiteren Bezüge anzugeben, die im Geschäftsjahr gewährt, bisher aber in keinem Jahresabschluss angegeben worden sind. Bezugsrechte und sonstige aktienbasierte Vergütungen sind mit ihrer Anzahl und dem beizulegenden Zeitwert zum Zeitpunkt ihrer Gewährung anzugeben; spätere Wertveränderungen, die auf einer Änderung der Ausübungsbedingungen beruhen, sind zu berücksichtigen. Bei einer börsennotierten Aktiengesellschaft sind zusätzlich unter Namensnennung die Bezüge jedes einzelnen Vorstandsmitglieds, aufgeteilt nach erfolgsunabhängigen und erfolgsbezogenen Komponenten sowie Komponenten mit langfristiger Anreizwirkung, gesondert anzugeben. Dies gilt auch für:
      aa) Leistungen, die dem Vorstandsmitglied für den Fall einer vorzeitigen Beendigung seiner Tätigkeit zugesagt worden sind;
      bb) Leistungen, die dem Vorstandsmitglied für den Fall der regulären Beendigung seiner Tätigkeit zugesagt worden sind, mit ihrem Barwert, sowie den von der Gesellschaft während des Geschäftsjahrs hierfür aufgewandten oder zurückgestellten Betrag;
      cc) während des Geschäftsjahrs vereinbarte Änderungen dieser Zusagen;
      dd) Leistungen, die einem früheren Vorstandsmitglied, das seine Tätigkeit im Laufe des Geschäftsjahrs beendet hat, in diesem Zusammenhang zugesagt und im Laufe des Geschäftsjahrs gewährt worden sind. Leistungen,

die dem einzelnen Vorstandsmitglied von einem Dritten im Hinblick auf seine Tätigkeit als Vorstandsmitglied zugesagt oder im Geschäftsjahr gewährt worden sind, sind ebenfalls anzugeben. Enthält der Jahresabschluss weitergehende Angaben zu bestimmten Bezügen, sind auch diese zusätzlich einzeln anzugeben;

b) die Gesamtbezüge (Abfindungen, Ruhegehälter, Hinterbliebenenbezüge und Leistungen verwandter Art) der früheren Mitglieder der bezeichneten Organe und ihrer Hinterbliebenen. Buchstabe a Satz 2 und 3 ist entsprechend anzuwenden. Ferner ist der Betrag der für diese Personengruppe gebildeten Rückstellungen für laufende Pensionen und Anwartschaften auf Pensionen und der Betrag der für diese Verpflichtungen nicht gebildeten Rückstellungen anzugeben;

c) die gewährten Vorschüsse und Kredite unter Angabe der Zinssätze, der wesentlichen Bedingungen und der gegebenenfalls im Geschäftsjahr zurückgezahlten Beträge sowie die zugunsten dieser Personen eingegangenen Haftungsverhältnisse;

10. alle Mitglieder des Geschäftsführungsorgans und eines Aufsichtsrats, auch wenn sie im Geschäftsjahr oder später ausgeschieden sind, mit dem Familiennamen und mindestens einem ausgeschriebenen Vornamen, einschließlich des ausgeübten Berufs und bei börsennotierten Gesellschaften auch der Mitgliedschaft in Aufsichtsräten und anderen Kontrollgremien im Sinne des § 125 Abs. 1 Satz 5 des Aktiengesetzes. Der Vorsitzende eines Aufsichtsrats, seine Stellvertreter und ein etwaiger Vorsitzender des Geschäftsführungsorgans sind als solche zu bezeichnen;

11. Name und Sitz anderer Unternehmen, von denen die Kapitalgesellschaft oder eine für Rechnung der Kapitalgesellschaft handelnde Person mindestens den fünften Teil der Anteile besitzt; außerdem sind die Höhe des Anteils am Kapital, das Eigenkapital und das Ergebnis des letzten Geschäftsjahrs dieser Unternehmen anzugeben, für das ein Jahresabschluss vorliegt; auf die Berechnung der Anteile ist § 16 Abs. 2 und 4 des Aktiengesetzes entsprechend anzuwenden; ferner sind von börsennotierten Kapitalgesellschaften zusätzlich alle Beteiligungen an großen Kapitalgesellschaften anzugeben, die fünf vom Hundert der Stimmrechte überschreiten;

a) Name, Sitz und Rechtsform der Unternehmen, deren unbeschränkt haftender Gesellschafter die Kapitalgesellschaft ist;

12. Rückstellungen, die in der Bilanz unter dem Posten „sonstige Rückstellungen" nicht gesondert ausgewiesen werden, sind zu erläutern, wenn sie einen nicht unerheblichen Umfang haben;

13. die Gründe, welche die Annahme einer betrieblichen Nutzungsdauer eines entgeltlich erworbenen Geschäfts- oder Firmenwertes von mehr als fünf Jahren rechtfertigen;

14. Name und Sitz des Mutterunternehmens der Kapitalgesellschaft, das den Konzernabschluss für den größten Kreis von Unternehmen aufstellt, und ihres Mut-

terunternehmens, das den Konzernabschluss für den kleinsten Kreis von Unternehmen aufstellt, sowie im Falle der Offenlegung der von diesen Mutterunternehmen aufgestellten Konzernabschlüsse der Ort, wo diese erhältlich sind;

15. soweit es sich um den Anhang des Jahresabschlusses einer Personenhandelsgesellschaft im Sinne des § 264a Abs. 1 handelt, Name und Sitz der Gesellschaften, die persönlich haftende Gesellschafter sind, sowie deren gezeichnetes Kapital;

16. dass die nach § 161 des Aktiengesetzes vorgeschriebene Erklärung abgegeben und wo sie öffentlich zugänglich gemacht worden ist;

17. das von dem Abschlussprüfer für das Geschäftsjahr berechnete Gesamthonorar, aufgeschlüsselt in das Honorar für
    a) die Abschlussprüfungsleistungen,
    b) andere Bestätigungsleistungen,
    c) Steuerberatungsleistungen,
    d) sonstige Leistungen, soweit die Angaben nicht in einem das Unternehmen einbeziehenden Konzernabschluss enthalten sind;

18. für zu den Finanzanlagen (§ 266 Abs. 2 A. III.) gehörende Finanzinstrumente, die über ihrem beizulegenden Zeitwert ausgewiesen werden, da eine außerplanmäßige Abschreibung nach § 253 Abs. 3 Satz 4 unterblieben ist,
    a) der Buchwert und der beizulegende Zeitwert der einzelnen Vermögensgegenstände oder angemessener Gruppierungen sowie
    b) die Gründe für das Unterlassen der Abschreibung einschließlich der Anhaltspunkte, die darauf hindeuten, dass die Wertminderung voraussichtlich nicht von Dauer ist;

19. für jede Kategorie nicht zum beizulegenden Zeitwert bilanzierter derivativer Finanzinstrumente
    a) deren Art und Umfang,
    b) deren beizulegender Zeitwert, soweit er sich nach § 255 Abs. 4 verlässlich ermitteln lässt, unter Angabe der angewandten Bewertungsmethode,
    c) deren Buchwert und der Bilanzposten, in welchem der Buchwert, soweit vorhanden, erfasst ist, sowie
    d) die Gründe dafür, warum der beizulegende Zeitwert nicht bestimmt werden kann;

20. für gemäß § 340e Abs. 3 Satz 1 mit dem beizulegenden Zeitwert bewertete Finanzinstrumente
    a) die grundlegenden Annahmen, die der Bestimmung des beizulegenden Zeitwertes mit Hilfe allgemein anerkannter Bewertungsmethoden zugrunde gelegt wurden, sowie
    b) Umfang und Art jeder Kategorie derivativer Finanzinstrumente einschließlich der wesentlichen Bedingungen, welche die Höhe, den Zeitpunkt und die Sicherheit künftiger Zahlungsströme beeinflussen können;

21. zumindest die nicht zu marktüblichen Bedingungen zustande gekommenen Geschäfte, soweit sie wesentlich sind, mit nahe stehenden Unternehmen und Personen, einschließlich Angaben zur Art der Beziehung, zum Wert der Geschäfte sowie weiterer Angaben, die für die Beurteilung der Finanzlage notwendig sind; ausgenommen sind Geschäfte mit und zwischen mittel- oder unmittelbar in 100-prozentigem Anteilsbesitz stehenden in einen Konzernabschluss einbezogenen Unternehmen; Angaben über Geschäfte können nach Geschäftsarten zusammengefasst werden, sofern die getrennte Angabe für die Beurteilung der Auswirkungen auf die Finanzlage nicht notwendig ist;

22. im Fall der Aktivierung nach § 248 Abs. 2 der Gesamtbetrag der Forschungs- und Entwicklungskosten des Geschäftsjahrs sowie der davon auf die selbst geschaffenen immateriellen Vermögensgegenstände des Anlagevermögens entfallende Betrag;

23. bei Anwendung des § 254,

a) mit welchem Betrag jeweils Vermögensgegenstände, Schulden, schwebende Geschäfte und mit hoher Wahrscheinlichkeit erwartete Transaktionen zur Absicherung welcher Risiken in welche Arten von Bewertungseinheiten einbezogen sind sowie die Höhe der mit Bewertungseinheiten abgesicherten Risiken,

b) für die jeweils abgesicherten Risiken, warum, in welchem Umfang und für welchen Zeitraum sich die gegenläufigen Wertänderungen oder Zahlungsströme künftig voraussichtlich ausgleichen einschließlich der Methode der Ermittlung,

c) eine Erläuterung der mit hoher Wahrscheinlichkeit erwarteten Transaktionen, die in Bewertungseinheiten einbezogen wurden, soweit die Angaben nicht im Lagebericht gemacht werden;

24. zu den Rückstellungen für Pensionen und ähnliche Verpflichtungen das angewandte versicherungsmathematische Berechnungsverfahren sowie die grundlegenden Annahmen der Berechnung, wie Zinssatz, erwartete Lohn- und Gehaltssteigerungen und zugrunde gelegte Sterbetafeln;

25. im Fall der Verrechnung von Vermögensgegenständen und Schulden nach § 246 Abs. 2 Satz 2 die Anschaffungskosten und der beizulegende Zeitwert der verrechneten Vermögensgegenstände, der Erfüllungsbetrag der verrechneten Schulden sowie die verrechneten Aufwendungen und Erträge; Nummer 20 Buchstabe a ist entsprechend anzuwenden;

26. zu Anteilen oder Anlageaktien an inländischen Investmentvermögen im Sinn des § 1 des Investmentgesetzes oder vergleichbaren ausländischen Investmentanteilen im Sinn des § 2 Abs. 9 des Investmentgesetzes von mehr als dem zehnten Teil, aufgegliedert nach Anlagezielen, deren Wert im Sinn des § 36 des Investmentgesetzes oder vergleichbarer ausländischer Vorschriften über die Ermittlung des Marktwertes, die Differenz zum Buchwert und die für das Geschäftsjahr erfolgte Ausschüttung sowie Beschränkungen in der Möglichkeit der täglichen Rückgabe; darüber hinaus die Gründe dafür, dass eine Abschreibung

gemäß § 253 Abs. 3 Satz 4 unterblieben ist, einschließlich der Anhaltspunkte, die darauf hindeuten, dass die Wertminderung voraussichtlich nicht von Dauer ist; Nummer 18 ist insoweit nicht anzuwenden;

27. für nach § 251 unter der Bilanz oder nach § 268 Abs. 7 Halbsatz 1 im Anhang ausgewiesene Verbindlichkeiten und Haftungsverhältnisse die Gründe der Einschätzung des Risikos der Inanspruchnahme;

28. der Gesamtbetrag der Beträge im Sinn des § 268 Abs. 8, aufgegliedert in Beträge aus der Aktivierung selbst geschaffener immaterieller Vermögensgegenstände des Anlagevermögens, Beträge aus der Aktivierung latenter Steuern und aus der Aktivierung von Vermögensgegenständen zum beizulegenden Zeitwert;

29. auf welchen Differenzen oder steuerlichen Verlustvorträgen die latenten Steuern beruhen und mit welchen Steuersätzen die Bewertung erfolgt ist.

RN 43r **§ 286 HGB Unterlassen von Angaben**

(1) Die Berichterstattung hat insoweit zu unterbleiben, als es für das Wohl der Bundesrepublik Deutschland oder eines ihrer Länder erforderlich ist.

(2) Die Aufgliederung der Umsatzerlöse nach § 285 Nr. 4 kann unterbleiben, soweit die Aufgliederung nach vernünftiger kaufmännischer Beurteilung geeignet ist, der Kapitalgesellschaft oder einem Unternehmen, von dem die Kapitalgesellschaft mindestens den fünften Teil der Anteile besitzt, einen erheblichen Nachteil zuzufügen.

(3) Die Angaben nach § 285 Nr. 11 und 11a können unterbleiben, soweit sie

1. für die Darstellung der Vermögens-, Finanz- und Ertragslage der Kapitalgesellschaft nach § 264 Abs. 2 von untergeordneter Bedeutung sind oder

2. nach vernünftiger kaufmännischer Beurteilung geeignet sind, der Kapitalgesellschaft oder dem anderen Unternehmen einen erheblichen Nachteil zuzufügen. Die Angabe des Eigenkapitals und des Jahresergebnisses kann unterbleiben, wenn das Unternehmen, über das zu berichten ist, seinen Jahresabschluss nicht offenzulegen hat und die berichtende Kapitalgesellschaft weniger als die Hälfte der Anteile besitzt. Satz 1 Nr. 2 ist nicht anzuwenden, wenn die Kapitalgesellschaft oder eines ihrer Tochterunternehmen (§ 290 Abs. 1 und 2) am Abschlussstichtag kapitalmarktorientiert im Sinn des § 264d ist. Im Übrigen ist die Anwendung der Ausnahmeregelung nach Satz 1 Nr. 2 im Anhang anzugeben.

(4) Bei Gesellschaften, die keine börsennotierten Aktiengesellschaften sind, können die in § 285 Nr. 9 Buchstabe a und b verlangten Angaben über die Gesamtbezüge der dort bezeichneten Personen unterbleiben, wenn sich anhand dieser Angaben die Bezüge eines Mitglieds dieser Organe feststellen lassen.

(5) Die in § 285 Nr. 9 Buchstabe a Satz 5 bis 8 verlangten Angaben unterbleiben, wenn die Hauptversammlung dies beschlossen hat. Ein Beschluss, der höchstens für fünf Jahre gefasst werden kann, bedarf einer Mehrheit, die mindestens drei Viertel des bei der Beschlussfassung vertretenen Grundkapitals umfasst. § 136 Abs. 1 des

Aktiengesetzes gilt für einen Aktionär, dessen Bezüge als Vorstandsmitglied von der Beschlussfassung betroffen sind, entsprechend.

§ 288 HGB Größenabhängige Erleichterungen

RN 43s

(1) Kleine Kapitalgesellschaften (§ 267 Abs. 1) brauchen die Angaben nach § 284 Abs. 2 Nr. 4, § 285 Nr. 2 bis 8 Buchstabe a, Nr. 9 Buchstabe a und b sowie Nr. 12, 17, 19, 21, 22 und 29 nicht zu machen.

(2) Mittelgroße Kapitalgesellschaften (§ 267 Abs. 2) brauchen bei der Angabe nach § 285 Nr. 3 die Risiken und Vorteile nicht darzustellen. Sie brauchen die Angaben nach § 285 Nr. 4 und 29 nicht zu machen. Soweit sie die Angaben nach § 285 Nr. 17 nicht machen, sind sie verpflichtet, diese der Wirtschaftsprüferkammer auf deren schriftliche Anforderung zu übermitteln. Sie brauchen die Angaben nach § 285 Nr. 21 nur zu machen, soweit sie Aktiengesellschaft sind; die Angabe kann auf Geschäfte beschränkt werden, die direkt oder indirekt mit dem Hauptgesellschafter oder Mitgliedern des Geschäftsführungs-, Aufsichts- oder Verwaltungsorgans abgeschlossen wurden.

§ 289 HGB Lagebericht

RN 43t

Oben wurde bereits darauf hingewiesen, dass der Anhang dazu dient, einzelne Positionen der Bilanz und der Gewinn- und Verlustrechnung nachvollziehbar zu machen. Im Lagebericht finden sich dagegen Informationen, die positionsübergreifend sind; also eine wirtschaftliche Beurteilung des Unternehmens als Ganzes zulassen. Darin wird z.B. über beabsichtigte Großinvestitionen berichtet oder erwartete Markt- und Entwicklungstendenzen dargelegt.

(1) Im Lagebericht sind der Geschäftsverlauf einschließlich des Geschäftsergebnisses und die Lage der Kapitalgesellschaft so darzustellen, dass ein den tatsächlichen Verhältnissen entsprechendes Bild vermittelt wird. Er hat eine ausgewogene und umfassende, dem Umfang und der Komplexität der Geschäftstätigkeit entsprechende Analyse des Geschäftsverlaufs und der Lage der Gesellschaft zu enthalten. In die Analyse sind die für die Geschäftstätigkeit bedeutsamsten finanziellen Leistungsindikatoren einzubeziehen und unter Bezugnahme auf die im Jahresabschluss ausgewiesenen Beträge und Angaben zu erläutern. Ferner ist im Lagebericht die voraussichtliche Entwicklung mit ihren wesentlichen Chancen und Risiken zu beurteilen und zu erläutern; zugrunde liegende Annahmen sind anzugeben. Die gesetzlichen Vertreter einer Kapitalgesellschaft im Sinne des § 264 Abs. 2 Satz 3 haben zu versichern, dass nach bestem Wissen im Lagebericht der Geschäftsverlauf einschließlich des Geschäftsergebnisses und die Lage der Kapitalgesellschaft so dargestellt sind, dass ein den tatsächlichen Verhältnissen entsprechendes Bild vermittelt wird, und dass die wesentlichen Chancen und Risiken im Sinne des Satzes 4 beschrieben sind.

(2) Der Lagebericht soll auch eingehen auf:

1. Vorgänge von besonderer Bedeutung, die nach dem Schluss des Geschäftsjahrs eingetreten sind;
   z.B. Änderung Rohstoffpreise, Personalentlassungen, Kapitalerhöhungen

2. a) die Risikomanagementziele und -methoden der Gesellschaft einschließlich ihrer Methoden zur Absicherung aller wichtigen Arten von Transaktionen, die im Rahmen der Bilanzierung von Sicherungsgeschäften erfasst werden, sowie

   b) die Preisänderungs-, Ausfall- und Liquiditätsrisiken sowie die Risiken aus Zahlungsstromschwankungen, denen die Gesellschaft ausgesetzt ist, jeweils in Bezug auf die Verwendung von Finanzinstrumenten durch die Gesellschaft und sofern dies für die Beurteilung der Lage oder der voraussichtlichen Entwicklung von Belang ist;

3. den Bereich Forschung und Entwicklung;

4. bestehende Zweigniederlassungen der Gesellschaft;

5. die Grundzüge des Vergütungssystems der Gesellschaft für die in § 285 Nr. 9 genannten Gesamtbezüge, soweit es sich um eine börsennotierte Aktiengesellschaft handelt. Werden dabei auch Angaben entsprechend § 285 Nr. 9 Buchstabe a Satz 5 bis 8 gemacht, können diese im Anhang unterbleiben.

(3) Bei einer großen Kapitalgesellschaft (§ 267 Abs. 3) gilt Absatz 1 Satz 3 entsprechend für nichtfinanzielle Leistungsindikatoren, wie Informationen über Umwelt- und Arbeitnehmerbelange, soweit sie für das Verständnis des Geschäftsverlaufs oder der Lage von Bedeutung sind.

(4) Aktiengesellschaften und Kommanditgesellschaften auf Aktien, die einen organisierten Markt im Sinne des § 2 Abs. 7 des Wertpapiererwerbs- und Übernahmegesetzes durch von ihnen ausgegebene stimmberechtigte Aktien in Anspruch nehmen, haben im Lagebericht anzugeben:

1. die Zusammensetzung des gezeichneten Kapitals; bei verschiedenen Aktiengattungen sind für jede Gattung die damit verbundenen Rechte und Pflichten und der Anteil am Gesellschaftskapital anzugeben, soweit die Angaben nicht im Anhang zu machen sind;

2. Beschränkungen, die Stimmrechte oder die Übertragung von Aktien betreffen, auch wenn sie sich aus Vereinbarungen zwischen Gesellschaftern ergeben können, soweit sie dem Vorstand der Gesellschaft bekannt sind;

3. direkte oder indirekte Beteiligungen am Kapital, die 10 vom Hundert der Stimmrechte überschreiten, soweit die Angaben nicht im Anhang zu machen sind;

4. die Inhaber von Aktien mit Sonderrechten, die Kontrollbefugnisse verleihen; die Sonderrechte sind zu beschreiben;

5. die Art der Stimmrechtskontrolle, wenn Arbeitnehmer am Kapital beteiligt sind und ihre Kontrollrechte nicht unmittelbar ausüben;

6. die gesetzlichen Vorschriften und Bestimmungen der Satzung über die Ernennung und Abberufung der Mitglieder des Vorstands und über die Änderung der Satzung;

7. die Befugnisse des Vorstands insbesondere hinsichtlich der Möglichkeit, Aktien auszugeben oder zurückzukaufen;

8. wesentliche Vereinbarungen der Gesellschaft, die unter der Bedingung eines Kontrollwechsels infolge eines Übernahmeangebots stehen, und die hieraus folgenden Wirkungen; die Angabe kann unterbleiben, soweit sie geeignet ist, der Gesellschaft einen erheblichen Nachteil zuzufügen; die Angabepflicht nach anderen gesetzlichen Vorschriften bleibt unberührt;

9. Entschädigungsvereinbarungen der Gesellschaft, die für den Fall eines Übernahmeangebots mit den Mitgliedern des Vorstands oder Arbeitnehmern getroffen sind, soweit die Angaben nicht im Anhang zu machen sind. Sind Angaben nach Satz 1 im Anhang zu machen, ist im Lagebericht darauf zu verweisen.

(5) Kapitalgesellschaften im Sinn des § 264d haben im Lagebericht die wesentlichen Merkmale des internen Kontroll- und des Risikomanagementsystems im Hinblick auf den Rechnungslegungsprozess zu beschreiben.

§ 325 HGB Offenlegung

RN 43u

(1) Die gesetzlichen Vertreter von Kapitalgesellschaften haben für diese den Jahresabschluss beim Betreiber des Bundesanzeigers elektronisch einzureichen. Er ist unverzüglich nach seiner Vorlage an die Gesellschafter, jedoch spätestens vor Ablauf des zwölften Monats des dem Abschlussstichtag nachfolgenden Geschäftsjahrs, mit dem Bestätigungsvermerk oder dem Vermerk über dessen Versagung einzureichen. Gleichzeitig sind der Lagebericht, der Bericht des Aufsichtsrats, die nach § 161 des Aktiengesetzes vorgeschriebene Erklärung und, soweit sich dies aus dem eingereichten Jahresabschluss nicht ergibt, der Vorschlag für die Verwendung des Ergebnisses und der Beschluss über seine Verwendung unter Angabe des Jahresüberschusses oder Jahresfehlbetrags elektronisch einzureichen. Angaben über die Ergebnisverwendung brauchen von Gesellschaften mit beschränkter Haftung nicht gemacht zu werden, wenn sich anhand dieser Angaben die Gewinnanteile von natürlichen Personen feststellen lassen, die Gesellschafter sind. Werden zur Wahrung der Frist nach Satz 2 oder Absatz 4 Satz 1 der Jahresabschluss und der Lagebericht ohne die anderen Unterlagen eingereicht, sind der Bericht und der Vorschlag nach ihrem Vorliegen, die Beschlüsse nach der Beschlussfassung und der Vermerk nach der Erteilung unverzüglich einzureichen. Wird der Jahresabschluss bei nachträglicher Prüfung oder Feststellung geändert, ist auch die Änderung nach Satz 1 einzureichen. Die Rechnungslegungsunterlagen sind in einer Form einzureichen, die ihre Bekanntmachung nach Absatz 2 ermöglicht.

(2) Die gesetzlichen Vertreter der Kapitalgesellschaft haben für diese die in Absatz 1 bezeichneten Unterlagen jeweils unverzüglich nach der Einreichung im Bundesanzeiger bekannt machen zu lassen.

(2a) Bei der Offenlegung nach Absatz 2 kann an die Stelle des Jahresabschlusses ein Einzelabschluss treten, der nach den in § 315a Abs. 1 bezeichneten internationalen Rechnungslegungsstandards aufgestellt worden ist. Ein Unternehmen, das von diesem Wahlrecht Gebrauch macht, hat die dort genannten Standards vollständig zu befolgen. Auf einen solchen Abschluss sind § 243 Abs. 2, die §§ 244, 245, 257, 264 Abs. 2 Satz 3, § 285 Nr. 7, 8 Buchstabe b, Nr. 9 bis 11a, 14 bis 17, § 286 Abs. 1, 3 und 5 sowie § 287 anzuwenden. Der Lagebericht nach § 289 muss in dem erforderlichen Umfang auch auf den Abschluss nach Satz 1 Bezug nehmen. Die übrigen Vorschriften des Zweiten Unterabschnitts des Ersten Abschnitts und des Ersten Unterabschnitts des Zweiten Abschnitts gelten insoweit nicht. Kann wegen der Anwendung des § 286 Abs. 1 auf den Anhang die in Satz 2 genannte Voraussetzung nicht eingehalten werden, entfällt das Wahlrecht nach Satz 1.

(2b) Die befreiende Wirkung der Offenlegung des Einzelabschlusses nach Absatz 2a tritt ein, wenn

1. statt des vom Abschlussprüfer zum Jahresabschluss erteilten Bestätigungsvermerks oder des Vermerks über dessen Versagung der entsprechende Vermerk zum Abschluss nach Absatz 2a in die Offenlegung nach Absatz 2 einbezogen wird,

2. der Vorschlag für die Verwendung des Ergebnisses und gegebenenfalls der Beschluss über seine Verwendung unter Angabe des Jahresüberschusses oder Jahresfehlbetrags in die Offenlegung nach Absatz 2 einbezogen werden und

3. der Jahresabschluss mit dem Bestätigungsvermerk oder dem Vermerk über dessen Versagung nach Absatz 1 Satz 1 bis 4 offengelegt wird.

(3) Die Absätze 1, 2 und 4 Satz 1 gelten entsprechend für die gesetzlichen Vertreter einer Kapitalgesellschaft, die einen Konzernabschluss und einen Konzernlagebericht aufzustellen haben.

(3a) Wird der Konzernabschluss zusammen mit dem Jahresabschluss des Mutterunternehmens oder mit einem von diesem aufgestellten Einzelabschluss nach Absatz 2a bekannt gemacht, können die Vermerke des Abschlussprüfers nach § 322 zu beiden Abschlüssen zusammengefasst werden; in diesem Fall können auch die jeweiligen Prüfungsberichte zusammengefasst werden.

(4) Bei einer Kapitalgesellschaft im Sinn des § 264d, die keine Kapitalgesellschaft im Sinn des § 327a ist, beträgt die Frist nach Absatz 1 Satz 2 längstens vier Monate. Für die Wahrung der Fristen nach Satz 1 und Absatz 1 Satz 2 ist der Zeitpunkt der Einreichung der Unterlagen maßgebend.

(5) Auf Gesetz, Gesellschaftsvertrag oder Satzung beruhende Pflichten der Gesellschaft, den Jahresabschluss, den Einzelabschluss nach Absatz 2a, den Lagebericht, den Konzernabschluss oder den Konzernlagebericht in anderer Weise bekannt zu machen, einzureichen oder Personen zugänglich zu machen, bleiben unberührt.

RN 43v **§ 326 HGB Größenabhängige Erleichterungen für kleine Kapitalgesellschaften bei der Offenlegung**

Auf kleine Kapitalgesellschaften (§ 267 Abs. 1) ist § 325 Abs. 1 mit der Maßgabe anzuwenden, dass die gesetzlichen Vertreter nur die Bilanz und den Anhang einzureichen haben. Der Anhang braucht die die Gewinn- und Verlustrechnung betreffenden Angaben nicht zu enthalten.

§ 327 HGB Größenabhängige Erleichterungen für mittelgroße Kapitalgesellschaften bei der Offenlegung

RN 43w

Auf mittelgroße Kapitalgesellschaften (§ 267 Abs. 2) ist § 325 Abs. 1 mit der Maßgabe anzuwenden, dass die gesetzlichen Vertreter

1. die Bilanz nur in der für kleine Kapitalgesellschaften nach § 266 Abs. 1 Satz 3 vorgeschriebenen Form beim Betreiber des Bundesanzeigers einreichen müssen. In der Bilanz oder im Anhang sind jedoch die folgenden Posten des § 266 Abs. 2 und 3 zusätzlich gesondert anzugeben:

Auf der Aktivseite

A.I.1 Selbst geschaffene gewerbliche Schutzrechte und ähnliche Rechte und Werte;

A.I.2 Geschäfts- oder Firmenwert;

A.II.1 Grundstücke, grundstücksgleiche Rechte und Bauten einschließlich der Bauten auf fremden Grundstücken;

A.II.2 technische Anlagen und Maschinen;

A.II.3 andere Anlagen, Betriebs- und Geschäftsausstattung;

A.II.4 geleistete Anzahlungen und Anlagen im Bau;

A.III.1 Anteile an verbundenen Unternehmen;

A.III.2 Ausleihungen an verbundene Unternehmen;

A.III.3 Beteiligungen;

A.III.4 Ausleihungen an Unternehmen, mit denen ein Beteiligungsverhältnis besteht;

B.II.2 Forderungen gegen verbundene Unternehmen;

B.II.3 Forderungen gegen Unternehmen, mit denen ein Beteiligungsverhältnis besteht;

B.III.1 Anteile an verbundenen Unternehmen.

Auf der Passivseite

C.1 Anleihen, davon konvertibel;

C.2 Verbindlichkeiten gegenüber Kreditinstituten;

C.6 Verbindlichkeiten gegenüber verbundenen Unternehmen;

C.7 Verbindlichkeiten gegenüber Unternehmen, mit denen ein Beteiligungsverhältnis besteht;

2. den Anhang ohne die Angaben nach § 285 Nr. 2 und 8 Buchstabe a, Nr. 12 beim Betreiber des Bundesanzeigers einreichen dürfen.

RN 43x § 328 HGB Form und Inhalt der Unterlagen bei der Offenlegung, Veröffentlichung und Vervielfältigung

(1) Bei der vollständigen oder teilweisen Offenlegung des Jahresabschlusses, des Einzelabschlusses nach § 325 Abs. 2a oder des Konzernabschlusses und bei der Veröffentlichung oder Vervielfältigung in anderer Form auf Grund des Gesellschaftsvertrags oder der Satzung sind die folgenden Vorschriften einzuhalten:

1. Abschlüsse sind so wiederzugeben, dass sie den für ihre Aufstellung maßgeblichen Vorschriften entsprechen, soweit nicht Erleichterungen nach §§ 326, 327 in Anspruch genommen werden oder eine Rechtsverordnung des Bundesministeriums der Justiz nach Absatz 4 hiervon Abweichungen ermöglicht; sie haben in diesem Rahmen vollständig und richtig zu sein. Ist der Abschluss festgestellt oder gebilligt worden, so ist das Datum der Feststellung oder Billigung anzugeben. Wurde der Abschluss auf Grund gesetzlicher Vorschriften durch einen Abschlussprüfer geprüft, so ist jeweils der vollständige Wortlaut des Bestätigungsvermerks oder des Vermerks über dessen Versagung wiederzugeben; wird der Jahresabschluss wegen der Inanspruchnahme von Erleichterungen nur teilweise offengelegt und bezieht sich der Bestätigungsvermerk auf den vollständigen Jahresabschluss, so ist hierauf hinzuweisen.

2. Werden der Jahresabschluss oder der Konzernabschluss zur Wahrung der gesetzlich vorgeschriebenen Fristen über die Offenlegung vor der Prüfung oder Feststellung, sofern diese gesetzlich vorgeschrieben sind, oder nicht gleichzeitig mit beizufügenden Unterlagen offengelegt, so ist hierauf bei der Offenlegung hinzuweisen.

(2) Werden Abschlüsse in Veröffentlichungen und Vervielfältigungen, die nicht durch Gesetz, Gesellschaftsvertrag oder Satzung vorgeschrieben sind, nicht in der nach Absatz 1 vorgeschriebenen Form wiedergegeben, so ist jeweils in einer Überschrift darauf hinzuweisen, dass es sich nicht um eine der gesetzlichen Form entsprechende Veröffentlichung handelt. Ein Bestätigungsvermerk darf nicht beigefügt werden. Ist jedoch auf Grund gesetzlicher Vorschriften eine Prüfung durch einen Abschlussprüfer erfolgt, so ist anzugeben, zu welcher der in § 322 Abs. 2 Satz 1 genannten zusammenfassenden Beurteilungen des Prüfungsergebnisses der Abschlussprüfer in Bezug auf den in gesetzlicher Form erstellten Abschluss gelangt ist und ob der Bestätigungsvermerk einen Hinweis nach § 322 Abs. 3 Satz 2 enthält. Ferner ist anzugeben, ob die Unterlagen bei dem Betreiber des Bundesanzeigers eingereicht worden sind.

(3) Absatz 1 Nr. 1 ist auf den Lagebericht, den Konzernlagebericht, den Vorschlag für die Verwendung des Ergebnisses und den Beschluss über seine Verwendung sowie auf die Aufstellung des Anteilsbesitzes entsprechend anzuwenden. Werden die in Satz 1 bezeichneten Unterlagen nicht gleichzeitig mit dem Jahresabschluss oder dem Konzernabschluss offengelegt, so ist bei ihrer nachträglichen Offenlegung jeweils anzugeben, auf welchen Abschluss sie sich beziehen und wo dieser offengelegt worden ist; dies gilt auch für die nachträgliche Offenlegung des Bestätigungsvermerks oder des Vermerks über seine Versagung.

(4) Die Rechtsverordnung nach § 330 Abs. 1 Satz 1, 4 und 5 kann dem Betreiber des Bundesanzeigers Abweichungen von der Kontoform nach § 266 Abs. 1 Satz 1 gestatten.

§ 329 HGB Prüfungs- und Unterrichtungspflicht des Betreibers des Bundesanzeigers   RN 43y

(1) Der Betreiber des Bundesanzeigers prüft, ob die einzureichenden Unterlagen fristgemäß und vollzählig eingereicht worden sind. Der Betreiber des Unternehmensregisters stellt dem Betreiber des Bundesanzeigers die nach § 8b Abs. 3 Satz 2 von den Landesjustizverwaltungen übermittelten Daten zur Verfügung, soweit dies für die Erfüllung der Aufgaben nach Satz 1 erforderlich ist. Die Daten dürfen vom Betreiber des Bundesanzeigers nur für die in Satz 1 genannten Zwecke verwendet werden.

(2) Gibt die Prüfung Anlass zu der Annahme, dass von der Größe der Kapitalgesellschaft abhängige Erleichterungen oder die Erleichterung nach § 327a nicht hätten in Anspruch genommen werden dürfen, kann der Betreiber des Bundesanzeigers von der Kapitalgesellschaft innerhalb einer angemessenen Frist die Mitteilung der Umsatzerlöse (§ 277 Abs. 1) und der durchschnittlichen Zahl der Arbeitnehmer (§ 267 Abs. 5) oder Angaben zur Eigenschaft als Kapitalgesellschaft im Sinn des § 327a verlangen. Unterlässt die Kapitalgesellschaft die fristgemäße Mitteilung, gelten die Erleichterungen als zu Unrecht in Anspruch genommen.

(3) In den Fällen des § 325a Abs. 1 Satz 3 und des § 340l Abs. 2 Satz 4 kann im Einzelfall die Vorlage einer Übersetzung in die deutsche Sprache verlangt werden.

(4) Ergibt die Prüfung nach Absatz 1 Satz 1, dass die offenzulegenden Unterlagen nicht oder unvollständig eingereicht wurden, wird die jeweils für die Durchführung von Ordnungsgeldverfahren nach den §§ 335, 340o und 341o zuständige Verwaltungsbehörde unterrichtet.

Die Offenlegungspflicht, d.h., die Pflicht, Unterlagen offenzulegen, bezieht sich auf alle Kapitalgesellschaften, bestimmte Personenhandelsgesellschaften und den Konzernabschluss. Einzelunternehmen, oHG und KG sind nur zur Offenlegung verpflichtet, wenn sie dem Publizitätsgesetz unterliegen.

Der Umfang der Offenlegungspflichten ist ausweislich obiger §§ 325 ff. HGB größenabhängig.

Siehe auch:
www.publikations-service-plattform.de
www.ebundesanzeiger.de
www.unternehmensregister.de

I. Gesetzestexte BetrVG/Wirtschaftsausschuss mit Erläuterungen

RN 44

§ 5 BetrVG Arbeitnehmer

RN 44a

(1) Arbeitnehmer (Arbeitnehmerinnen und Arbeitnehmer) im Sinne dieses Gesetzes sind **Arbeiter und Angestellte einschließlich der zu ihrer Berufsausbildung Beschäftigten,** unabhängig davon, ob sie im Betrieb, im Außendienst oder mit Telearbeit beschäftigt werden. Als Arbeitnehmer gelten auch die in Heimarbeit Beschäftigten, die in der Hauptsache für den Betrieb arbeiten. Als Arbeitnehmer gelten ferner Beamte (Beamtinnen und Beamte), Soldaten (Soldatinnen und Soldaten) sowie Arbeitnehmer des öffentlichen Dienstes einschließlich der zu ihrer Berufsausbildung Beschäftigten, die in Betrieben privatrechtlich organisierter Unternehmen tätig sind.

(2) Als **Arbeitnehmer** im Sinne dieses Gesetzes **gelten nicht**

1. in Betrieben einer juristischen Person die Mitglieder des Organs, das zur gesetzlichen Vertretung der juristischen Person berufen ist *(Vorstandsmitglieder, Geschäftsführer);*

2. die Gesellschafter einer offenen Handelsgesellschaft oder die Mitglieder einer anderen Personengesamtheit, soweit sie durch Gesetz, Satzung oder Gesellschaftsvertrag zur Vertretung der Personengesamtheit oder zur Geschäftsführung berufen sind, in deren Betrieben *(die Eigentümer des Betriebes);*

3. Personen, deren Beschäftigung nicht in erster Linie ihrem Erwerb dient, sondern vorwiegend durch Beweggründe karitativer oder religiöser Art bestimmt ist *(Mönche und Ordensschwestern, wenn sie innerhalb ihrer Organisation tätig sind);*

4. Personen, deren Beschäftigung nicht in erster Linie ihrem Erwerb dient und die vorwiegend zu ihrer Heilung, Wiedereingewöhnung, sittlichen Besserung oder Erziehung beschäftigt werden *(Arbeit für Strafgefangene oder Arbeitstherapie für psychisch Kranke);*

5. der Ehegatte, der Lebenspartner, Verwandte und Verschwägerte ersten Grades, die in häuslicher Gemeinschaft mit dem Arbeitgeber leben *(nicht dazu gehören z.B. Enkel, Geschwister und Schwager).*

(3) Dieses Gesetz findet, soweit in ihm nicht ausdrücklich etwas anderes bestimmt ist, keine Anwendung auf leitende Angestellte. **Leitender Angestellter** ist, wer nach Arbeitsvertrag und Stellung im Unternehmen oder im Betrieb

1. zur selbstständigen Einstellung und Entlassung von im Betrieb oder in der Betriebsabteilung beschäftigten Arbeitnehmern berechtigt ist oder

2. Generalvollmacht oder Prokura hat und die Prokura auch im Verhältnis zum Arbeitgeber nicht unbedeutend ist oder

3. regelmäßig sonstige Aufgaben wahrnimmt, die für den Bestand und die Entwicklung des Unternehmens oder eines Betriebs von Bedeutung sind und de-

ren Erfüllung besondere Erfahrungen und Kenntnisse voraussetzt, wenn er dabei entweder die Entscheidungen im Wesentlichen frei von Weisungen trifft oder sie maßgeblich beeinflusst; dies kann auch bei Vorgaben insbesondere aufgrund von Rechtsvorschriften, Plänen oder Richtlinien sowie bei Zusammenarbeit mit anderen leitenden Angestellten gegeben sein.

Für die in Absatz 1 Satz 3 genannten Beamten und Soldaten gelten die Sätze 1 und 2 entsprechend.

(4) Leitender Angestellter nach Absatz 3 Nr. 3 ist im Zweifel, wer

1. aus Anlass der letzten Wahl des Betriebsrats, des Sprecherausschusses oder von Aufsichtsratsmitgliedern der Arbeitnehmer oder durch rechtskräftige gerichtliche Entscheidung den leitenden Angestellten zugeordnet worden ist oder

2. einer Leitungsebene angehört, auf der in dem Unternehmen überwiegend leitende Angestellte vertreten sind, oder

3. ein regelmäßiges Jahresarbeitsentgelt erhält, das für leitende Angestellte in dem Unternehmen üblich ist, oder,

4. falls auch bei der Anwendung der Nummer 3 noch Zweifel bleiben, ein regelmäßiges Jahresarbeitsentgelt erhält, das das Dreifache der Bezugsgröße nach § 18 des Vierten Buches Sozialgesetzbuch überschreitet.

RN 44b § 7 BetrVG Wahlberechtigung

Wahlberechtigt sind **alle Arbeitnehmer** des Betriebs, die das 18. Lebensjahr vollendet haben. Werden Arbeitnehmer eines anderen Arbeitgebers zur Arbeitsleistung überlassen, so sind diese wahlberechtigt, wenn sie länger als drei Monate im Betrieb eingesetzt werden.

Leiharbeitnehmer haben das aktive Wahlrecht, wenn ihre Beschäftigung für einen Zeitraum von mehr als drei Monate vorgesehen ist. Wer also erst eine Woche im Betrieb ist, aber vier Monate bleiben soll, darf wählen. Das gilt auch für die Konzernleihe (1 Abs. 3 Nr. 2 AÜG). Der Arbeitnehmer hat im Entleiherbetrieb das aktive Wahlrecht. Im Verleiherbetrieb bleibt ihm das aktive und passive Wahlrecht erhalten.

Werkarbeiter sind nicht wahlberechtigt.

Zum Thema Leiharbeiter in der GuV siehe RN 38.

RN 44c § 8 BetrVG Wählbarkeit

(1) Wählbar sind alle Wahlberechtigten, die sechs Monate dem Betrieb angehören oder als in Heimarbeit Beschäftigte in der Hauptsache für den Betrieb gearbeitet haben. Auf diese sechsmonatige Betriebszugehörigkeit werden Zeiten angerechnet, in denen der Arbeitnehmer unmittelbar vorher einem anderen Betrieb desselben Unternehmens oder Konzerns (§ 18 Abs. 1 des Aktiengesetzes) angehört hat. Nicht wählbar ist, wer infolge strafgerichtlicher Verurteilung die Fähigkeit, Rechte aus öffentlichen Wahlen zu erlangen, nicht besitzt.

Wählbarkeit (passives Wahlrecht) ist an drei Voraussetzungen gebunden:
- *Arbeitnehmereigenschaft (auch Nicht-Deutsche)*
- *Volljährigkeit*
- *sechsmonatige Betriebszugehörigkeit*

Leiharbeitnehmer, *die im Rahmen der gewerbsmäßigen Arbeitnehmerüberlassung verliehen werden, sind* **nicht wählbar** *(§ 14 Abs. 2 AÜG). Werkarbeiter erst recht nicht.*

(2) Besteht der Betrieb weniger als sechs Monate, so sind abweichend von der Vorschrift in Absatz 1 über die sechsmonatige Betriebszugehörigkeit diejenigen Arbeitnehmer wählbar, die bei der Einleitung der Betriebsratswahl im Betrieb beschäftigt sind und die übrigen Voraussetzungen für die Wählbarkeit erfüllen.

Wenn ein Betrieb im Zeitpunkt der ersten BR-Wahl noch keine sechs Monate besteht, kann es keine Kandidaten geben, die schon mindestens sechs Monate dabei sind. Folglich gilt in diesem Spezialfall die sechs Monatsfrist nicht.

§ 9 BetrVG Zahl der Betriebsratsmitglieder

RN 44d

Der Betriebsrat besteht in Betrieben mit in der Regel
- 5 bis 20 wahlberechtigten Arbeitnehmern aus einer Person,
- 21 bis 50 wahlberechtigten Arbeitnehmern aus 3 Mitgliedern,
- 51 wahlberechtigten Arbeitnehmern bis 100 Arbeitnehmern aus 5 Mitgliedern,
- 101 bis 200 Arbeitnehmern aus 7 Mitgliedern,
- 201 bis 400 Arbeitnehmern aus 9 Mitgliedern,
- 401 bis 700 Arbeitnehmern aus 11 Mitgliedern,
- 701 bis 1.000 Arbeitnehmern aus 13 Mitgliedern,
- 1.001 bis 1.500 Arbeitnehmern aus 15 Mitgliedern,
- 1.501 bis 2.000 Arbeitnehmern aus 17 Mitgliedern,
- 2.001 bis 2.500 Arbeitnehmern aus 19 Mitgliedern,
- 2.501 bis 3.000 Arbeitnehmern aus 21 Mitgliedern,
- 3.001 bis 3.500 Arbeitnehmern aus 23 Mitgliedern,
- 3.501 bis 4.000 Arbeitnehmern aus 25 Mitgliedern,
- 4.001 bis 4.500 Arbeitnehmern aus 27 Mitgliedern,
- 4.501 bis 5.000 Arbeitnehmern aus 29 Mitgliedern,
- 5.001 bis 6.000 Arbeitnehmern aus 31 Mitgliedern,
- 6.001 bis 7.000 Arbeitnehmern aus 33 Mitgliedern,
- 7.001 bis 9.000 Arbeitnehmern aus 35 Mitgliedern.

In Betrieben mit mehr als 9.000 Arbeitnehmern erhöht sich die Zahl der Mitglieder des Betriebsrats für je angefangene weitere 3.000 Arbeitnehmer um 2 Mitglieder.

*Diese Vorschrift stellt auf den ersten drei Stufen drauf ab, dass es sich um **wahlberechtigte** Arbeitnehmer handelt. Kritisch ist diese Zahlengrenze bei Betrieben mit rund 50 Arbeitnehmern. Handelt es sich z.b. um 52 Arbeitnehmer und sind davon vier Auszubildende und erst 17 Jahre alt, besteht der BR nur aus 3 Mitgliedern. Sind die Azubis jedoch schon 18 Jahre alt, werden 5 BR-Mitglieder gewählt.*

*Ab der vierten Stufe kommt es auf die (passive) Wahlberechtigung nicht mehr an. Maßgeblich ist nur noch die Arbeitnehmereigenschaft. Hier werden dann auch **Leiharbeitnehmer mitgezählt**.*

RN 44e § 11 BetrVG Ermäßigte Zahl der Betriebsratsmitglieder

Hat ein Betrieb nicht die ausreichende Zahl von wählbaren Arbeitnehmern, so ist die Zahl der Betriebsratsmitglieder der nächstniedrigeren Betriebsgröße zugrunde zu legen.

RN 44f § 21 BetrVG Amtszeit

Die regelmäßige Amtszeit des Betriebsrats beträgt **vier Jahre**. Die Amtszeit beginnt mit der Bekanntgabe des Wahlergebnisses oder, wenn zu diesem Zeitpunkt noch ein Betriebsrat besteht, mit Ablauf von dessen Amtszeit. Die Amtszeit endet spätestens am 31. Mai des Jahres, in dem nach § 13 Abs. 1 die regelmäßigen Betriebsratswahlen stattfinden. In dem Fall des § 13 Abs. 3 Satz 2 endet die Amtszeit spätestens am 31. Mai des Jahres, in der der Betriebsrat neu zu wählen ist. In den Fällen des § 13 Abs. 2 Nr. 1 und 2 endet die Amtszeit mit der Bekanntgabe des Wahlergebnisses des neu gewählten Betriebsrats.

Die regelmäßigen BR-Wahlen finden alle vier Jahre in der Zeit vom 1. März bis 31. Mai gem. § 13 BetrVG statt.

RN 44g § 26 BetrVG Vorsitzender

(1) Der Betriebsrat wählt aus seiner Mitte den Vorsitzenden und dessen Stellvertreter.

(2) Der Vorsitzende des Betriebsrats oder im Fall seiner Verhinderung sein Stellvertreter vertritt den Betriebsrat im Rahmen der von ihm gefassten Beschlüsse. Zur Entgegennahme von Erklärungen, die dem Betriebsrat gegenüber abzugeben sind, ist der Vorsitzende des Betriebsrats oder im Fall seiner Verhinderung sein Stellvertreter berechtigt.

Beispiele typischer Vertretungshandlungen durch BR-Vors.: Einladung und Leitung BR-Sitzungen gem. § 29 Abs. 2 BetrVG, unterschreiben des Sitzungsprotokolls gem. § 34 Abs. 1 BetrVG, Leitung der Betriebsversammlungen gem. § 42 Abs. 1 BetrVG.

§ 27 BetrVG Betriebsausschuss

RN 44h

(1) Hat ein Betriebsrat neun oder mehr Mitglieder, so bildet er einen Betriebsausschuss. Der Betriebsausschuss besteht aus dem Vorsitzenden des Betriebsrats, dessen Stellvertreter und bei Betriebsräten mit

— 9 bis 15 Mitgliedern aus 3 weiteren Ausschussmitgliedern,

— 17 bis 23 Mitgliedern aus 5 weiteren Ausschussmitgliedern,

— 25 bis 35 Mitgliedern aus 7 weiteren Ausschussmitgliedern,

— 37 oder mehr Mitgliedern aus 9 weiteren Ausschussmitgliedern.

Die weiteren Ausschussmitglieder werden vom Betriebsrat aus seiner Mitte in geheimer Wahl und nach den Grundsätzen der Verhältniswahl gewählt. Wird nur ein Wahlvorschlag gemacht, so erfolgt die Wahl nach den Grundsätzen der Mehrheitswahl. Sind die weiteren Ausschussmitglieder nach den Grundsätzen der Verhältniswahl gewählt, so erfolgt die Abberufung durch Beschluss des Betriebsrats, der in geheimer Abstimmung gefasst wird und einer Mehrheit von drei Vierteln der Stimmen der Mitglieder des Betriebsrats bedarf.

(2) **Der Betriebsausschuss führt die laufenden Geschäfte des Betriebsrats.** Der Betriebsrat kann dem Betriebsausschuss mit der Mehrheit der Stimmen seiner Mitglieder Aufgaben zur selbstständigen Erledigung übertragen; dies gilt nicht für den Abschluss von Betriebsvereinbarungen. Die Übertragung bedarf der Schriftform. Die Sätze 2 und 3 gelten entsprechend für den Widerruf der Übertragung von Aufgaben.

Bei kleinem BR erledigt der BR Vors. die laufenden Geschäfte, § 26 Abs. 2 BetrVG. Darunter fällt z.B. die Erledigung des Schriftverkehrs, die Information der BR-Mitglieder und die Organisation des BR-Büros. Vgl. § 36 BetrVG.

(3) Betriebsräte mit weniger als neun Mitgliedern können die laufenden Geschäfte auf den Vorsitzenden des Betriebsrats oder andere Betriebsratsmitglieder übertragen.

§ 33 BetrVG Beschlüsse des Betriebsrats

RN 44i

(1) Die Beschlüsse des Betriebsrats werden, soweit in diesem Gesetz nichts anderes bestimmt ist, mit der Mehrheit der Stimmen der anwesenden Mitglieder gefasst. Bei Stimmengleichheit ist ein Antrag abgelehnt.

Zur Wirksamkeit gefasster Beschlüsse gehört in jedem Fall eine ordnungsgemäße Einladung gem. § 29 BetrVG.

Beispiele, bei denen die Mehrheit der Stimmen der Mitglieder des BR erforderlich sind: §§ 13 Abs. 1 Nr. 3, 27 Abs. 2 Nr. 2, 28 Abs. 1 a.E., 36, 50 Abs. 2, 107 Abs. 1 Satz 1 BetrVG.

(2) Der Betriebsrat ist nur beschlussfähig, wenn mindestens die Hälfte der Betriebsratsmitglieder an der Beschlussfassung teilnimmt; Stellvertretung durch Ersatzmitglieder ist zulässig.

(3) Nimmt die Jugend- und Auszubildendenvertretung an der Beschlussfassung teil, so werden die Stimmen der Jugend- und Auszubildendenvertreter bei der Feststellung der Stimmenmehrheit mitgezählt.

Beispiel: Von 9 BR-Mitgliedern sind 7 anwesend. Von der JAV sind 3 anwesend. (Insgesamt 10 Stimmberechtigte). 4 BR-Mitglieder stimmen dagegen, 3 BR-Mitglieder plus die 3 JAV stimmen dafür. Angenommen! 6 : 4.

RN 44j § 34 BetrVG Sitzungsniederschrift

(1) Über jede Verhandlung (gemeint ist Sitzung) des Betriebsrats ist eine Niederschrift (z.B. wichtig für späteres Nachvollziehen des Sachverhalts oder bei Arbeitsgerichtsprozessen) aufzunehmen, die mindestens den Wortlaut der Beschlüsse und die Stimmenmehrheit, mit der sie gefasst sind, enthält. Die Niederschrift ist von dem Vorsitzenden und einem weiteren Mitglied zu unterzeichnen. Der Niederschrift ist eine Anwesenheitsliste beizufügen, in die sich jeder Teilnehmer eigenhändig einzutragen hat.

(2) Hat der Arbeitgeber oder ein Beauftragter einer Gewerkschaft an der Sitzung teilgenommen, so ist ihm der entsprechende Teil der Niederschrift abschriftlich auszuhändigen. Einwendungen gegen die Niederschrift sind unverzüglich schriftlich zu erheben; sie sind der Niederschrift beizufügen.

(3) Die Mitglieder des Betriebsrats haben das Recht, die Unterlagen des Betriebsrats und seiner Ausschüsse jederzeit einzusehen. *Deshalb ist es wichtig, über jede Sitzung ein Protokoll zu fertigen.*

RN 44k § 36 BetrVG Geschäftsordnung

Sonstige Bestimmungen über die Geschäftsführung sollen in einer schriftlichen Geschäftsordnung getroffen werden, die der Betriebsrat mit der Mehrheit der Stimmen seiner Mitglieder beschließt. *Die Mehrheit der anwesenden BR-Mitglieder reicht nicht aus.*

RN 44l § 40 BetrVG Kosten und Sachaufwand des Betriebsrats

(1) Die durch die Tätigkeit des Betriebsrats entstehenden Kosten trägt der Arbeitgeber.

Kosten der allgemeinen Geschäftsführung wie Raum-, Personal- und Telekommunikationskosten oder Kosten für Rechtsstreitigkeiten trägt der Arbeitgeber in jedem Fall. Siehe Abs. 2. Dazu ist keine Zustimmung des Arbeitgebers erforderlich. Vorsicht ist geboten bei der Einschaltung von Sachverständigen gem. § 80 Abs. 3 BetrVG. Wenn eigene Mitarbeiter über das erforderliche Fachwissen verfügen, sind sie beizuziehen. Sind externe Fachleute (Rechtsanwalt, Steuerberater) unverzichtbar, ist mit dem Arbeitgeber vorher eine Einigung zu erzielen.

(2) Für die Sitzungen, die Sprechstunden und die laufende Geschäftsführung hat der Arbeitgeber in erforderlichem Umfang Räume, sachliche Mittel, Informations- und Kommunikationstechnik sowie Büropersonal zur Verfügung zu stellen.

§ 47 BetrVG Gesamtbetriebsrat: Voraussetzungen der Errichtung, Mitgliederzahl, Stimmengewicht

RN 44m

(1) Bestehen in einem Unternehmen mehrere Betriebsräte, so ist ein Gesamtbetriebsrat zu errichten.

(2) In den Gesamtbetriebsrat entsendet jeder Betriebsrat mit bis zu drei Mitgliedern eines seiner Mitglieder; jeder Betriebsrat mit mehr als drei Mitgliedern entsendet zwei seiner Mitglieder. Die Geschlechter sollen angemessen berücksichtigt werden.

(3) Der Betriebsrat hat für jedes Mitglied des Gesamtbetriebsrats mindestens ein Ersatzmitglied zu bestellen und die Reihenfolge des Nachrückens festzulegen.

(4) Durch Tarifvertrag oder Betriebsvereinbarung kann die Mitgliederzahl des Gesamtbetriebsrats abweichend von Absatz 2 Satz 1 geregelt werden.

(5) Gehören nach Absatz 2 Satz 1 dem Gesamtbetriebsrat mehr als vierzig Mitglieder an und besteht keine tarifliche Regelung nach Absatz 4, so ist zwischen Gesamtbetriebsrat und Arbeitgeber eine Betriebsvereinbarung über die Mitgliederzahl des Gesamtbetriebsrats abzuschließen, in der bestimmt wird, dass Betriebsräte mehrerer Betriebe eines Unternehmens, die regional oder durch gleichartige Interessen miteinander verbunden sind, gemeinsam Mitglieder in den Gesamtbetriebsrat entsenden.

(6) Kommt im Fall des Absatzes 5 eine Einigung nicht zustande, so entscheidet eine für das Gesamtunternehmen zu bildende Einigungsstelle. Der Spruch der Einigungsstelle ersetzt die Einigung zwischen Arbeitgeber und Gesamtbetriebsrat.

(7) Jedes Mitglied des Gesamtbetriebsrats hat so viele Stimmen, wie in dem Betrieb, in dem es gewählt wurde, wahlberechtigte Arbeitnehmer in der Wählerliste eingetragen sind. Entsendet der Betriebsrat mehrere Mitglieder, so stehen ihnen die Stimmen nach Satz 1 anteilig zu.

(8) Ist ein Mitglied des Gesamtbetriebsrats für mehrere Betriebe entsandt worden, so hat es so viele Stimmen, wie in den Betrieben, für die es entsandt ist, wahlberechtigte Arbeitnehmer in den Wählerlisten eingetragen sind; sind mehrere Mitglieder entsandt worden, gilt Absatz 7 Satz 2 entsprechend.

(9) Für Mitglieder des Gesamtbetriebsrats, die aus einem gemeinsamen Betrieb mehrerer Unternehmen entsandt worden sind, können durch Tarifvertrag oder Betriebsvereinbarung von den Absätzen 7 und 8 abweichende Regelungen getroffen werden.

§ 50 BetrVG Zuständigkeit Gesamtbetriebsrat

RN 44n

(1) Der Gesamtbetriebsrat ist zuständig für die Behandlung von Angelegenheiten, die das Gesamtunternehmen oder mehrere Betriebe betreffen und nicht durch die einzelnen Betriebsräte innerhalb ihrer Betriebe geregelt werden können; seine Zuständigkeit erstreckt sich insoweit auch auf Betriebe ohne Betriebsrat. Er ist den einzelnen Betriebsräten nicht übergeordnet.

(2) Der Betriebsrat kann mit der Mehrheit der Stimmen seiner Mitglieder den Gesamtbetriebsrat beauftragen, eine Angelegenheit für ihn zu behandeln. Der Betriebs-

rat kann sich dabei die Entscheidungsbefugnis vorbehalten. § 27 Abs. 2 Satz 3 und 4 gilt entsprechend.

RN 44o § 54 BetrVG Errichtung des Konzernbetriebsrats

(1) Für einen Konzern (§ 18 Abs. 1 des Aktiengesetzes)[19] kann durch Beschlüsse der einzelnen Gesamtbetriebsräte ein Konzernbetriebsrat errichtet werden. Die Errichtung erfordert die Zustimmung der Gesamtbetriebsräte der Konzernunternehmen, in denen insgesamt mehr als 50 vom Hundert der Arbeitnehmer der Konzernunternehmen beschäftigt sind.

(2) Besteht in einem Konzernunternehmen nur ein Betriebsrat, so nimmt dieser die Aufgaben eines Gesamtbetriebsrats nach den Vorschriften dieses Abschnitts wahr.

RN 44p § 58 BetrVG Zuständigkeit Konzernbetriebsrat

(1) Der Konzernbetriebsrat ist zuständig für die Behandlung von Angelegenheiten, die den Konzern oder mehrere Konzernunternehmen betreffen und nicht durch die einzelnen Gesamtbetriebsräte innerhalb ihrer Unternehmen geregelt werden können; seine Zuständigkeit erstreckt sich insoweit auch auf Unternehmen, die einen Gesamtbetriebsrat nicht gebildet haben, sowie auf Betriebe der Konzernunternehmen ohne Betriebsrat. Er ist den einzelnen Gesamtbetriebsräten nicht übergeordnet.

(2) Der Gesamtbetriebsrat kann mit der Mehrheit der Stimmen seiner Mitglieder den Konzernbetriebsrat beauftragen, eine Angelegenheit für ihn zu behandeln. Der Gesamtbetriebsrat kann sich dabei die Entscheidungsbefugnis vorbehalten. § 27 Abs. 2 Satz 3 und 4 gilt entsprechend.

RN 44q § 76 BetrVG Einigungsstelle

(1) Zur Beilegung von Meinungsverschiedenheiten zwischen Arbeitgeber und Betriebsrat, Gesamtbetriebsrat oder Konzernbetriebsrat ist **bei Bedarf eine Einigungsstelle zu bilden**. Durch Betriebsvereinbarung kann eine ständige Einigungsstelle errichtet werden.

(2) Die Einigungsstelle besteht aus einer gleichen Anzahl von Beisitzern, die vom Arbeitgeber und Betriebsrat bestellt werden, und einem unparteiischen Vorsitzenden, auf dessen Person sich beide Seiten einigen müssen. Kommt eine Einigung über die Person des Vorsitzenden nicht zustande, so bestellt ihn das Arbeitsgericht. Dieses entscheidet auch, wenn kein Einverständnis über die Zahl der Beisitzer erzielt wird.

(3) Die Einigungsstelle hat unverzüglich tätig zu werden. Sie fasst ihre Beschlüsse nach mündlicher Beratung mit Stimmenmehrheit. Bei der Beschlussfassung hat sich der Vorsitzende zunächst der Stimme zu enthalten; kommt eine Stimmenmehrheit nicht zustande, so nimmt der Vorsitzende nach weiterer Beratung an der erneuten Beschlussfassung teil. Die Beschlüsse der Einigungsstelle sind schriftlich niederzulegen, vom Vorsitzenden zu unterschreiben und Arbeitgeber und Betriebsrat zuzuleiten.

---

[19] § 18 AktG kann unter RN 34j nachgelesen werden.

(4) Durch Betriebsvereinbarung können weitere Einzelheiten des Verfahrens vor der Einigungsstelle geregelt werden.

(5) In den Fällen, in denen der Spruch der Einigungsstelle die Einigung zwischen Arbeitgeber und Betriebsrat ersetzt, wird die Einigungsstelle auf Antrag einer Seite tätig. Benennt eine Seite keine Mitglieder oder bleiben die von einer Seite genannten Mitglieder trotz rechtzeitiger Einladung der Sitzung fern, so entscheiden der Vorsitzende und die erschienenen Mitglieder nach Maßgabe des Absatzes 3 allein.

Die Einigungsstelle fasst ihre Beschlüsse unter angemessener Berücksichtigung der Belange des Betriebs und der betroffenen Arbeitnehmer nach billigem Ermessen. Die Überschreitung der Grenzen des Ermessens kann durch den Arbeitgeber oder den Betriebsrat nur binnen einer Frist von zwei Wochen, vom Tage der Zuleitung des Beschlusses an gerechnet, beim Arbeitsgericht geltend gemacht werden.

(6) Im Übrigen wird die Einigungsstelle nur tätig, wenn beide Seiten es beantragen oder mit ihrem Tätigwerden einverstanden sind. In diesen Fällen ersetzt ihr Spruch die Einigung zwischen Arbeitgeber und Betriebsrat nur, wenn beide Seiten sich dem Spruch im Voraus unterworfen oder ihn nachträglich angenommen haben.

(7) Soweit nach anderen Vorschriften der Rechtsweg gegeben ist, wird er durch den Spruch der Einigungsstelle nicht ausgeschlossen.

(8) Durch Tarifvertrag kann bestimmt werden, dass an die Stelle der in Absatz 1 bezeichneten Einigungsstelle eine **tarifliche Schlichtungsstelle** tritt.

§ 76a BetrVG Kosten der Einigungsstelle

RN 44r

(1) Die Kosten der Einigungsstelle trägt der Arbeitgeber.

(2) Die Beisitzer der Einigungsstelle, die dem Betrieb angehören, erhalten für ihre Tätigkeit keine Vergütung; § 37 Abs. 2 und 3 gilt entsprechend. *Die Beisitzer werden unter Lohnfortzahlung von ihrer Arbeit befreit.* Ist die Einigungsstelle zur Beilegung von Meinungsverschiedenheiten zwischen Arbeitgeber und Gesamtbetriebsrat oder Konzernbetriebsrat zu bilden, so gilt Satz 1 für die einem Betrieb des Unternehmens oder eines Konzernunternehmens angehörenden Beisitzer entsprechend.

(3) Der Vorsitzende und die Beisitzer der Einigungsstelle, die nicht zu den in Absatz 2 genannten Personen zählen, haben gegenüber dem Arbeitgeber Anspruch auf Vergütung ihrer Tätigkeit. Die Höhe der Vergütung richtet sich nach den Grundsätzen des Absatzes 4 Satz 3 bis 5.

(4) Das Bundesministerium für Arbeit und Soziales kann durch Rechtsverordnung die Vergütung nach Absatz 3 regeln. In der Vergütungsordnung sind Höchstsätze festzusetzen. Dabei sind insbesondere der erforderliche Zeitaufwand, die Schwierigkeit der Streitigkeit sowie ein Verdienstausfall zu berücksichtigen. Die Vergütung der Beisitzer ist niedriger zu bemessen als die des Vorsitzenden. Bei der Festsetzung der Höchstsätze ist den berechtigten Interessen der Mitglieder der Einigungsstelle und des Arbeitgebers Rechnung zu tragen.

(5) Von Absatz 3 und einer Vergütungsordnung nach Absatz 4 kann durch Tarifvertrag oder in einer Betriebsvereinbarung, wenn ein Tarifvertrag dies zulässt oder eine tarifliche Regelung nicht besteht, abgewichen werden.

RN 44s § 77 BetrVG Durchführung gemeinsamer Beschlüsse, Betriebsvereinbarungen

(1) Vereinbarungen zwischen Betriebsrat und Arbeitgeber, auch soweit sie auf einem Spruch der Einigungsstelle beruhen, führt der Arbeitgeber durch, es sei denn, dass im Einzelfall etwas anderes vereinbart ist. Der Betriebsrat darf nicht durch einseitige Handlungen in die Leitung des Betriebs eingreifen.

(2) Betriebsvereinbarungen sind von Betriebsrat und Arbeitgeber gemeinsam zu beschließen und schriftlich niederzulegen. Sie sind von beiden Seiten zu unterzeichnen; dies gilt nicht, soweit Betriebsvereinbarungen auf einem Spruch der Einigungsstelle beruhen. Der Arbeitgeber hat die Betriebsvereinbarungen an geeigneter Stelle im Betrieb auszulegen.

(3) Arbeitsentgelte und sonstige Arbeitsbedingungen, die durch Tarifvertrag geregelt sind oder üblicherweise geregelt werden, können nicht Gegenstand einer Betriebsvereinbarung sein. Dies gilt nicht, wenn ein Tarifvertrag den Abschluss ergänzender Betriebsvereinbarungen ausdrücklich zulässt.

(4) Betriebsvereinbarungen gelten unmittelbar und zwingend. Werden Arbeitnehmern durch die Betriebsvereinbarung Rechte eingeräumt, so ist ein Verzicht auf sie nur mit Zustimmung des Betriebsrats zulässig. Die Verwirkung dieser Rechte ist ausgeschlossen. Ausschlussfristen für ihre Geltendmachung sind nur insoweit zulässig, als sie in einem Tarifvertrag oder einer Betriebsvereinbarung vereinbart werden; dasselbe gilt für die Abkürzung der Verjährungsfristen.

(5) Betriebsvereinbarungen können, soweit nichts anderes vereinbart ist, mit einer Frist von drei Monaten gekündigt werden.

(6) Nach Ablauf einer Betriebsvereinbarung gelten ihre Regelungen in Angelegenheiten, in denen ein Spruch der Einigungsstelle die Einigung zwischen Arbeitgeber und Betriebsrat ersetzen kann, weiter, bis sie durch eine andere Abmachung ersetzt werden.

RN 44t § 79 BetrVG Geheimhaltungspflicht

(1) Die Mitglieder und Ersatzmitglieder des Betriebsrats sind verpflichtet, Betriebs- oder Geschäftsgeheimnisse, die ihnen wegen ihrer Zugehörigkeit zum Betriebsrat bekannt geworden und vom Arbeitgeber ausdrücklich als geheimhaltungsbedürftig bezeichnet worden sind, nicht zu offenbaren und nicht zu verwerten. Dies gilt auch nach dem Ausscheiden aus dem Betriebsrat. **Die Verpflichtung gilt nicht gegenüber Mitgliedern des Betriebsrats.** Sie gilt ferner nicht gegenüber dem Gesamtbetriebsrat, dem Konzernbetriebsrat, der Bordvertretung, dem Seebetriebsrat und den Arbeitnehmervertretern im Aufsichtsrat sowie im Verfahren vor der Einigungsstelle, der tariflichen Schlichtungsstelle (§ 76 Abs. 8) oder einer betrieblichen Beschwerdestelle (§ 86).

(2) **Absatz 1 gilt sinngemäß für die Mitglieder** und Ersatzmitglieder des Gesamtbetriebsrats, des Konzernbetriebsrats, der Jugend- und Auszubildendenvertretung, der Gesamt-Jugend- und Auszubildendenvertretung, der Konzern-Jugend- und Auszubildendenvertretung, **des Wirtschaftsausschusses**, der Bordvertretung, des Seebetriebsrats, der gemäß § 3 Abs. 1 gebildeten Vertretungen der Arbeitnehmer, der Einigungsstelle, der tariflichen Schlichtungsstelle (§ 76 Abs. 8) und einer betrieblichen Beschwerdestelle (§ 86) sowie für die Vertreter von Gewerkschaften oder von Arbeitgebervereinigungen.

§ 106 BetrVG Wirtschaftsausschuss

RN 44u

(1) In allen Unternehmen mit in der Regel mehr als einhundert ständig beschäftigten Arbeitnehmern ist ein Wirtschaftsausschuss zu bilden. Der Wirtschaftsausschuss hat die Aufgabe, wirtschaftliche Angelegenheiten mit dem Unternehmer zu beraten und den Betriebsrat zu unterrichten.

Ein WA für das gesamte Unternehmen ist wichtig, wenn ein Unternehmen aus mehreren Betrieben besteht. Existiert ein Gesamt-BR bildet dieser den WA, §§ 47, 50 Abs. 1, 107 Abs. 2 Satz 2 BetrVG.

(2) Der Unternehmer hat den Wirtschaftsausschuss rechtzeitig und umfassend über die wirtschaftlichen Angelegenheiten des Unternehmens unter Vorlage *(Vorlage heißt nicht aushändigen, d.h., die WA-Mitglieder haben das Recht, die Unterlagen zu lesen und sich ggf. Notizen anzufertigen)* der erforderlichen Unterlagen zu unterrichten, soweit dadurch nicht die Betriebs- und Geschäftsgeheimnisse des Unternehmens gefährdet werden, sowie die sich daraus ergebenden Auswirkungen auf die Personalplanung darzustellen. Zu den erforderlichen Unterlagen gehört in den Fällen des Absatzes 3 Nr. 9a insbesondere die Angabe über den potenziellen Erwerber und dessen Absichten im Hinblick auf die künftige Geschäftstätigkeit des Unternehmens sowie die sich daraus ergebenden Auswirkungen auf die Arbeitnehmer, gleiches gilt, wenn im Vorfeld der Übernahme des Unternehmens ein Bieterverfahren durchgeführt wird.

(3) Zu den **wirtschaftlichen Angelegenheiten** im Sinne dieser Vorschrift gehören insbesondere

1. die wirtschaftliche und finanzielle Lage des Unternehmens;
2. die Produktions- und Absatzlage;
3. das Produktions- und Investitionsprogramm;
4. Rationalisierungsvorhaben;
5. Fabrikations- und Arbeitsmethoden, insbesondere die Einführung neuer Arbeitsmethoden;
   a) Fragen des betrieblichen Umweltschutzes;
6. die Einschränkung oder Stilllegung von Betrieben oder von Betriebsteilen;
7. die Verlegung von Betrieben oder Betriebsteilen;

8. der Zusammenschluss oder die Spaltung von Unternehmen oder Betrieben;

9. die Änderung der Betriebsorganisation oder des Betriebszwecks;
   a) die Übernahme des Unternehmens, wenn hiermit der Erwerb der Kontrolle verbunden ist, sowie

10. sonstige Vorgänge und Vorhaben, welche die Interessen der Arbeitnehmer des Unternehmens wesentlich berühren können.

RN 44v

§ 107 BetrVG Bestellung und Zusammensetzung des Wirtschaftsausschusses

(1) Der Wirtschaftsausschuss besteht aus mindestens drei und höchstens sieben Mitgliedern, die dem Unternehmen angehören müssen, darunter mindestens einem Betriebsratsmitglied. Zu Mitgliedern des Wirtschaftsausschusses können auch die in § 5 Abs. 3 genannten Angestellten bestimmt werden. Die Mitglieder sollen die zur Erfüllung ihrer Aufgaben erforderliche fachliche und persönliche Eignung besitzen. *WA-Mitglieder haben keine feste Amtszeit. Sie können jederzeit abberufen und durch andere ersetzt werden.*

(2) Die Mitglieder des Wirtschaftsausschusses werden vom Betriebsrat für die Dauer seiner Amtszeit bestimmt. *(Mit einfacher Stimmenmehrheit gewählt, § 33 Abs. 1 BetrVG).* Besteht ein Gesamtbetriebsrat, so bestimmt dieser die Mitglieder des Wirtschaftsausschusses; die Amtszeit der Mitglieder endet in diesem Fall zu dem Zeitpunkt, zu dem die Amtszeit der Mehrheit der Mitglieder des Gesamtbetriebsrats, die an der Bestimmung mitzuwirken berechtigt waren, abgelaufen ist. Die Mitglieder des Wirtschaftsausschusses können jederzeit abberufen werden; auf die Abberufung sind die Sätze 1 und 2 entsprechend anzuwenden.

(3) Der Betriebsrat kann mit der Mehrheit der Stimmen seiner Mitglieder beschließen, die Aufgaben des Wirtschaftsausschusses einem Ausschuss des Betriebsrats zu übertragen. Die Zahl der Mitglieder des Ausschusses darf die Zahl der Mitglieder des Betriebsausschusses nicht überschreiten. Der Betriebsrat kann jedoch weitere Arbeitnehmer einschließlich der in § 5 Abs. 3 genannten leitenden Angestellten bis zur selben Zahl, wie der Ausschuss Mitglieder hat, in den Ausschuss berufen; für die Beschlussfassung gilt Satz 1. Für die Verschwiegenheitspflicht der in Satz 3 bezeichneten weiteren Arbeitnehmer gilt § 79 entsprechend. Für die Abänderung und den Widerruf der Beschlüsse nach den Sätzen 1 bis 3 sind die gleichen Stimmenmehrheiten erforderlich wie für die Beschlüsse nach den Sätzen 1 bis 3. Ist in einem Unternehmen ein Gesamtbetriebsrat errichtet, so beschließt dieser über die anderweitige Wahrnehmung der Aufgaben des Wirtschaftsausschusses; die Sätze 1 bis 5 gelten entsprechend.

RN 44w

§ 108 BetrVG Sitzungen

(1) Der Wirtschaftsausschuss soll monatlich einmal zusammentreten. *Ein Zusammentreffen alle drei Monate macht Sinn, weil dann regelmäßig Quartalszahlen vorliegen. Zusätzlich können Sitzungen aus aktuellem Anlass stattfinden.*

(2) An den Sitzungen des Wirtschaftsausschusses hat der Unternehmer oder sein Vertreter teilzunehmen. Er kann sachkundige Arbeitnehmer des Unternehmens einschließlich der in § 5 Abs. 3 genannten Angestellten hinzuziehen. Für die Hinzuziehung und die Verschwiegenheitspflicht von Sachverständigen gilt § 80 Abs. 3 und 4 entsprechend.

(3) Die Mitglieder des Wirtschaftsausschusses sind berechtigt, in die nach § 106 Abs. 2 vorzulegenden Unterlagen Einsicht zu nehmen.

(4) Der Wirtschaftsausschuss hat über jede Sitzung dem Betriebsrat unverzüglich und vollständig zu berichten. *Vgl. § 106 Abs. 1, Satz 2 BetrVG.*

(5) Der Jahresabschluss ist dem Wirtschaftsausschuss unter Beteiligung des Betriebsrats zu erläutern, *wenn nicht ohnehin alle BR-Mitglieder im WA sind.*

(6) Hat der Betriebsrat oder der Gesamtbetriebsrat eine anderweitige Wahrnehmung der Aufgaben des Wirtschaftsausschusses beschlossen, so gelten die Absätze 1 bis 5 entsprechend.

§ 109 BetrVG Beilegung von Meinungsverschiedenheiten   RN 44x

Wird eine Auskunft über wirtschaftliche Angelegenheiten des Unternehmens im Sinn des § 106 entgegen dem Verlangen des Wirtschaftsausschusses nicht, nicht rechtzeitig oder nur ungenügend erteilt und kommt hierüber zwischen Unternehmer und Betriebsrat eine Einigung nicht zustande, so entscheidet die Einigungsstelle. Der Spruch der Einigungsstelle ersetzt die Einigung zwischen Arbeitgeber und Betriebsrat. Die Einigungsstelle kann, wenn dies für ihre Entscheidung erforderlich ist, Sachverständige anhören; § 80 Abs. 4 gilt entsprechend. Hat der Betriebsrat oder der Gesamtbetriebsrat eine anderweitige Wahrnehmung der Aufgaben des Wirtschaftsausschusses beschlossen, so gilt Satz 1 entsprechend.

§ 109a BetrVG Unternehmensübernahme   RN 44y

In Unternehmen, in denen kein Wirtschaftsausschuss besteht, ist im Fall des § 106 Abs. 3 Nr. 9a der Betriebsrat entsprechend § 106 Abs. 1 und 2 zu beteiligen; § 109 gilt entsprechend *bei Inhaber-Wechsel.*

§ 110 BetrVG Unterrichtung der Arbeitnehmer   RN 44z

(1) In Unternehmen mit in der Regel mehr als 1.000 ständig beschäftigten Arbeitnehmern hat der Unternehmer mindestens einmal in jedem Kalendervierteljahr nach vorheriger Abstimmung mit dem Wirtschaftsausschuss oder den in § 107 Abs. 3 genannten Stellen und dem Betriebsrat die Arbeitnehmer schriftlich über die wirtschaftliche Lage und Entwicklung des Unternehmens zu unterrichten.

(2) In Unternehmen, die die Voraussetzungen des Absatzes 1 nicht erfüllen, aber in der Regel mehr als zwanzig wahlberechtigte ständige Arbeitnehmer beschäftigen, gilt Absatz 1 mit der Maßgabe, dass die Unterrichtung der Arbeitnehmer mündlich erfolgen kann. Ist in diesen Unternehmen ein Wirtschaftsausschuss nicht zu errichten, so erfolgt die Unterrichtung nach vorheriger Abstimmung mit dem Betriebsrat.

J. Arbeitsmuster Wirtschaftsausschuss   RN 45

Inhalt:
1. Musterschreiben „Einrichtung eines Wirtschaftsausschusses"
2. Musterschreiben „Ausschuss für wirtschaftliche Fragen"
3. Muster Aufforderungsschreiben BR wegen Informationsverweigerung
4. Beispiele für wirtschaftliche Kennzahlen
5. Muster einer Geschäftsordnung Wirtschaftsausschuss
6. Überblick der Inhalte einer Geschäftsordnung des Wirtschaftsausschusses
7. Muster eines Einladungsschreibens des Wirtschaftsausschusses mit Tagesordnung
8. Beispiel eines Aufforderungsschreibens an die Unternehmensleitung

RN 45a **1. Musterschreiben „Einrichtung eines Wirtschaftsausschusses"**

Der Betriebsrat der Firma ... GmbH
– im Hause –

An die Geschäftsführung der Firma ... GmbH
Herrn Geschäftsführer ...
– im Hause –

Datum: ...

Einrichtung eines Wirtschaftsausschusses[20]

Sehr geehrte/r Herr/Frau ...,

der Betriebsrat hat in seiner Sitzung vom ... beschlossen,[21] *einen Wirtschaftsausschuss zu bilden. Dem Wirtschaftsausschuss gehören folgende Personen an:*

1. Frau ....
2. Herr ...
3.

Der Wirtschaftsausschuss trifft sich einmal im Quartal zu einer Sitzung und zwar regelmäßig an jedem 1. Mittwoch eines Quartals um 10.00 Uhr, Geb. A, Raum 250.

Wir bitten Sie, sich diesen Termin vorzumerken, und laden Sie schon hiermit zu den Sitzungen ein.[22] *Vor jeder Sitzung geht Ihnen rechtzeitig eine gesonderte Einladung mit den jeweils von unserer Seite aus anzusprechenden Punkten zu. Wenn Sie selber verhindert sein sollten, teilen Sie uns bitte formlos mit, wen Sie als Ihre sachkundige Vertretung entsenden werden.*

Wir behalten uns vor, aus aktuellem Anlass zusätzlich außerordentliche Wirtschaftsausschusssitzungen einzuberufen.

Wir bitten Sie, den oben genannten Termin der regelmäßigen Wirtschaftsausschusssitzungen an die für die Wirtschaftsausschussmitglieder zuständigen Vorgesetzten weiterzugeben und sicherzustellen, dass die benannten Wirtschaftsausschussmitglieder für diese Termine freigestellt werden.

Sollten gegen obigen Terminvorschlag wichtige betriebliche Gründe sprechen, teilen Sie uns dies bitte umgehend mit. Wir können dann ggf. einen anderen Termin vereinbaren.

Mit freundlichen Grüßen

Der BR-Vorsitzende

---

[20] § 106 Absatz 1 BetrVG
[21] §§ 26 Absatz 2, 33 Absatz 1 BetrVG
[22] § 108 Absatz 2 BetrVG

2. Musterschreiben „Ausschuss für wirtschaftliche Fragen" RN 45b

Der Betriebsrat der Firma ... GmbH
– im Hause –

An die Geschäftsführung der Firma ... GmbH
Herrn Geschäftsführer ..
– im Hause –

Datum: ...

Bildung eines Ausschusses für wirtschaftliche Fragen nach § 107 Absatz 3 BetrVG

Sehr geehrte/r Herr/Frau ...,

der Betriebsrat hat in seiner Sitzung vom ... beschlossen, einen eigenen Ausschuss für wirtschaftliche Fragen[23] zu bilden und diesem die Aufgaben des Wirtschaftsausschusses zu übertragen. Der Ausschuss besteht aus folgenden Betriebsratsmitgliedern: ...

Als weitere Mitglieder[24] *wurden benannt:* ...

Der Ausschuss trifft sich einmal im Quartal zu einer Sitzung und zwar regelmäßig an jedem 1. Mittwoch eines Quartals um 10.00 Uhr, Gebäude A, Raum 250.

Wir bitten Sie, sich diesen Termin vorzumerken, und laden Sie schon hiermit zu diesen Sitzungen ein. Eine gesonderte Einladung mit den jeweils von unserer Seite aus anzusprechenden Punkten geht Ihnen rechtzeitig vor jeder Sitzung zu. Wenn Sie selber verhindert sein sollten, teilen Sie uns bitte formlos mit, wen Sie als Ihre sachkundige Vertretung entsenden werden.[25]

Wir behalten uns vor, auch zusätzliche, außerordentliche Ausschusssitzungen einzuberufen, wenn das aus aktuellen Gründen unbedingt erforderlich erscheint.

Wir bitten Sie auch, den Termin der regelmäßigen Ausschusssitzungen an die für die Ausschussmitglieder zuständigen Vorgesetzten weiterzugeben und sicherzustellen, dass die benannten Ausschussmitglieder für diese Termine freigestellt werden.

Sollten gegen den Terminvorschlag grundsätzliche und wichtige betriebliche Gründe sprechen, teilen Sie uns dies bitte umgehend mit, damit wir uns gegebenenfalls über einen anderen Termin verständigen können.

Mit freundlichen Grüßen

Der BR-Vorsitzende

---

[23] Zur Bildung eines Betriebsausschusses (BA) vgl. § 27 BetrVG.
[24] Ein Ausschuss für wirtschaftliche Fragen darf genauso viele Mitglieder haben wie ein BA und zusätzlich genauso viele weitere Mitglieder, § 107 Absatz 3, Satz 3 BetrVG.
[25] An den Sitzungen des WA hat der Unternehmer oder sein Stellvertreter teilzunehmen, § 108 Absatz 2, Satz 1 BetrVG.

RN 45c **3. Muster Aufforderungsschreiben BR wegen Informationsverweigerung**

Der Betriebsrat der Firma ... GmbH
– im Hause –

An die Geschäftsführung der Firma ... GmbH
Herrn Geschäftsführer ...
– im Hause –

Datum: ...

Verweigerung von Informationen an den Wirtschaftsausschuss

Sehr geehrte/r Herr/Frau ...,

in der Sitzung des Wirtschaftsausschusses vom ... haben Sie sich geweigert, Informationen über ... zu geben, obwohl Sie dazu nach § 106 Absatz 2 BetrVG verpflichtet sind.

Wir fordern Sie deshalb auf, dem Wirtschaftsausschuss bis zum ... diese Informationen zu übermitteln.

Sollten Sie die Informationen weiterhin verweigern, zwingen Sie den Betriebsrat, nach § 109 BetrVG die Einigungsstelle zur Klärung dieser Frage anzurufen.

Mit freundlichem Gruß

Der BR-Vorsitzende

4. Beispiele für wirtschaftliche Kennzahlen

RN 45d

	BetrVG
1. Umsatz in Euro	§ 106 Abs. 3
2. Umsatz in Menge	§ 106 Abs. 3
3. Lagerbestand an Fertigprodukten	§ 106 Abs. 3
4. Auftragsbestand Auftragsprognose	§ 106 Abs. 3
5. Produktion/Umsatz pro Arbeitnehmer	§ 106 Abs. 2 und Abs. 3
6. Kapazitätsauslastung in %	§ 106 Absatz 3
7. Auslandsfertigung/Export in % der Gesamtproduktion	§ 106 Absatz 3
8. Personal	§ 106 Abs. 2 + Abs. 3, § 92 Abs. 1
9. Auszubildende	§ 96 Abs. 1, § 106 Abs. 3
10. Teilzeitbeschäftigte	§ 106 Abs. 2 + Abs. 3, § 92 Abs. 1
11. Geringfügig Beschäftigte	§ 106 Abs. 2 + Abs. 3, § 92 Abs. 1
12. Befristet Beschäftigte	§ 106 Abs. 2 + Abs. 3, § 92, § 99
13. Schwerbehinderte	§ 106 Abs. 2 + Abs. 3
14. Leiharbeitnehmer	§ 7, § 92, § 99, § 80
15. Arbeitnehmer mit Werkverträgen	§ 106 Abs. 3
16. Geleistete Arbeitsstunden	§ 106 Abs. 2, § 87 Abs. 1 Nr. 2
17. Geleistete Überstunden	§ 106 Abs. 2 + Abs. 3, § 87 Nr. 3, § 92
18. Zeitkonto: Plusstunden	§ 106 Abs. 2 + Abs. 3, § 87, § 92
19. Zeitkonto: Minusstunden	§ 106 Abs. 2 + Abs. 3, § 87, § 92
20. Krankenstand in %	§ 106 Abs. 3, § 92 Abs. 1
21. Fluktuation in %	§ 106 Abs. 3, § 108 Abs. 5
22. Durchschnittsbruttoeinkommen	§ 106 Abs. 3
23. Freiwillige soziale Leistungen	§ 106 Abs. 2 + Abs. 3, § 92 Abs. 1
24. Personalkostenanteil vom Umsatz	§ 106 Abs. 3, § 108 Abs. 5
25. Zugänge von Sachanlagen gesamt	§ 106 Abs. 3, § 108 Abs. 5
26. Zugänge Anlagen und Maschinen	§ 106 Abs. 3, § 108 Abs. 5
27. Zugänge Finanzanlagen	§ 106 Abs. 3, § 108 Abs. 5
28. Anlagevermögen in % der Bilanzsumme	§ 106 Abs. 3, § 108 Abs. 5
29. Fremdkapital in % der Bilanzsumme	§ 106 Abs. 3, § 108 Abs. 5
30. Ordentliches Betriebsergebnis	§ 106 Abs. 3, § 108 Abs. 5
31. Bilanzgewinn/Bilanzverlust	§ 106 Abs. 3, § 108 Abs. 5

RN 45e **5. Muster einer Geschäftsordnung Wirtschaftsausschuss**

Der Betriebsrat (Gesamtbetriebsrat) der Firma ... hat in seiner Sitzung vom ... folgende Geschäftsordnung für seinen Wirtschaftsausschuss (WA) beschlossen:

§ 1 Geltungsdauer

Diese Geschäftsordnung gilt für die Dauer der laufenden Amtsperiode. Sie kann jederzeit durch Beschluss des Betriebsrates (Gesamtbetriebsrates) mit absoluter Mehrheit der Stimmen der Betriebsratsmitglieder[26] (Gesamtbetriebsratsmitglieder) geändert werden. Zu Beginn einer neuen Amtsperiode wird die Geschäftsordnung neu diskutiert und beschlossen.

§ 2 Vorsitz und Schriftführung

Der WA wählt aus seiner Mitte einen Vorsitzenden und einen Stellvertreter. Es wird ferner ein Schriftführer gewählt. Siehe dazu unten § 6.

§ 3 Sitzungen des Wirtschaftsausschusses

1. Der WA tritt regelmäßig einmal im Kalendervierteljahr zusammen.

2. Der WA-Vorsitzende ist berechtigt, wenn dies notwendig erscheint, jederzeit zusätzliche, außerordentliche WA-Sitzungen anzusetzen. Er muss das tun, wenn

a) ein WA-Mitglied oder

b) der den WA bildende Betriebsrat (Gesamtbetriebsrat) das beantragt.

Eine außerordentliche WA-Sitzung muss spätestens innerhalb von 3 Tagen nach Antragstellung einberufen werden.

§ 4 Einladungen

1. Die Einladung zu den regelmäßigen WA-Sitzungen erfolgt unter Mitteilung der Tagesordnung schriftlich. Sie soll den einzuladenden Teilnehmern spätestens 7 Tage vor der Sitzung zugegangen sein.

2. Bei der Einladung zu einer außerordentlichen Sitzung ist eine kürzere Einladungsfrist möglich. Siehe oben § 3, letzter Satz.

3. Der Betriebsrat (Gesamtbetriebsrat) beschließt vor jeder ordentlichen bzw. außerordentlichen WA-Sitzung über die Teilnahme eines oder mehrerer Vertreter der zuständigen Gewerkschaft an der anstehenden WA-Sitzung.[27]

4. Der Unternehmer/sein Stellvertreter nimmt an den Abschnitten der WA-Sitzung teil, zu denen er eingeladen worden ist. Der WA tagt vor Sitzungen, an denen der Unternehmer teilnimmt, allein oder mit dem BR zur internen Vorbereitung.

---

[26] § 33 Absatz 1 BetrVG („Mehrheit der anwesenden Mitglieder des BR") gilt nicht. Das ergibt sich ausdrücklich aus § 36 BetrVG. Also darf nur die Mehrheit der Stimmen aller BR-Mitglieder eine GeschO beschließen.

[27] Auf Antrag von ¼ der Mitglieder des BR kann ein Beauftragter einer im BR vertretenen Gewerkschaft an den Sitzungen teilnehmen, § 31 BetrVG. Der BR (GBR) kann den WA auch ermächtigen, selbstständig über die Einladung eines Vertreters der zuständigen Gewerkschaft zu beschließen.

5. Der WA-Vorsitzende schlägt zu jeder Sitzung des WA eine Tagesordnung vor. Diese teilt er allen einzuladenden Personen schriftlich in einer Anlage zur Einladung mit.

§ 5 Wirtschaftsausschusssitzungen

1. Die Sitzungen des WA werden von dem Vorsitzenden, im Falle seiner Verhinderung von dessen Stellvertreter geleitet.

2. Der Vorsitzende erteilt in der Sitzung in der Reihenfolge der Wortmeldungen das Wort.

§ 6 Protokoll

1. Für den Kopf des WA-Protokolls wird ein Standardvordruck verwendet. Er ist vollständig auszufüllen und enthält eine Anwesenheitsliste.

2. Das Protokoll soll zu jedem Tagesordnungspunkt wenn möglich enthalten:
   - Lfd. Nr. und Thema,
   - Kurzbeschreibung des Themas
   - Zusammenfassung aller Informationen, Fakten und Meinungen, die in der Diskussion zur Sprache kommen (Ergebnisprotokoll).

3. Jedes WA-Mitglied, alle Mitglieder des entsendenden BR (GBR) und ggf. der Gewerkschaftsvertreter erhalten nach der Sitzung eine Kopie des Protokolls zu allen Tagesordnungspunkten

4. Der Unternehmer erhält eine Kopie des Protokolls zu den Tagesordnungspunkten, zu denen er anwesend war.

§ 7 Information an den Betriebsrat (Gesamtbetriebsrat)

Der WA hat den BR (GBR), über jede Sitzung innerhalb von 3 Arbeitstagen vollständig zu unterrichten. Schriftliche Unterlagen sind den einzelnen BR-Mitgliedern (GBR-Mitgliedern) auszuhändigen und zu erläutern. Über aktuelle, die Arbeitnehmer des Unternehmens unmittelbar betreffende Vorgänge ist dem BR (GBR) noch am Sitzungstag, spätestens jedoch am darauf folgenden Arbeitstag umfassend zu berichten.

§ 8 Erläuterung des Jahresabschlusses

Der BR (GBR) nimmt an den Sitzungen des WA teil, auf denen der Unternehmer den Jahresabschluss erläutert. Hierzu findet eine Vor- und Nachbereitung statt, zu der auch die evtl. vorhandenen Arbeiternehmervertreter im Aufsichtsrat herangezogen werden.

§ 9 Vierteljährlicher Bericht über die wirtschaftliche Lage und Entwicklung des Unternehmens

1. Der vierteljährliche Bericht des Unternehmens über die wirtschaftliche Lage und Entwicklung des Unternehmens ist vom Unternehmer in einer gemeinsamen Sitzung von WA und BR (GBR) abzustimmen. Wird mit dem Unternehmer keine Einigung erzielt, wird der BR (GBR) seine von dem Bericht des Unternehmers abweichende Auffassung den Arbeitnehmern gesondert darlegen.

2. Der WA nimmt an jeder Betriebs-, Teil- oder Abteilungsversammlung teil, in der der vierteljährliche Bericht über die wirtschaftliche Lage und Entwicklung des Unternehmens erstattet wird. Wer teilnimmt, entscheidet der WA.

§ 10 Inkrafttreten der Geschäftsordnung

Die Geschäftsordnung tritt am ... in Kraft.

Beschlossen durch den Betriebsrat (Gesamtbetriebsrat) am ...

Abstimmung: ja ... nein ... Enthaltungen: ...

Unterschriften aller Betriebsratsmitglieder/Gesamtbetriebsratsmitglieder:
...
...
...

6. Überblick der Inhalte einer Geschäftsordnung des Wirtschaftsausschusses

RN 45f

- Zahl der Mitglieder/Betriebsrat bzw. Gesamtbetriebsratszugehörigkeit
- Regelmäßige Sitzung (monatlich/vierteljährlich)
- Regelmäßige Vor- und Nachbereitungssitzung unter Einbeziehung von Betriebsrat/Gesamtbetriebsrat und Arbeitnehmervertreter im Aufsichtsrat
- Hinzuziehung von Gewerkschaftsvertretern
- Sitzungstätigkeit ist Arbeitszeit – sonstige Kostenübernahme durch Arbeitgeber
- Regelungen zur Beschlussfähigkeit
- Wahl eines Vorsitzenden und eines Stellvertreters des Wirtschaftsausschusses (fakultativ)
- Aufgaben des Vorsitzenden des Wirtschaftsausschusses bzw. seines Stellvertreters (Abstimmung der Termine der Sitzungen mit dem Arbeitgeber, Festlegung der Termine der Vor- und Nachbereitungssitzungen, Erstellung der Tagesordnung, rechtzeitige schriftliche Einladungen zu den Sitzungen, Leitung der Wirtschaftsausschusssitzung) (fakultativ)
- Das Verfahren zur Unterrichtung von Betriebsrat/Gesamtbetriebsrat
- Verfahren zur Abstimmung über den Vierteljahresbericht mit dem Unternehmer, § 110 BetrVG
- Protokollführung
- Hinzuziehung von Sachverständigen und Auskunftspersonen

Absolutes Minimum einer Geschäftsordnung:

- Wer (und wie) legt die Tagesordnung fest?
- Wann und wo finden die Sitzungen statt?
- Wer führt den Vorsitz?
- Protokollführung

RN 45g 7. **Muster eines Einladungsschreibens des Wirtschaftsausschusses mit Tagesordnung**

Vorsitzender des Wirtschaftsausschusses ...
Telefon-Nr. ...

An die Unternehmensleitung ...
An den Betriebsratsvorsitzenden ...
An die Mitglieder des Wirtschaftsausschusses ...
– im Hause –

Datum: ...

Einladung

Sehr geehrte Damen und Herren, liebe Kolleginnen und Kollegen,

hiermit lade ich zur nächsten Sitzung des Wirtschaftsausschusses am ... 2012, 10.00 Uhr, Gebäude A, Raum 250.

Tagesordnung:
1. Aktuelle wirtschaftliche und finanzielle Situation des Unternehmens
2. Abstimmung des Vierteljahresberichts gem. § 110 BetrVG
3. Außerordentliche Erträge aus Auflösung von Rückstellungen
4. Personalentwicklung und -planung
5. Verschiedenes

Der Einladung ist das Protokoll der letzten Wirtschaftsausschusssitzung beigefügt. Zudem liegt der Kennzahlenbogen bei.

Die Mitglieder des WA werden gebeten, sich eine Stunde vor dem Sitzungsbeginn zur Vorbereitungssitzung einzufinden und nach Abschluss der WA-Sitzung für voraussichtlich noch eine weitere Stunde zur Verfügung zu halten, damit die erteilten Informationen sofort ausgewertet werden können. Das geschieht auch im Hinblick auf noch bestehenden Fragebedarf und zur Vorbereitung der Informationen an den Betriebsrat.

Mit freundlichen Grüßen

Vorsitzender des Wirtschaftsausschusses

8. Beispiel eines Aufforderungsschreibens an die Unternehmensleitung   RN 45h

Der Betriebsrat der Firma ... GmbH
- im Hause -

An die Geschäftsführung der Firma ... GmbH
Herrn Geschäftsführer ...
– im Hause –

Datum: ...

Auskunftspflichten gegenüber dem Wirtschaftsausschuss

Sehr geehrte/r Herr/Frau ...,

ich wende mich im Auftrag des Betriebsrats an Sie.

Anlass dieses Schreibens ist die unzureichende Information des WA in der Sitzung vom .... Nach den mir vorliegenden Unterlagen hat der WA in den vergangenen Monaten mehrfach sowohl mündlich als auch schriftlich Auskünfte von der Geschäftsleitung erbeten, die jedoch nicht erteilt wurden.

Die GL wurde zuletzt in der Sitzung des WA am ... ausdrücklich aufgefordert, die Jahresbilanz für das Geschäftsjahr ... einschließlich des WP-Berichts vorzulegen. Auch ist dem WA trotz Aufforderung nicht der Investitionsplan für das laufende Geschäftsjahr zur Verfügung gestellt worden. Demnach sind nachgenannte (gesetzlich vorgeschriebene) Auskünfte noch offen:

– Vorlage und Erläuterung des Jahresabschlusses, auch im Entscheidungsentwurfsstadium vor Erteilung des endgültigen Wirtschaftsprüfertestats,
– Vorlage der Jahresbilanz und des Wirtschaftsprüferberichts unmittelbar nach dessen Erstellung,
– Vorlage der Steuerbilanz nach deren Erstellung
– Vorlage des Investitionsplans

In unserem Gespräch am ... haben Sie sich nicht bereit erklärt, den Informationspflichten nachzukommen und hierüber mit uns eine Regelungsabrede zu treffen. Namens des BR fordere ich Sie letztmalig außergerichtlich auf, die gewünschten Informationen spätestens bis zum ... zu erteilen.

Der BR beabsichtigt, die Einigungsstelle anzurufen, wenn bis zum vorgenannten Termin die gewünschten Informationen nicht erteilt worden sind.

Mit freundlichem Gruß

Betriebsratsvorsitzender

K. Der Aufsichtsrat einer GmbH

RN 46

Für eine GmbH besteht keine generelle gesetzliche Verpflichtung zur Installation eines Aufsichtsrats. Unter bestimmten Voraussetzungen ist jedoch ein Aufsichtsrat einzurichten. Ist z.b. eine Stadt Gesellschafterin einer GmbH, ist ein Aufsichtsrat zu wählen. Denn nur so kann die Kommune ihren Einfluss auf die Geschäftsführung der GmbH sicherstellen.

Es gibt daneben einige Spezialgesetze, die z.b. bei einer bestimmten Anzahl von Mitarbeitern die Einrichtung eines Aufsichtsrats vorschreiben. Dabei handelt es sich z.b. um das Mitbestimmungsgesetz und das Drittelbeteiligungsgesetz.

Soweit sich für eine GmbH die Verpflichtung ergibt, einen Aufsichtsrat einzurichten, gelten für den Aufsichtsrat die Regelungen des Aktiengesetzes über Aufsichtsräte entsprechend.

L. Der Aufsichtsrat bei Aktiengesellschaften RN 47

I. Zahl der Aufsichtsratsmitglieder RN 47a

Der Aufsichtsrat besteht aus drei Mitgliedern. Die Satzung kann eine bestimmte höhere Zahl festsetzen. Die Zahl muss durch drei teilbar sein. Die Höchstzahl der Aufsichtsratsmitglieder beträgt bei Gesellschaften mit einem Grundkapital

- bis zu 1.500.000 Euro neun,
- von mehr als 1.500.000 Euro fünfzehn,
- von mehr als 10.000.000 Euro einundzwanzig.

II. Zusammensetzung des Aufsichtsrats RN 47b

Der Aufsichtsrat setzt sich zusammen

- bei Gesellschaften, für die das Mitbestimmungsgesetz gilt, aus Aufsichtsratsmitgliedern der Aktionäre und der Arbeitnehmer,
- bei Gesellschaften, für die das Montan-Mitbestimmungsgesetz gilt, aus Aufsichtsratsmitgliedern der Aktionäre und der Arbeitnehmer und aus weiteren Mitgliedern,
- bei Gesellschaften, für die die §§ 5 bis 13 des Mitbestimmungsergänzungsgesetzes gelten, aus Aufsichtsratsmitgliedern der Aktionäre und der Arbeitnehmer und aus einem weiteren Mitglied,
- bei Gesellschaften, für die das Drittelbeteiligungsgesetz gilt, aus Aufsichtsratsmitgliedern der Aktionäre und der Arbeitnehmer,
- bei Gesellschaften, für die das Gesetz über die Mitbestimmung der Arbeitnehmer bei einer grenzüberschreitenden Verschmelzung gilt, aus Aufsichtsratsmitgliedern der Aktionäre und der Arbeitnehmer,
- bei den übrigen Gesellschaften nur aus Aufsichtsratsmitgliedern der Aktionäre.

III. Bekanntmachung über die Zusammensetzung des Aufsichtsrats RN 47c

Ist der Vorstand der Ansicht, dass der Aufsichtsrat nicht nach den für ihn maßgebenden gesetzlichen Vorschriften zusammengesetzt ist, so hat er dies unverzüglich in den Gesellschaftsblättern und gleichzeitig durch Aushang in sämtlichen Betrieben der Gesellschaft und ihrer Konzernunternehmen bekanntzumachen. In der Bekanntmachung sind die nach Ansicht des Vorstands maßgebenden gesetzlichen Vorschriften anzugeben. Es ist darauf hinzuweisen, dass der Aufsichtsrat nach diesen Vorschriften zusammengesetzt wird, wenn nicht innerhalb eines Monats nach der Bekanntmachung im Bundesanzeiger die Antragsberechtigten das zuständige Gericht anrufen.

Wird das zuständige Gericht nicht innerhalb eines Monats nach der Bekanntmachung im Bundesanzeiger angerufen, ist der neue Aufsichtsrat nach den in der Bekanntmachung des Vorstands angegebenen gesetzlichen Vorschriften zusammenzusetzen. Die Bestimmungen der Satzung über die Zusammensetzung des Aufsichtsrats, über die Zahl der Aufsichtsratsmitglieder sowie über die Wahl, Abberufung und Entsendung von Aufsichtsratsmitgliedern treten mit der Beendigung der ersten Hauptversammlung, die nach Ablauf der Anrufungsfrist einberufen wird, spätestens sechs Monate nach Ablauf dieser Frist insoweit außer Kraft, als sie den nunmehr anzuwendenden gesetzlichen Vorschriften widersprechen. Mit demselben Zeitpunkt erlischt das Amt der bisherigen Aufsichtsratsmitglieder. Eine Hauptversammlung, die innerhalb der Frist von sechs Monaten stattfindet, kann an Stelle der außer Kraft tretenden Satzungsbestimmungen mit einfacher Stimmenmehrheit neue Satzungsbestimmungen beschließen.

(3) Solange ein gerichtliches Verfahren anhängig ist, kann eine Bekanntmachung über die Zusammensetzung des Aufsichtsrats nicht erfolgen.

IV. Gerichtliche Entscheidung über die Zusammensetzung des Aufsichtsrats

RN 47d

Ist streitig oder ungewiss, nach welchen gesetzlichen Vorschriften der Aufsichtsrat zusammenzusetzen ist, so entscheidet darüber auf Antrag ausschließlich das Landgericht, in dessen Bezirk die Gesellschaft ihren Sitz hat.

Antragsberechtigt sind

1. der Vorstand,

2. **jedes Aufsichtsratsmitglied,**

3. jeder Aktionär,

4. der **Gesamtbetriebsrat** der Gesellschaft oder, wenn in der Gesellschaft nur ein **Betriebsrat** besteht, der Betriebsrat,

5. der Gesamt- oder Unternehmenssprecherausschuss der Gesellschaft oder, wenn in der Gesellschaft nur ein Sprecherausschuss besteht, der Sprecherausschuss,

6. der Gesamtbetriebsrat eines anderen Unternehmens, dessen Arbeitnehmer nach den gesetzlichen Vorschriften, deren Anwendung streitig oder ungewiss ist, selbst oder durch Delegierte an der Wahl von Aufsichtsratsmitgliedern der Gesellschaft teilnehmen, oder, wenn in dem anderen Unternehmen nur ein Betriebsrat besteht, der Betriebsrat,

7. der Gesamt- oder Unternehmenssprecherausschuss eines anderen Unternehmens, dessen Arbeitnehmer nach den gesetzlichen Vorschriften, deren Anwendung streitig oder ungewiss ist, selbst oder durch Delegierte an der Wahl von Aufsichtsratsmitgliedern der Gesellschaft teilnehmen, oder, wenn in dem anderen Unternehmen nur ein Sprecherausschuss besteht, der Sprecherausschuss,

8. mindestens ein Zehntel oder einhundert der Arbeitnehmer, die nach den gesetzlichen Vorschriften, deren Anwendung streitig oder ungewiss ist, selbst oder durch Delegierte an der Wahl von Aufsichtsratsmitgliedern der Gesellschaft teilnehmen,

9. **Spitzenorganisationen der Gewerkschaften**, die nach den gesetzlichen Vorschriften, deren Anwendung streitig oder ungewiss ist, ein Vorschlagsrecht hätten,

10. **Gewerkschaften**, die nach den gesetzlichen Vorschriften, deren Anwendung streitig oder ungewiss ist, ein Vorschlagsrecht hätten.

Ist die Anwendung des Mitbestimmungsgesetzes oder die Anwendung von Vorschriften des Mitbestimmungsgesetzes streitig oder ungewiss, so sind außer den nach Satz 1 Antragsberechtigten auch je ein Zehntel der wahlberechtigten in § 3 Abs. 1 Nr. 1 des Mitbestimmungsgesetzes bezeichneten Arbeitnehmer oder der wahlberechtigten leitenden Angestellten im Sinne des Mitbestimmungsgesetzes antragsberechtigt.

Vorgenanntes gilt sinngemäß, wenn streitig ist, ob der Abschlussprüfer das nach § 3 oder § 16 des Mitbestimmungsergänzungsgesetzes maßgebliche Umsatzverhältnis richtig ermittelt hat.

(4) Entspricht die Zusammensetzung des Aufsichtsrats nicht der gerichtlichen Entscheidung, so ist der neue Aufsichtsrat nach den in der Entscheidung angegebenen gesetzlichen Vorschriften zusammenzusetzen.

V. Verfahren bei Gericht

RN 47e

Auf das Verfahren ist das Gesetz über das Verfahren in Familiensachen und in den Angelegenheiten der freiwilligen Gerichtsbarkeit anzuwenden, soweit in den nachfolgenden Absätzen nichts anderes bestimmt ist.

Das Landgericht hat den Antrag in den Gesellschaftsblättern bekanntzumachen. Der Vorstand und jedes Aufsichtsratsmitglied sowie die antragsberechtigten Betriebsräte, Sprecherausschüsse, Spitzenorganisationen und Gewerkschaften sind zu hören.

(3) Das Landgericht entscheidet durch einen mit Gründen versehenen Beschluss. Gegen die Entscheidung des Landgerichts findet die Beschwerde statt. Sie kann nur auf eine Verletzung des Rechts gestützt werden; § 72 Abs. 1 Satz 2 und § 74 Abs. 2 und 3 des Gesetzes über das Verfahren in Familiensachen und in den Angelegenheiten der freiwilligen Gerichtsbarkeit sowie § 547 der Zivilprozessordnung gelten sinngemäß. Die Beschwerde kann **nur durch die Einreichung einer von einem Rechtsanwalt unterzeichneten Beschwerdeschrift** eingelegt werden. Die Landesregierung kann durch Rechtsverordnung die Entscheidung über die Beschwerde für die Bezirke mehrerer Oberlandesgerichte einem der Oberlandesgerichte oder dem Obersten Landesgericht übertragen, wenn dies der Sicherung einer einheitlichen Rechtsprechung dient. Die Landesregierung kann die Ermächtigung auf die Landesjustizverwaltung übertragen.

Das Gericht hat seine Entscheidung dem Antragsteller und der Gesellschaft zuzustellen. Es hat sie ferner ohne Gründe in den Gesellschaftsblättern bekanntzumachen. Die Beschwerdefrist beginnt mit der Bekanntmachung der Entscheidung im Bundesanzeiger, für den Antragsteller und die Gesellschaft jedoch nicht vor der Zustellung der Entscheidung.

Die Entscheidung wird erst mit der Rechtskraft wirksam. Sie wirkt für und gegen alle. Der Vorstand hat die rechtskräftige Entscheidung unverzüglich zum Handelsregister einzureichen.

Für die Kosten des Verfahrens gilt die Kostenordnung. Für das Verfahren des ersten Rechtszugs wird das Vierfache der vollen Gebühr erhoben. Für das Verfahren über ein Rechtsmittel wird die gleiche Gebühr erhoben; dies gilt auch dann, wenn das Rechtsmittel Erfolg hat. Wird der Antrag oder das Rechtsmittel zurückgenommen, bevor es zu einer Entscheidung kommt, so ermäßigt sich die Gebühr auf die Hälfte. Der Geschäftswert ist von Amts wegen festzusetzen. Er bestimmt sich nach § 30 Abs. 2 der Kostenordnung mit der Maßgabe, dass der Wert regelmäßig auf 50 000 Euro anzunehmen ist. Schuldner der Kosten ist die Gesellschaft. Die Kosten können jedoch ganz oder zum Teil dem Antragsteller auferlegt werden, wenn dies der Billigkeit entspricht. Kosten der Beteiligten werden nicht erstattet.

RN 47f
VI. Persönliche Voraussetzungen für Aufsichtsratsmitglieder

Mitglied des Aufsichtsrats kann **nur eine natürliche, unbeschränkt geschäftsfähige Person** sein. Ein Betreuer, der bei der Besorgung seiner Vermögensangelegenheiten ganz oder teilweise einem Einwilligungsvorbehalt (§ 1903 des Bürgerlichen Gesetzbuchs) unterliegt, kann nicht Mitglied des Aufsichtsrats sein.

Mitglied des **Aufsichtsrats kann nicht sein,** wer

1. bereits in zehn Handelsgesellschaften, die gesetzlich einen Aufsichtsrat zu bilden haben, Aufsichtsratsmitglied ist,

2. gesetzlicher Vertreter eines von der Gesellschaft abhängigen Unternehmens ist,

3. gesetzlicher Vertreter einer anderen Kapitalgesellschaft ist, deren Aufsichtsrat ein Vorstandsmitglied der Gesellschaft angehört, oder

4. in den letzten zwei Jahren Vorstandsmitglied derselben börsennotierten Gesellschaft war, es sei denn, seine Wahl erfolgt auf Vorschlag von Aktionären, die mehr als 25 Prozent der Stimmrechte an der Gesellschaft halten.

Auf die Höchstzahl nach Satz 1 Nr. 1 sind bis zu fünf Aufsichtsratssitze nicht anzurechnen, die ein gesetzlicher Vertreter (beim Einzelkaufmann der Inhaber) des herrschenden Unternehmens eines Konzerns in zum Konzern gehörenden Handelsgesellschaften, die gesetzlich einen Aufsichtsrat zu bilden haben, innehat.

Auf die Höchstzahl nach Satz 1 Nr. 1 sind Aufsichtsratsämter im Sinne der Nummer 1 doppelt anzurechnen, für die das Mitglied zum Vorsitzenden gewählt worden ist.

Die anderen persönlichen Voraussetzungen der Aufsichtsratsmitglieder der Arbeitnehmer sowie der weiteren Mitglieder bestimmen sich nach dem Mitbestimmungsgesetz, dem Montan-Mitbestimmungsgesetz, dem Mitbestimmungsergänzungsgesetz, dem Drittelbeteiligungsgesetz und dem Gesetz über die Mitbestimmung der Arbeitnehmer bei einer grenzüberschreitenden Verschmelzung.

Die Satzung kann persönliche Voraussetzungen nur für Aufsichtsratsmitglieder fordern, die von der Hauptversammlung ohne Bindung an Wahlvorschläge gewählt oder auf Grund der Satzung in den Aufsichtsrat entsandt werden.

Bei Gesellschaften im Sinn des § 264d des Handelsgesetzbuchs muss mindestens ein unabhängiges Mitglied des Aufsichtsrats über Sachverstand auf den Gebieten Rechnungslegung oder Abschlussprüfung verfügen.

VII. Bestellung der Aufsichtsratsmitglieder

RN 47g

Die Mitglieder des Aufsichtsrats werden von der Hauptversammlung gewählt, soweit sie nicht in den Aufsichtsrat zu entsenden oder als Aufsichtsratsmitglieder der Arbeitnehmer nach dem Mitbestimmungsgesetz, dem Mitbestimmungsergänzungsgesetz, dem Drittelbeteiligungsgesetz oder dem Gesetz über die Mitbestimmung der Arbeitnehmer bei einer grenzüberschreitenden Verschmelzung zu wählen sind. An Wahlvorschläge ist die Hauptversammlung nur gemäß §§ 6 und 8 des Montan-Mitbestimmungsgesetzes gebunden.

Ein Recht, Mitglieder in den Aufsichtsrat zu entsenden, kann nur durch die Satzung und nur für bestimmte Aktionäre oder für die jeweiligen Inhaber bestimmter Aktien begründet werden. Inhabern bestimmter Aktien kann das Entsendungsrecht nur eingeräumt werden, wenn die Aktien auf Namen lauten und ihre Übertragung an die Zustimmung der Gesellschaft gebunden ist. Die Aktien der Entsendungsberechtigten gelten nicht als eine besondere Gattung. Die Entsendungsrechte können insgesamt höchstens für ein Drittel der sich aus dem Gesetz oder der Satzung ergebenden Zahl der Aufsichtsratsmitglieder der Aktionäre eingeräumt werden.

Stellvertreter von Aufsichtsratsmitgliedern können nicht bestellt werden. Jedoch kann für jedes Aufsichtsratsmitglied mit Ausnahme des weiteren Mitglieds, das nach dem Montan-Mitbestimmungsgesetz oder dem Mitbestimmungsergänzungsgesetz auf Vorschlag der übrigen Aufsichtsratsmitglieder gewählt wird, ein Ersatzmitglied bestellt werden, das Mitglied des Aufsichtsrats wird, wenn das Aufsichtsratsmitglied vor Ablauf seiner Amtszeit wegfällt. Das Ersatzmitglied kann nur gleichzeitig mit dem Aufsichtsratsmitglied bestellt werden. Auf seine Bestellung sowie die Nichtigkeit und Anfechtung seiner Bestellung sind die für das Aufsichtsratsmitglied geltenden Vorschriften anzuwenden.

VIII. Amtszeit der Aufsichtsratsmitglieder

RN 47h

Aufsichtsratsmitglieder können nicht für längere Zeit als bis zur Beendigung der Hauptversammlung bestellt werden, die über die Entlastung für das vierte Geschäftsjahr nach dem Beginn der Amtszeit beschließt. Das Geschäftsjahr, in dem die Amtszeit beginnt, wird nicht mitgerechnet.

(2) Das Amt des Ersatzmitglieds erlischt spätestens mit Ablauf der Amtszeit des weggefallenen Aufsichtsratsmitglieds.

RN 47i **IX. Abberufung der Aufsichtsratsmitglieder**

Aufsichtsratsmitglieder, die von der Hauptversammlung ohne Bindung an einen Wahlvorschlag gewählt worden sind, können von ihr vor Ablauf der Amtszeit abberufen werden. Der Beschluss bedarf einer Mehrheit, die mindestens drei Viertel der abgegebenen Stimmen umfasst. Die Satzung kann eine andere Mehrheit und weitere Erfordernisse bestimmen.

Ein Aufsichtsratsmitglied, das auf Grund der Satzung in den Aufsichtsrat entsandt ist, kann von dem Entsendungsberechtigten jederzeit abberufen und durch ein anderes ersetzt werden. Sind die in der Satzung bestimmten Voraussetzungen des Entsendungsrechts weggefallen, so kann die Hauptversammlung das entsandte Mitglied mit einfacher Stimmenmehrheit abberufen.

Das Gericht hat auf Antrag des Aufsichtsrats ein Aufsichtsratsmitglied abzuberufen, wenn in dessen Person ein wichtiger Grund vorliegt. Der Aufsichtsrat beschließt über die Antragstellung mit einfacher Mehrheit. Ist das Aufsichtsratsmitglied auf Grund der Satzung in den Aufsichtsrat entsandt worden, so können auch Aktionäre, deren Anteile zusammen den zehnten Teil des Grundkapitals oder den anteiligen Betrag von einer Million Euro erreichen, den Antrag stellen. Gegen die Entscheidung ist die Beschwerde zulässig.

Für die Abberufung der Aufsichtsratsmitglieder, die weder von der Hauptversammlung ohne Bindung an einen Wahlvorschlag gewählt worden sind noch auf Grund der Satzung in den Aufsichtsrat entsandt sind, gelten außer Absatz 3 das Mitbestimmungsgesetz, das Montan-Mitbestimmungsgesetz, das Mitbestimmungsergänzungsgesetz, das Drittelbeteiligungsgesetz, das SE-Beteiligungsgesetz und das Gesetz über die Mitbestimmung der Arbeitnehmer bei einer grenzüberschreitenden Verschmelzung.

Für die Abberufung eines Ersatzmitglieds gelten die Vorschriften über die Abberufung des Aufsichtsratsmitglieds, für das es bestellt ist.

RN 47j **X. Bestellung durch das Gericht**

Gehört dem Aufsichtsrat die zur Beschlussfähigkeit nötige Zahl von Mitgliedern nicht an, so hat ihn das Gericht auf Antrag des Vorstands, eines Aufsichtsratsmitglieds oder eines Aktionärs auf diese Zahl zu ergänzen. Der Vorstand ist verpflichtet, den Antrag unverzüglich zu stellen, es sei denn, dass die rechtzeitige Ergänzung vor der nächsten Aufsichtsratssitzung zu erwarten ist. Hat der Aufsichtsrat auch aus Aufsichtsratsmitgliedern der Arbeitnehmer zu bestehen, so können auch den Antrag stellen

1. der Gesamtbetriebsrat der Gesellschaft oder, wenn in der Gesellschaft nur ein Betriebsrat besteht, der Betriebsrat, sowie, wenn die Gesellschaft herrschendes Unternehmen eines Konzerns ist, der Konzernbetriebsrat,

2. der Gesamt- oder Unternehmenssprecherausschuss der Gesellschaft oder, wenn in der Gesellschaft nur ein Sprecherausschuss besteht, der Sprecheraus-

schuss sowie, wenn die Gesellschaft herrschendes Unternehmen eines Konzerns ist, der Konzernsprecherausschuss,

3. der Gesamtbetriebsrat eines anderen Unternehmens, dessen Arbeitnehmer selbst oder durch Delegierte an der Wahl teilnehmen, oder, wenn in dem anderen Unternehmen nur ein Betriebsrat besteht, der Betriebsrat,

4. der Gesamt- oder Unternehmenssprecherausschuss eines anderen Unternehmens, dessen Arbeitnehmer selbst oder durch Delegierte an der Wahl teilnehmen, oder, wenn in dem anderen Unternehmen nur ein Sprecherausschuss besteht, der Sprecherausschuss,

5. mindestens ein Zehntel oder einhundert der Arbeitnehmer, die selbst oder durch Delegierte an der Wahl teilnehmen,

6. Spitzenorganisationen der Gewerkschaften, die das Recht haben, Aufsichtsratsmitglieder der Arbeitnehmer vorzuschlagen,

7. Gewerkschaften, die das Recht haben, Aufsichtsratsmitglieder der Arbeitnehmer vorzuschlagen.

Hat der Aufsichtsrat nach dem Mitbestimmungsgesetz auch aus Aufsichtsratsmitgliedern der Arbeitnehmer zu bestehen, so sind außer den nach Satz 3 Antragsberechtigten auch je ein Zehntel der wahlberechtigten in § 3 Abs. 1 Nr. 1 des Mitbestimmungsgesetzes bezeichneten Arbeitnehmer oder der wahlberechtigten leitenden Angestellten im Sinne des Mitbestimmungsgesetzes antragsberechtigt. Gegen die Entscheidung ist die Beschwerde zulässig.

Gehören dem Aufsichtsrat länger als drei Monate weniger Mitglieder als die durch Gesetz oder Satzung festgesetzte Zahl an, so hat ihn das Gericht auf Antrag auf diese Zahl zu ergänzen. In dringenden Fällen hat das Gericht auf Antrag den Aufsichtsrat auch vor Ablauf der Frist zu ergänzen. Das Antragsrecht bestimmt sich nach Absatz 1. Gegen die Entscheidung ist die Beschwerde zulässig.

Absatz 2 ist auf einen Aufsichtsrat, in dem die Arbeitnehmer ein Mitbestimmungsrecht nach dem Mitbestimmungsgesetz, dem Montan-Mitbestimmungsgesetz oder dem Mitbestimmungsergänzungsgesetz haben, mit der Maßgabe anzuwenden,

1. dass das Gericht den Aufsichtsrat hinsichtlich des weiteren Mitglieds, das nach dem Montan-Mitbestimmungsgesetz oder dem Mitbestimmungsergänzungsgesetz auf Vorschlag der übrigen Aufsichtsratsmitglieder gewählt wird, nicht ergänzen kann,

2. dass es stets ein dringender Fall ist, wenn dem Aufsichtsrat, abgesehen von dem in Nummer 1 genannten weiteren Mitglied, nicht alle Mitglieder angehören, aus denen er nach Gesetz oder Satzung zu bestehen hat.

Hat der Aufsichtsrat auch aus Aufsichtsratsmitgliedern der Arbeitnehmer zu bestehen, so hat das Gericht ihn so zu ergänzen, dass das für seine Zusammensetzung maßgebende zahlenmäßige Verhältnis hergestellt wird. Wenn der Aufsichtsrat zur Herstellung seiner Beschlussfähigkeit ergänzt wird, gilt dies nur, soweit die zur Beschlussfähigkeit nötige Zahl der Aufsichtsratsmitglieder die Wahrung dieses Verhältnisses möglich macht. Ist ein Aufsichtsratsmitglied zu ersetzen, das nach Gesetz oder Satzung in persönlicher Hinsicht besonderen Voraussetzungen entsprechen muss, so muss auch das vom Gericht bestellte Aufsichtsratsmitglied diesen Voraussetzungen entsprechen. Ist ein Aufsichtsratsmitglied zu ersetzen, bei dessen Wahl eine Spitzenorganisation der Gewerkschaften, eine Gewerkschaft oder die Betriebsräte ein Vorschlagsrecht hätten, so soll das Gericht Vorschläge dieser Stellen berücksichtigen, soweit nicht überwiegende Belange der Gesellschaft oder der Allgemeinheit der Bestellung des Vorgeschlagenen entgegenstehen; das gleiche gilt, wenn das Aufsichtsratsmitglied durch Delegierte zu wählen wäre, für gemeinsame Vorschläge der Betriebsräte der Unternehmen, in denen Delegierte zu wählen sind.

Das Amt des gerichtlich bestellten Aufsichtsratsmitglieds erlischt in jedem Fall, sobald der Mangel behoben ist.

Das gerichtlich bestellte Aufsichtsratsmitglied hat Anspruch auf Ersatz angemessener barer Auslagen und, wenn den Aufsichtsratsmitgliedern der Gesellschaft eine Vergütung gewährt wird, auf Vergütung für seine Tätigkeit. Auf Antrag des Aufsichtsratsmitglieds setzt das Gericht die Auslagen und die Vergütung fest. Gegen die Entscheidung ist die Beschwerde zulässig; die Rechtsbeschwerde ist ausgeschlossen. Aus der rechtskräftigen Entscheidung findet die Zwangsvollstreckung nach der Zivilprozessordnung statt.

RN 47k
XI. Unvereinbarkeit der Zugehörigkeit zum Vorstand und zum Aufsichtsrat

Ein Aufsichtsratsmitglied kann **nicht zugleich Vorstandsmitglied**, dauernd Stellvertreter von Vorstandsmitgliedern, Prokurist oder zum gesamten Geschäftsbetrieb ermächtigter Handlungsbevollmächtigter der Gesellschaft sein.

Nur für einen im Voraus begrenzten Zeitraum, höchstens für ein Jahr, kann der Aufsichtsrat einzelne seiner Mitglieder zu Stellvertretern von fehlenden oder verhinderten Vorstandsmitgliedern bestellen. Eine wiederholte Bestellung oder Verlängerung der Amtszeit ist zulässig, wenn dadurch die Amtszeit insgesamt ein Jahr nicht übersteigt. Während ihrer Amtszeit als Stellvertreter von Vorstandsmitgliedern können die Aufsichtsratsmitglieder keine Tätigkeit als Aufsichtsratsmitglied ausüben. Das Wettbewerbsverbot des § 88 gilt für sie nicht.

RN 47l
XII. Bekanntmachung der Änderungen im Aufsichtsrat

Der Vorstand hat bei jeder Änderung in den Personen der Aufsichtsratsmitglieder unverzüglich eine Liste der Mitglieder des Aufsichtsrats, aus welcher Name, Vorname, ausgeübter Beruf und Wohnort der Mitglieder ersichtlich ist, zum Handelsregister einzureichen; das Gericht hat nach § 10 des Handelsgesetzbuchs einen Hinweis darauf bekannt zu machen, dass die Liste zum Handelsregister eingereicht worden ist.

XIII. Innere Ordnung des Aufsichtsrats

RN 47m

Der Aufsichtsrat hat nach näherer Bestimmung der Satzung aus seiner Mitte einen Vorsitzenden und mindestens einen Stellvertreter zu wählen. Der Vorstand hat zum Handelsregister anzumelden, wer gewählt ist. Der Stellvertreter hat nur dann die Rechte und Pflichten des Vorsitzenden, wenn dieser verhindert ist.

Über die Sitzungen des Aufsichtsrats ist eine Niederschrift anzufertigen, die der Vorsitzende zu unterzeichnen hat. In der Niederschrift sind der Ort und der Tag der Sitzung, die Teilnehmer, die Gegenstände der Tagesordnung, der wesentliche Inhalt der Verhandlungen und die Beschlüsse des Aufsichtsrats anzugeben. Ein Verstoß gegen Satz 1 oder Satz 2 macht einen Beschluss nicht unwirksam. Jedem Mitglied des Aufsichtsrats ist auf Verlangen eine Abschrift der Sitzungsniederschrift auszuhändigen.

Der Aufsichtsrat kann aus seiner Mitte einen oder mehrere Ausschüsse bestellen, namentlich, um seine Verhandlungen und Beschlüsse vorzubereiten oder die Ausführung seiner Beschlüsse zu überwachen. **Er kann insbesondere einen Prüfungsausschuss bestellen, der sich mit der Überwachung des Rechnungslegungsprozesses, der Wirksamkeit des internen Kontrollsystems, des Risikomanagementsystems und des internen Revisionssystems sowie der Abschlussprüfung, hier insbesondere der Unabhängigkeit des Abschlussprüfers und der vom Abschlussprüfer zusätzlich erbrachten Leistungen, befasst.**

Die Aufgaben nach Absatz 1 Satz 1 und gem. §§ 59 Abs. 3, 77 Abs. 2 Satz 1, 84 Abs. 1 Satz 1 und 3, Abs. 2 und Abs. 3 Satz 1, 87 Abs. 1 und Abs. 2 Satz 1 und 2, 111 Abs. 3, 171, 314 Abs. 2 und 3 AktG sowie Beschlüsse, dass bestimmte Arten von Geschäften nur mit Zustimmung des Aufsichtsrats vorgenommen werden dürfen, können einem Ausschuss nicht an Stelle des Aufsichtsrats zur Beschlussfassung überwiesen werden. Dem Aufsichtsrat ist regelmäßig über die Arbeit der Ausschüsse zu berichten.

XIV. Beschlussfassung des Aufsichtsrats

RN 47n

Der Aufsichtsrat entscheidet durch Beschluss.

Die Beschlussfähigkeit des Aufsichtsrats kann, soweit sie nicht gesetzlich geregelt ist, durch die Satzung bestimmt werden. Ist sie weder gesetzlich noch durch die Satzung geregelt, so ist der Aufsichtsrat nur beschlussfähig, wenn mindestens die Hälfte der Mitglieder, aus denen er nach Gesetz oder Satzung insgesamt zu bestehen hat, an der Beschlussfassung teilnimmt. In jedem Fall müssen mindestens drei Mitglieder an der Beschlussfassung teilnehmen. Der Beschlussfähigkeit steht nicht entgegen, dass dem Aufsichtsrat weniger Mitglieder als die durch Gesetz oder Satzung festgesetzte Zahl angehören, auch wenn das für seine Zusammensetzung maßgebende zahlenmäßige Verhältnis nicht gewahrt ist.

Abwesende Aufsichtsratsmitglieder können dadurch an der Beschlussfassung des Aufsichtsrats und seiner Ausschüsse teilnehmen, dass sie schriftliche Stimmabgaben überreichen lassen. Die schriftlichen Stimmabgaben können durch andere Aufsichtsratsmitglieder überreicht werden. Sie können auch durch Personen, die nicht dem Aufsichtsrat angehören, übergeben werden, wenn diese nach § 109 Abs. 3 AktG zur Teilnahme an der Sitzung berechtigt sind.

Schriftliche, fernmündliche oder andere vergleichbare Formen der Beschlussfassung des Aufsichtsrats und seiner Ausschüsse sind vorbehaltlich einer näheren Regelung durch die Satzung oder eine Geschäftsordnung des Aufsichtsrats nur zulässig, wenn kein Mitglied diesem Verfahren widerspricht.

RN 47o XV. Teilnahme an Sitzungen des Aufsichtsrats und seiner Ausschüsse

An den Sitzungen des Aufsichtsrats und seiner Ausschüsse sollen Personen, die weder dem Aufsichtsrat noch dem Vorstand angehören, nicht teilnehmen. Sachverständige und Auskunftspersonen können zur Beratung über einzelne Gegenstände zugezogen werden.

Aufsichtsratsmitglieder, die dem Ausschuss nicht angehören, können an den Ausschusssitzungen teilnehmen, wenn der Vorsitzende des Aufsichtsrats nichts anderes bestimmt.

Die Satzung kann zulassen, dass an den Sitzungen des Aufsichtsrats und seiner Ausschüsse Personen, die dem Aufsichtsrat nicht angehören, an Stelle von verhinderten Aufsichtsratsmitgliedern teilnehmen können, wenn diese sie hierzu in Textform ermächtigt haben.

Abweichende gesetzliche Vorschriften bleiben unberührt.

RN 47p XVI. Einberufung des Aufsichtsrats

Jedes Aufsichtsratsmitglied oder der Vorstand kann unter Angabe des Zwecks und der Gründe verlangen, dass der Vorsitzende des Aufsichtsrats unverzüglich den Aufsichtsrat einberuft. Die Sitzung muss binnen zwei Wochen nach der Einberufung stattfinden.

Wird dem Verlangen nicht entsprochen, so kann das Aufsichtsratsmitglied oder der Vorstand unter Mitteilung des Sachverhalts und der Angabe einer Tagesordnung selbst den Aufsichtsrat einberufen.

Der Aufsichtsrat muss zwei Sitzungen im Kalenderhalbjahr abhalten. In nichtbörsennotierten Gesellschaften kann der Aufsichtsrat beschließen, dass eine Sitzung im Kalenderhalbjahr abzuhalten ist.

RN 47q XVII. Aufgaben und Rechte des Aufsichtsrats

Der Aufsichtsrat hat die Geschäftsführung zu überwachen.

Der Aufsichtsrat kann die Bücher und Schriften der Gesellschaft sowie die Vermögensgegenstände, namentlich die Gesellschaftskasse und die Bestände an Wertpapieren und Waren, einsehen und prüfen. Er kann damit auch einzelne Mitglieder oder für bestimmte Aufgaben besondere Sachverständige beauftragen. Er erteilt dem Abschlussprüfer den Prüfungsauftrag für den Jahres- und den Konzernabschluss gemäß § 290 des Handelsgesetzbuchs.

Der Aufsichtsrat hat eine Hauptversammlung einzuberufen, wenn das Wohl der Gesellschaft es fordert. Für den Beschluss genügt die einfache Mehrheit.

Maßnahmen der Geschäftsführung können dem Aufsichtsrat nicht übertragen werden. Die Satzung oder der Aufsichtsrat hat jedoch zu bestimmen, dass bestimmte Arten von Geschäften nur mit seiner Zustimmung vorgenommen werden dürfen. Verweigert der Aufsichtsrat seine Zustimmung, so kann der Vorstand verlangen, dass die Hauptversammlung über die Zustimmung beschließt. Der Beschluss, durch den die Hauptversammlung zustimmt, bedarf einer Mehrheit, die mindestens drei Viertel der abgegebenen Stimmen umfasst. Die Satzung kann weder eine andere Mehrheit noch weitere Erfordernisse bestimmen.

Die Aufsichtsratsmitglieder können ihre Aufgaben nicht durch andere wahrnehmen lassen.

XVIII. Vertretung der Gesellschaft gegenüber Vorstandsmitgliedern RN 47r

Vorstandsmitgliedern gegenüber vertritt der Aufsichtsrat die Gesellschaft gerichtlich und außergerichtlich.

XIX. Vergütung der Aufsichtsratsmitglieder RN 47s

Den Aufsichtsratsmitgliedern kann für ihre Tätigkeit eine Vergütung gewährt werden. Sie kann in der Satzung festgesetzt oder von der Hauptversammlung bewilligt werden. Sie soll in einem angemessenen Verhältnis zu den Aufgaben der Aufsichtsratsmitglieder und zur Lage der Gesellschaft stehen. Ist die Vergütung in der Satzung festgesetzt, so kann die Hauptversammlung eine Satzungsänderung, durch welche die Vergütung herabgesetzt wird, mit einfacher Stimmenmehrheit beschließen.

Den Mitgliedern des ersten Aufsichtsrats kann nur die Hauptversammlung eine Vergütung für ihre Tätigkeit bewilligen. Der Beschluss kann erst in der Hauptversammlung gefasst werden, die über die Entlastung der Mitglieder des ersten Aufsichtsrats beschließt.

Wird den Aufsichtsratsmitgliedern ein Anteil am Jahresgewinn der Gesellschaft gewährt, so berechnet sich der Anteil nach dem Bilanzgewinn, vermindert um einen Betrag von mindestens vier vom Hundert der auf den geringsten Ausgabebetrag der Aktien geleisteten Einlagen. Entgegenstehende Festsetzungen sind nichtig.

XX. Verträge mit Aufsichtsratsmitgliedern RN 47t

Verpflichtet sich ein Aufsichtsratsmitglied außerhalb seiner Tätigkeit im Aufsichtsrat durch einen Dienstvertrag, durch den ein Arbeitsverhältnis nicht begründet wird, oder durch einen Werkvertrag gegenüber der Gesellschaft zu einer **Tätigkeit höherer Art**, so hängt die Wirksamkeit des Vertrags von der Zustimmung des Aufsichtsrats ab. Gewährt die Gesellschaft auf Grund eines solchen Vertrags dem Aufsichtsratsmitglied eine Vergütung, ohne dass der Aufsichtsrat dem Vertrag zugestimmt hat, so hat das Aufsichtsratsmitglied die Vergütung zurückzugewähren, es sei denn, dass der Aufsichtsrat den Vertrag genehmigt. Ein Anspruch des Aufsichtsratsmitglieds gegen die Gesellschaft auf Herausgabe der durch die geleistete Tätigkeit erlangten Bereicherung bleibt unberührt; der Anspruch kann jedoch nicht gegen den Rückgewähranspruch aufgerechnet werden.

XXI. Kreditgewährung an Aufsichtsratsmitglieder

Die Gesellschaft darf ihren Aufsichtsratsmitgliedern Kredit nur mit Einwilligung des Aufsichtsrats gewähren. Eine herrschende Gesellschaft darf Kredite an Aufsichtsratsmitglieder eines abhängigen Unternehmens nur mit Einwilligung ihres Aufsichtsrats, eine abhängige Gesellschaft darf Kredite an Aufsichtsratsmitglieder des herrschenden Unternehmens nur mit Einwilligung des Aufsichtsrats des herrschenden Unternehmens gewähren. Die Einwilligung kann **nur für bestimmte Kreditgeschäfte oder Arten von Kreditgeschäften und nicht für länger als drei Monate im Voraus** erteilt werden. Der Beschluss über die Einwilligung hat die Verzinsung und Rückzahlung des Kredits zu regeln. Betreibt das Aufsichtsratsmitglied ein Handelsgewerbe als Einzelkaufmann, so ist die Einwilligung nicht erforderlich, wenn der Kredit für die Bezahlung von Waren gewährt wird, welche die Gesellschaft seinem Handelsgeschäft liefert.

Absatz 1 gilt auch für Kredite an den Ehegatten, Lebenspartner oder an ein minderjähriges Kind eines Aufsichtsratsmitglieds und für Kredite an einen Dritten, der für Rechnung dieser Personen oder für Rechnung eines Aufsichtsratsmitglieds handelt.

Ist ein Aufsichtsratsmitglied zugleich gesetzlicher Vertreter einer anderen juristischen Person oder Gesellschafter einer Personenhandelsgesellschaft, so darf die Gesellschaft der juristischen Person oder der Personenhandelsgesellschaft Kredit nur mit Einwilligung des Aufsichtsrats gewähren; Absatz 1 Satz 3 und 4 gilt sinngemäß. Dies gilt nicht, wenn die juristische Person oder die Personenhandelsgesellschaft mit der Gesellschaft verbunden ist oder wenn der Kredit für die Bezahlung von Waren gewährt wird, welche die Gesellschaft der juristischen Person oder der Personenhandelsgesellschaft liefert.

Wird entgegen den Absätzen 1 bis 3 Kredit gewährt, so ist der Kredit ohne Rücksicht auf entgegenstehende Vereinbarungen sofort zurückzugewähren, wenn nicht der Aufsichtsrat nachträglich zustimmt.

Ist die Gesellschaft ein Kreditinstitut oder Finanzdienstleistungsinstitut, auf das § 15 des Gesetzes über das Kreditwesen anzuwenden ist, gelten anstelle der Absätze 1 bis 4 die Vorschriften des Gesetzes über das Kreditwesen.

XXII. Sorgfaltspflicht und Verantwortlichkeit der Aufsichtsratsmitglieder   RN 47v

Für die Sorgfaltspflicht und Verantwortlichkeit der Aufsichtsratsmitglieder gelten die Regelungen über die Sorgfaltspflicht und Verantwortlichkeit der Vorstandsmitglieder sinngemäß. Die Aufsichtsratsmitglieder sind insbesondere zur Verschwiegenheit über erhaltene vertrauliche Berichte und vertrauliche Beratungen verpflichtet. Sie sind namentlich zum Ersatz verpflichtet, wenn sie eine unangemessene Vergütung festsetzen.

XXIII. Vorlage Jahresabschluss an den Aufsichtsrat   RN 47w

Der Vorstand hat den Jahresabschluss und den Lagebericht unverzüglich nach ihrer Aufstellung dem Aufsichtsrat vorzulegen.

Zugleich hat der Vorstand dem Aufsichtsrat den Vorschlag vorzulegen, den er der Hauptversammlung für die Verwendung des Bilanzgewinns machen will. Der Vorschlag ist, sofern er keine abweichende Gliederung bedingt, wie folgt zu gliedern:

1. Verteilung an die Aktionäre
2. Einstellung in Gewinnrücklagen
3. Gewinnvortrag
4. Bilanzgewinn

Jedes Aufsichtsratsmitglied hat das Recht, von den Vorlagen und Prüfungsberichten Kenntnis zu nehmen. Die Vorlagen und Prüfungsberichte sind auch jedem Aufsichtsratsmitglied oder, soweit der Aufsichtsrat dies beschlossen hat, den Mitgliedern eines Ausschusses zu übermitteln.

XXIV. Prüfung Jahresabschluss durch den Aufsichtsrat   RN 47x

Der Aufsichtsrat hat den Jahresabschluss, den Lagebericht und den Vorschlag für die Verwendung des Bilanzgewinns zu prüfen, bei Mutterunternehmen (§ 290 Abs. 1, 2 des Handelsgesetzbuchs) auch den Konzernabschluss und den Konzernlagebericht. Ist der Jahresabschluss oder der Konzernabschluss durch einen Abschlussprüfer zu prüfen, so hat dieser an den Verhandlungen des Aufsichtsrats oder des Prüfungsausschusses über diese Vorlagen teilzunehmen und über die wesentlichen Ergebnisse seiner Prüfung, insbesondere wesentliche Schwächen des internen Kontroll- und des Risikomanagementsystems bezogen auf den Rechnungslegungsprozess, zu berichten. Er informiert über Umstände, die seine Befangenheit besorgen lassen und über Leistungen, die er zusätzlich zu den Abschlussprüfungsleistungen erbracht hat.

Der Aufsichtsrat hat über das Ergebnis der Prüfung schriftlich an die Hauptversammlung zu berichten. In dem Bericht hat der Aufsichtsrat auch mitzuteilen, in welcher Art und in welchem Umfang er die Geschäftsführung der Gesellschaft während des Geschäftsjahrs geprüft hat; bei börsennotierten Gesellschaften hat er insbesondere anzugeben, welche Ausschüsse gebildet worden sind, sowie die Zahl seiner Sitzungen und die der Ausschüsse mitzuteilen. Ist der Jahresabschluss durch einen Abschlussprüfer zu prüfen, so hat der Aufsichtsrat ferner zu dem Ergebnis der Prüfung des Jahresabschlusses durch den Abschlussprüfer Stellung zu nehmen. Am Schluss des Berichts hat der Aufsichtsrat zu erklären, ob nach dem abschließenden Ergebnis seiner Prüfung Einwendungen zu erheben sind und ob er den vom Vorstand aufgestellten Jahresabschluss billigt. Bei Mutterunternehmen (§ 290 Abs. 1, 2 des Handelsgesetzbuchs) finden die Sätze 3 und 4 entsprechende Anwendung auf den Konzernabschluss.

Der Aufsichtsrat hat seinen Bericht innerhalb eines Monats, nachdem ihm die Vorlagen zugegangen sind, dem Vorstand zuzuleiten. Wird der Bericht dem Vorstand nicht innerhalb der Frist zugeleitet, hat der Vorstand dem Aufsichtsrat unverzüglich eine weitere Frist von nicht mehr als einem Monat zu setzen. Wird der Bericht dem Vorstand nicht vor Ablauf der weiteren Frist zugeleitet, gilt der Jahresabschluss als vom Aufsichtsrat nicht gebilligt; bei Mutterunternehmen (§ 290 Abs. 1, 2 des Handelsgesetzbuchs) gilt das Gleiche hinsichtlich des Konzernabschlusses.

Die Absätze 1 bis 3 gelten auch hinsichtlich eines Einzelabschlusses nach § 325 Abs. 2a des Handelsgesetzbuchs. Der Vorstand darf den in Satz 1 genannten Abschluss erst nach dessen Billigung durch den Aufsichtsrat offen legen.

Stichwortverzeichnis

Stichworte	Randnummer
Abberufung Aufsichtsratsmitglieder	47i
Abschreibungsquote/Geschäfts- und Firmenwert	38, 42j
Abwesende Aufsichtsratsmitglieder	47n
Aktiva	13, 16
Amtszeit	
— Aufsichtsratsmitglieder	47h
— Betriebsrat	44f
— Wirtschaftsausschuss	44v
Anhang	43p
Anlagespiegel	43f
Anlagegitter	43f
Analyse der Anlagendeckung	29
Analyse Jahresabschluss	25
Analyse des Kapitalaufbaus	28
Analyse der Liquidität	30
Analyse des Vermögensaufbaus	27a
Anhang	43p
Anlagenintensität	27b
Anlagevermögen	16a
Ansparabschreibung	41d
Arbeitnehmer	44a
Arbeitsmuster Wirtschaftsausschuss	45a–45h
Aufbewahrungsfristen	42v
Aufbewahrung von Unterlagen	42v
Aufgaben und Rechte des Aufsichtsrats	47q
Aufsichtsrat	46 ff.
Aufsichtsrat einer GmbH	46
Aufsichtsrat einer AG	47
Aufstellung von Jahresabschluss und Lagebericht	43a
Aufwendungen	34b
— Nicht zahlungswirksame Aufwendungen	34f
— Zahlungswirksame Aufwendungen	34g
Außerordentliches Ergebnis	21, 22
Außerordentliche Aufwendungen	21, 22
Außerordentliche Erträge	21, 22
Ausschüttungsbemessungsfunktion	10
Befreiung von Buchführungspflicht	42e
Beherrschungsvertrag	34j
Beilegung von Meinungsverschiedenheiten	44x
Beschlüsse/Betriebsvereinbarungen	44s
Beschlussfassung des Aufsichtsrats	47n
Beschlussfassung des Betriebsrats	44i
Bestellung der Aufsichtsratsmitglieder	47g, 47j
Bestellung und Zusammensetzung Wirtschaftsausschuss	44v
Besteuerungsgrundlage	12
Beteiligungen, Verbundene Unternehmen	43h
Betriebsausschuss	44h
Betriebsergebnis	21, 22
Betriebsrat (Zahl der Mitglieder)	44d
Betriebsvereinbarungen/Beschlüsse	44s
Betriebsverfassungsgesetz (BetrVG)	44
Bewertungsgrundsätze	42p
Bewertungskontinuität	42p
Bewertungsmaßstäbe	42s
Bilanz	42k
Bilanzgewinn	43f
Bilanzgliederung	43d
Bilanzgliederung große und mittelgroße Kapitalgesellschaften	18
Bilanzgliederung kleine Kapitalgesellschaften	19
Bilanzkontinuität	42p
Bilanzierungsverbote	42l
Bilanzverlust	43f
Buchführungspflicht	42a
Bundesanzeiger	43y
Cashflow	34
Cashflow (indirekte Ermittlung)	34f
Cashflow (direkte Ermittlung)	34g
Cashdrain	34h
Cash Ratio (Liquidität I)	30
Current Ratio (Liquidität III)	30
Deckungsgrad	29
Deutsche Rechnungslegung Standards Committee e.V.	34e
Drittelbeteiligungsgesetz	46

185

Stichwortverzeichnis

DRS2	34e	Gläubigerschutz	11
E-Bilanz	41c	Gliederung der Bilanz	16, 18
EBT	33a	Gliederung Gewinn- und Verlustrechnung	21, 22, 43l
EBIT	33b		
EBITDA	33c	Größenklassen Kapitalgesellschaften	17, 43e
Eigenkapital	13, 43j	GuV	20 ff., 43l, 43n
Eigenkapitalquote	28	Haftungsverhältnisse	42o
Eigenkapitalrentabilität	32a	Handelsbilanz	12
Einberufung des Aufsichtsrats	47p	Handelsbücher	42b
Einheitliche Leitung	34j	Handelsgesetzbuch	42
Einigungsstelle	44q	Handelsrechtliche Konzernbilanz	34j
Einkommensteuergesetz (EStG)	41	HGB	42
Eherecht	4	Imparitätsprinzip	42p
Elektronische Übermittlung Bilanzen und Gewinn- und Verlustrechnung	41c	Inhalt der Bilanz	13 ff., 30, 42 k
		Innere Ordnung des Aufsichtsrats	47m
Erbrecht	5	Internes Rechnungswesen	24
Ergebnis der gewöhnlichen Geschäftstätigkeit	21, 22	Inventar	13, 42c
		Inventurvereinfachungsverfahren	42d
Erfolgsrechnung	20	Investitionsabzugsbetrag	41d
Erträge	34a	Investitionsverhältnis	27d
– Nicht zahlungswirksame Erträge	34f	Jahresabschluss	7, 42f
– Zahlungswirksame Erträge	34g	Jahresfehlbetrag	vgl. 21, 22, 43f
Externes Rechnungswesen	24	Jahresüberschuss	vgl. 21, 22, 43f
FiBu	24	Kapitalaufbau	28
Finanzbuchhaltung	24	Kapitalflussrechnung	34e, 43a
Finanzergebnis	21, 22	Kapitalmarktorientierte Kapitalgesellschaft	43b
Firmenwert	42j	Kapitalrücklage	43i
Flüssige Mittel	26	Kennzahlen zur Analyse der Bilanz	27 ff.
Forderungen	26	Kleine Kapitalgesellschaften	19
Fragen/Übungsaufgaben	35	Konsolidierung	34 k
Fremdfinanzierungsgrad	28	Kontoform (der Bilanz)	13, 43d
Fremdkapital	28	Konzern	34j
Fremdkapitalanteil	28	Konzernbilanz	34j
Fristen/Fristigkeit	26	Konzernbetriebsrat	44o, 44p
Geheimhaltungspflicht	44t	Kosten	24
Gesamtbetriebsrat	44m	Kosten Einigungsstelle	44r
Gesamtkapitalrentabilität	32b	Kostenrechnung	24
Gesamtkostenverfahren	21	Kosten und Sachaufwand Betriebsrat	44e
Geschäftsordnung		Kreditgewährung an Aufsichtsratsmitglieder	47u
– Aufsichtsrat	47n		
– Betriebsrat	44k	Lagebericht	43t
– Wirtschaftsausschuss	45e	Latente Steuern (mit Beispiel)	43j
Geschäftswert	42j	Leiharbeiter	34i, 44b, 44c, 44d
Gewinn- und Verlustrechnung (GuV)	20 ff.	Leistungen	24

Stichwortverzeichnis

Leitender Angestellter	44a	Umsatzrechnung	22
Liquidität	30	Umsatzrentabilität	32c
Lösungen Übungsaufgaben	36	Umschreibung Größenklassen	17, 43e
Mitbestimmungsgesetz	46	Unterlagen Aufbewahrung	42v
Monetäres Umlaufvermögen	40	Unterlagen vorlegen	42z
Muster für Wirtschaftsausschuss	45	Unterlagen zur Steuererklärung	41b
Negatives Eigenkapital	14	Unterzeichnung	42i
Nicht durch Eigenkapital gedeckter Fehlbetrag	14, 43f	Unterrichtung der Arbeitnehmer	44z
		Unvereinbarkeit der Zugehörigkeit zum Vorstand und zum Aufsichtsrat	47k
Offenlegungspflicht	43u, 43x		
Operatives Ergebnis	33b	Verbundene Unternehmen, Beteiligungen	43h
Operatives Geschäft	33c a.E.	Verfahren bei Gericht	47e
Passiva	13, 16c	Vergütung Aufsichtsrat	47s
Persönliche Voraussetzungen für Aufsichtsratsmitglieder	47f	Verrechnungsverbot	42j
		Verteilungsfunktion	10
Pflichtangaben	43a, 43q	Verträge mit Aufsichtsratsmitgliedern	47t
Pflicht zur Aufstellung Jahresabschluss, Anhang und Lagebericht	43a	Vollständigkeit	42j
		Vorlage Jahresabschluss an den Aufsichtsrat	47w
Prüfung Jahresabschluss durch Aufsichtsrat	47x		
Quick Ratio (Liquidität II)	30	Vorsitzender (Betriebsrat)	44g
Realisationsprinzip	42p	Wahlberechtigung	
Rechenschaftslegung	9	– Betriebsrat	44b
Rechnungsabgrenzungsposten	42n	– Wirtschaftsausschuss	44v
Rentabilitäten	32	Wählbarkeit	
Rohergebnis	21	– Betriebsrat	44c
Rückstellungen	42m	– Wirtschaftsausschuss	44v
Selbstinformation	8	Währungsumrechnung	42u
Sitzungen Wirtschaftsausschuss	44w	Wirtschaftliche Angelegenheiten	44u
Sitzungsniederschrift Betriebsrat	44j	Wirtschaftliche Kennzahlen	45d
Sonderabschreibung	41d	Wirtschaftsausschuss	44u
Sorgfaltspflicht	47v	Zahl der Aufsichtsratsmitglieder	47b
Staffelform (der GuV)	23, 43l	Zahl der Mitglieder Betriebsrat	44d
Steuerbilanz	1, 12, 41b	Zahl der Mitglieder Gesamtbetriebsrat	44m
Steuern	43o	Zahl der Mitglieder Wirtschaftsausschuss	44v
Struktur-Bilanz	26	Zugewinnausgleichsverfahren	4
Teilnahme an Sitzungen des Aufsichtsrats	47o	Zusammensetzung des Aufsichtsrats	47b
Überschuldung	14	Zusammensetzung des Betriebsrats	44d
Übungsaufgaben	35	Zusammensetzung des Gesamtbetriebsrats	44m
Umlaufintensität	27c, 27d		
Umlaufvermögen	16b	Zusammensetzung des Wirtschaftsausschusses	44v
Umsatzkostenverfahren	22		

Printed by Libri Plureos GmbH
in Hamburg, Germany